开放的
艺术史

段 晴

神话与仪式

破解古代于阗䩡毼上的文明密码

Copyright © 2022 by SDX Joint Publishing Company.
All Rights Reserved.

本作品版权由生活·读书·新知三联书店所有。
未经许可，不得翻印。

图书在版编目（CIP）数据

神话与仪式：破解古代于阗氍毹上的文明密码／段晴著．—北京：
生活·读书·新知三联书店，2022.9（2024.4 重印）
（开放的艺术史）
ISBN 978－7－108－07413－3

Ⅰ.①神… Ⅱ.①段… Ⅲ.①毛毯－考古－研究－洛浦县②于阗－地方史－研究
Ⅳ.①K876.94 ②K294.52

中国版本图书馆 CIP 数据核字（2022）第 074869 号

责任编辑	钟　韵　杨　乐
装帧设计	蔡　煜
责任印制	董　欢
出版发行	生活·讀書·新知 三联书店
	（北京市东城区美术馆东街 22 号 100010）
网　　址	www.sdxjpc.com
经　　销	新华书店
制　　作	北京金舵手世纪图文设计有限公司
印　　刷	天津裕同印刷有限公司
版　　次	2022 年 9 月北京第 1 版
	2024 年 4 月北京第 2 次印刷
开　　本	720 毫米 × 1020 毫米　1/16　印张 17.5
字　　数	234 千字　图 180 幅
印　　数	6,001－8,000 册
定　　价	128.00 元

（印装查询：01064002715；邮购查询：01084010542）

开放的艺术史丛书

总　序

　　主编这套丛书的动机十分朴素。中国艺术史从某种意义上说并不仅仅是中国人的艺术史，或者是中国学者的艺术史。在全球化的背景下，如果我们有全球艺术史的观念，作为具有长线文明史在中国地区所生成的艺术历程，自然是人类文化遗产的一部分。对这份遗产的认识与理解不仅需要中国地区的现代学者的建设性的工作，同时也需要世界其他地区的现代学者的建设性工作。多元化的建设性工作更为重要。实际上，关于中国艺术史最有效的研究性写作既有中文形式，也有英文形式，甚至日文、俄文、法文、德文、朝鲜文等文字形式。不同地区的文化经验和立场对中国艺术史的解读又构成了新的文化遗产。

　　有关中国艺术史的知识与方法的进展得益于艺术史学者的研究与著述。20世纪完成了中国艺术史学的基本建构。这项建构应该体现在美术考古研究、卷轴画研究、传统绘画理论研究和鉴定研究上。当然，综合性的研究也非常重要。在中国，现代意义的历史学、考古学、人类学、民族学、社会学、美学、宗教学、文学史等学科的建构也为中国艺术史的进展提供了互动性的平台和动力。西方的中国艺术史学把汉学与西方艺术史研究方法完美地结合起来，不断做出新的贡献。中国大陆的中国艺术史学曾经尝试过马克思主义的阶级和社会分析，也是一种很重要的文化经验。文化理论和文化研究的多元方法对艺术史的研究也起到积极的作用。

　　我选择一些重要的艺术史研究著作，并不是所有的成果与方法处在当今的学术前沿。有些研究的确是近几年推出的重要成果，有些则曾经是当时的前沿性的研究，构成我们现在的知识基础，在当时为我们提供了新的知识与方法。比如，作为丛书第一本的《礼仪中的美术》选编了巫鸿对中国早期和中古美术研究的主要论文31篇；而巫鸿在1989年出版的《武梁祠：

中国古代画像艺术的思想性》(*The Wu Liang Shrine: The Ideology of Early Chinese Pictorial Art*); 包华石(Martin Powers)在1991年出版的《早期中国的艺术与政治表达》(*Art and Political Expression in Early China*); 柯律格(Craig Clunas)在1991年出版的《长物：早期现代中国的物质文化与社会状况》(*Superfluous Things: Material Culture and Social Status in Early Modern China*); 巫鸿在1995年出版的《中国古代艺术与建筑中的"纪念碑性"》(*Monumentality in Early Chinese Art and Architecture*)等，都是当时非常重要的著作。像雷德侯(Lothar Ledderose)的《万物：中国艺术中的模件化和规模化生产》(*Ten Thousand Things: Module and Mass Production in Chinese Art*); 乔迅(Jonathan Hay)的《石涛：清初中国的绘画与现代性》(*ShiTao: Painting and Modernity in Early Qing China*); 白谦慎的《傅山的世界：十七世纪中国书法的嬗变》(*Fu Shan's World: The Transformation of Chinese Calligraphy in the Seventeenth Century*); 杨晓能的《另一种古史：青铜器纹饰、图形文字与图像铭文的解读》(*Reflections of Early China: Décor, Pictographs, and Pictorial Inscriptions*)等都是2000年以来出版的著作。中国大陆地区和港澳台地区的中国学者的重要著作也会陆续选编到这套丛书中。

除此之外，作为我个人的兴趣，对中国艺术史的现代知识系统生成的途径和条件以及知识生成的合法性也必须予以关注。那些艺术史的重要著述无疑都是研究这一领域的最好范本，从中可以比较和借鉴不同文化背景下的不同方式所产生的极其出色的艺术史写作，反思我们共同的知识成果。

视觉文化与图像文化的重要性在中国历史上已经多次显示出来。这一现象也显著地反映在西方文化史的发展过程中。中国的"五四"以来的新文化运动是以文字为核心的，而缺少同样理念的图像与视觉的新文化与之互动。从这个意义上说，这套丛书不完全是提供给那些倾心于中国艺术史的人们去阅读的，同时也是提供给热爱文化史的人们备览的。

我唯一希望我们的编辑和译介工作具有最朴素的意义。

尹吉男
2005年4月17日于花家地西里书室

新疆洛浦县山普拉乡氍毹发现地航拍

图版1　1号罽袍全图

图版2　2号氍毹全图

图版3 3号氍毹全图

图版4 4号氍毹全图

图版5 5号罽㲞全图

目 录

自序　对新疆洛浦县山普拉乡出土的五块氍毹的探寻　12

引子　最后的斯基泰人：从古于阗看丝绸之路上的文明交流　21
 一　谁是斯基泰人/塞种人　23
 二　塞语的发现以及于阗语的确认　27
 三　重新认识古代于阗　34

第一章　"山普鲁"的传说：3—5号氍毹上的于阗文字　45
 一　三条方毯上的于阗文　46
 二　关于Sūmapauña的传说　52
 三　来自于阗文书的印证　54
 四　古今之间　58

第二章　氍毹上的《吉尔伽美什》神话：1—2号氍毹上的图像解读（上）　63
 一　氍毹图像源于印度之说不成立　64
 二　波头纹的提示　67
 三　文明的奇迹：氍毹上的苏美尔和巴比伦史诗　72
 四　"山普鲁"的奇迹　83

 附文一　木球之喻　85
 附文二　飘带来自吉祥　101

第三章　织入氍毹的希腊与两河神谱：1—2号氍毹上的图像解读（中） 119
　　一　求助神灵：氍毹图像的叙述逻辑　121
　　二　希腊蛇神"赫尔墨斯"　122
　　三　冥界的王后与王　128
　　四　工匠大神"赫菲斯托斯"等　136
　　五　天树下"伊楠娜"女神的宣言　144

第四章　神话的跨域性与地方性：1—2号氍毹上的图像解读（下） 149
　　一　揭开氍毹的真面目　151
　　二　非文字的表述传统　154
　　三　起死复生：氍毹图像叙事解析　157
　　四　结语　167

第五章　神话与仪式：探秘古代于阗的原始宗教信仰 169
　　一　氍毹神坛：格里芬隔开神俗两界　174
　　二　"苏摩献给萨波梅里"　181
　　三　苏摩（sūma）与山普拉（Sūmapauña）传说　185
　　四　玄奘《大唐西域记》中的"龙鼓传说"　192
　　五　人祭：祠祭河龙的仪式　195

　　附文　答问与评议　198

外编　于阗丛考　211
　　于阗王国之名新考　212
　　失落的文明：于阗故地的诉说　229
　　于阗语"四象"以及龙王"热舍"　250
　　关于氍毹　258

参考文献　267

段晴相关作品年表　275

自 序
对新疆洛浦县山普拉乡出土的五块氍毹的探寻

一

时光真是不等人。仔细想来，对新疆洛浦县山普拉[1]乡出土的五块氍毹的关注，其实始于2010年之前。

一天傍晚，我突然接到新疆文物考古研究所祁小山研究员的电话。祁小山是个急性子的人，我一听便知，他那时急火火的，问我是否收到了栽绒毯的截图："那上面有字吗？写的什么？"

这之前，我确实收到了邮件。邮件传来几幅图，但并不是全图。有几张图显示出：三幅方形栽绒毯上面织入了古老的于阗古文字。所以我告诉祁小山，那上面毫无疑问是于阗语。祁小山问道："那什么意思呢？"我当时说："我可以给你写邮件吗？"他说他没有邮件地址。后来还是经由某个同事转达了我的意见。

以当时的水平，我扫了两眼图，就把结论告诉他了。这个结论发表在祁小山最初的那篇很短的文章上，即《西域研究》2010年第3期的《新疆洛浦县山普鲁乡出土的人物纹栽绒毯》，其中把3、4号毯上的文字解释为"将军Meri献给苏密（月天）"，5号毯上的文字解释为"将军Meri献给苏利雅（日天）"。但其实这个翻译是完全错误的。之后祁小山把栽绒毯的照片全部提供给了我，从那时起，我才开始真正关注上面的文字。但我并不是做图案的，所以并没有去研究图案与文字的关联。

---

[1] 又名山普鲁，全书除原文发表外，以"山普拉"统一。

2010年，时任吐鲁番文物局局长的李肖，主持召开了一场非常隆重、盛大的语言论坛，我也受邀参加。在这次论坛上，我把祁小山给我的照片呈现给一些知名的中亚学者看，例如日本的吉田豊，英国的辛维廉（N. Sims-Williams）等。会上还遇见乌苏拉·辛维廉（Ursula Sims-Williams），她说有个从事艺术史研究的美籍华人，名叫张禾，已经破译了毯上的图案。她建议我再单纯做个文字说明，把毯子上面的于阗文字串讲一下，写成英文，发在《内亚艺术考古杂志》（*The Journal of Inner Asian Art and Archaeology*），以配合张禾的图案解说。

这时，我才开始很认真地对比当时三幅方毯上的文字，用英文发表了《新疆洛浦县山普拉所发现毛毯上的文字》("The Inscriptions on the Carpets Found at Shanpula, Luopu (Lop) County, Xinjiang")[1]一文。但我这篇文章所取得的唯一正确理解，就是揭示出这三幅方毯上织入的根本是同一句话，即"spāvatä meri sūmä hoḍä"，其中并没有什么太阳和月亮。

那时我对于阗语的了解，并没有那么透彻。这句话，让我有些懵，它似乎可以有多种翻译方法。例如，主语可以是spāvatä meri，然后sūmä可以是宾语，hoḍä就是动词"给予"的完成时第三人称单数。我想了半天，最后决定用最普通的方法直译："萨波梅里献给sūmä。"但很不幸，这个翻译也是错误的，把sūmä当成了一个人，误导了更加广泛的读者。

如此简单的一句于阗语，我一直到2018年课题结项时，才真正弄明白它的伟大意义。这句话只有一种解释的方法，就像真理的定义一般。在于阗语中，要表达对人的尊敬，受尊敬者无论如何都要被放在句首。而sūmä不是月亮（月曜、月天）、不是人名，而是使人长生的灵汁苏摩。所以"萨波梅里"被放在句首，而"苏摩"是献给萨波梅

---

[1] "The Inscriptions on the Carpets Found at Shanpula, Luopu (Lop) County, Xinjiang," *The Journal of Inner Asian Art and Archaeology*, Vol.5, 2012, Brepols, pp. 95-100.

里的。"萨波梅里，苏摩献给（你）"，这才是三幅方毯上那句于阗语的正确翻译方法。而三幅方毯上的这一句话揭示了古代于阗人曾经深深信仰的宗教。他们并不是古代伊朗民族琐罗亚斯德教的信仰者，最初也不是印度佛教的信仰者，他们保留了一种古老的宗教信仰，信奉源自古代两河流域的苏美尔长生女神，相信永生之水"苏摩"能够使人起死复生。这一正确的翻译，其所能揭示的意义非常深刻。[1]

2014年，我在那篇英文文章的基础上发表了《新疆洛浦县地名"山普鲁"的传说》[2]。这篇文章的新贡献或许在于，它分析了所谓山普拉（山普鲁）并不属维吾尔语，而是于阗语的地名。我大约属于永远达不到至真至美境界的人，研究工作的成果总有一些令人遗憾的地方，在本次裒辑成书时，我愿意把研究的历程告诉读者。

二

本来是应邀写一篇文字说明，最后却写成了一篇单独的文章。如上所述，那篇英语论文的最大贡献，就是发现了3—5号三块方形栽绒毯上所织入的文字，是一模一样的。

在接触这些栽绒毯图案之前，我从未关注过图像分析。但拜读了张禾的文章之后，我却丝毫不能苟同她的任何结论。张禾博士曾经是中国艺术研究院的一名研究员，来自新疆和田地区，她和祁小山是同学和朋友。后来张禾留美，去了威廉帕特森大学艺术学院美术系。她利用祁小山提供的照片，率先做出研究，认为当时被称为1号大毯、2号大毯上面的那些生动的人物，都来自印度教。具体说来就是对黑天的描述。

我彻底否定了张禾的结论。我虽不是专门做印度教图像研究的，但在印度学专业，学习过梵文，了解印度的几大宗教，还是多少掌握了印度教几大重要神灵的基本特征。在公元前后1世纪之交，印度教

---

[1] 具体分析，见本书第181—185页。
[2] 《新疆洛浦县地名"山普鲁"的传说》，《西域研究》2014年第4期，第1—8，139页。

开始成熟。其成熟的特点，在于各天神所具备的功能或神力已经确定，标识他们的符号也都已完善。比如张禾看到1号大毯下面有黑色/青色的小人，由此便认定他就是克里希纳。这是不靠谱的推测。

在继续论述之前，必须先以几句话介绍北京大学外国语学院西亚系下的一个特殊教研室，这就是古代东方文明教研室。这个教研室拥有国际一流的亚述学专家，面向全校师生开设苏美尔语、阿卡德语等语言的教学。当你看到苏美尔语、阿卡德语的楔形文字被流畅地书写在黑板上时，禁不住会产生对公元前三千多年的人类历史上第一代文明的赞叹。拱玉书教授，正是著名的苏美尔、亚述学专家。在拱老师的指点下，我开始阅读从这些语言翻译过来的作品，例如人类历史上的第一部史诗《吉尔伽美什》[1]，以及更古老的苏美尔泥板故事《吉尔伽美什与栒柳之树》《伊楠娜（Inanna）下冥界》，等等。

《吉尔伽美什》是古巴比伦时代刻写在12块泥板上的史诗。前11块泥板上的故事明显构成一部完整的著作，但是第12块泥板的故事与之前的11块泥板上的故事没有直接的衔接。但正是这块泥板上的故事，给了我启发，让我萌生了这样的念头：这两幅大毯上的叙述轴或许来自《吉尔伽美什》。这样的想法在脑海中蕴藏了很久，而不敢公开正式发表。怎么可能呢？解读苏美尔、阿卡德语故事变迁的钥匙，竟然埋藏在几千公里之外的中国新疆沙漠之中？[2]

2012年1月，我和北大的一些老师去伊朗考察。由于要在伊朗境内几次换乘飞机，我产生了还是应该写下这个观点并正式发表

作者（右）在洛浦县博物馆观察氍毹

[1]《吉尔伽美什》已经有北京大学拱玉书教授从阿卡德语直接翻译的译注本，见拱玉书译注，《吉尔伽美什史诗》，商务印书馆，2021年。
[2] 细节见本书第二、三章内容。

的想法，万一飞机失事，也能有人知道我的观点：两河流域的文明点滴，也曾影响到中亚，甚至是中国的新疆。于是便粗略笼统地写了一篇文章《新疆山普鲁古毛毯上的传说故事》，并寄给了《西域研究》。[1] 那文章首先破了张禾的理论，认为1号、2号大毯上的主要神灵，完全不可能来自印度教。我的这篇文章虽未能进一步揭示图案上的神灵是谁，但却明确提出了两幅大毯的叙述主线与《吉尔伽美什》的某些篇章相吻合。

三

我要反复强调的是，在接触这些栽绒毯之前，我从未关注过图像分析，因为那不是我的领域。之所以一直不能放下两幅大毯的图像，完全是因为1号大毯上也织入了三个婆罗谜字母，非常清晰，但在当时却不能破解。我确信，这三个字母与图像有关，只有破解了图像，才能最终破解这三个字母的意义。

2015年暑假，为了准备在瑞士举办的丝路论坛，我开始琢磨那两幅大毯上的图像。既然排除了印度教的可能，我开始向西，在更广阔的领域里寻找线索。就像之前提到的，图案上的人物如果是神灵，他们必然有自己的"标配"，以号召自己的崇信者。例如两幅大毯的底层右侧端坐在凳子上的神灵，他身旁围绕有两条蛇，一条花蛇衔接着一条黑蛇。双蛇形象从苏美尔文明时代起，就是蛇神的标配，后来演化为希腊神灵赫尔墨斯的象征。在《荷马史诗》中，赫尔墨斯是灵魂的引导者，他是可以来往于冥府和阳间的神灵。赫尔墨斯的身份与两幅大毯的叙事情节相吻合。

锁定了第一位希腊神灵，一路顺利拆解。最终发现，大毯上先后出场的希腊神灵有赫尔墨斯、佩尔塞弗涅、大工匠神赫菲斯托斯、女

---

[1] 发表于2015年第1期，第1—10页。参阅本书第二章的内容。

神阿芙洛狄忒、战神阿瑞斯。但他们都不是氍毹要真正歌颂的神灵，都不能满足吉尔伽美什从冥府救人的愿望。

最终，站立在两棵树下、手持蓝白相间青金石的丈量绳和丈量杖的女神——苏美尔伟大的女神伊楠娜，帮助吉尔伽美什实现了愿望，正是她令那个原处在冥界的青蓝色小人，最终恢复了生命的色彩。由此我认为，这两幅大毯根本就是伊楠娜女神的宣言。这便是刊登在《西域研究》的《天树下娜娜女神的宣言》[1]文章的由来。当然，那三个婆罗谜字的意义也迎刃而解，它们是由希腊词 hadēs 与梵语借词 dīva- 融合而成的一个于阗语词 Hadīvä（冥洲）。但必须要说明，我破解了难题，心情太过激动，受此干扰，导致当时这篇文章的题目没起好：首先我未能在文章里好好交代什么是天树，也没有交代谁是娜娜。这个娜娜，当然不是粟特人敬仰的那位女神。这个娜娜，是苏美尔的伊楠娜。但是这些都没有在文章中做交代。所以这篇文章的题目起得并不好。

伊楠娜是苏美尔文明最伟大的女神，她可以实现起死复生。古巴比伦《吉尔伽美什》前11块泥板的追求在于：人类终于认识到了人并不是神，不能与天同在。但是第12块泥板又提出了一个新的问题：你如果阳寿未尽，是否可以起死回生？伊楠娜女神可以实现起死复生。

后来，在我的笔下，更习惯用"氍毹"来称呼1号毯、2号毯，以及其他几幅方毯。氍毹曾经是于阗特产，是用一种特殊的编织方式织就的地毯。

四

取得了对1号毯、2号毯的初步破解之后，我似乎终于明白了什么叫艺术品，什么叫文明的伟大传承。我开始拼命地、疯狂地到处做讲座。在校园里，给学生们讲氍毹的神话；在校园外，国图的文津讲坛、

---

[1]《天树下娜娜女神的宣言——新疆洛浦县山普鲁出土毛毯系列研究之一》，《西域研究》2015年第4期，第147—160，192页。参阅本书第三章的内容。

新疆博物馆,无论国际会议、国内会议,反正是只要有机会,我都不管三七二十一,就把这神奇氍毹上的神话和盘托出。我甚至去中国画院,在中国最著名的画家、书法家面前大谈氍毹上的图像。氍毹的故事深深感动了我,这曾经是一个多么神奇伟大的民族,他们一方面传承了最悠久的文明,又创造性地发挥了这些文明。我想把这些氍毹送入最高级的殿堂:它们是最值得被人欣赏的,它们是世界上最伟大的艺术品。

后来,一些同事开始提醒我:"段老师,怎么只会讲氍毹了?"我一下子明白,不能再陷在这个课题里,还有许多要做的事。2017年,我和北大中文系民间文学教研室的教授陈泳超老师一起合作唐仲英基金会的项目。陈泳超老师品德高尚,人非常聪慧。他两次把自己的民间文学课堂提供给我,让我把这个氍毹好好讲一下。

该是结题的时候了!我用陈泳超老师提供的课堂机会,把以前没有讲到的内容重新梳理出来,也把讲过的内容换个角度再次抛出。这就是本书最后两章的内容。

五

如果有读者耐着性子,真把这一本书读完,读到结尾处,会依然发问:"你说的天树呢,什么是天树?你到现在也没有明确地告诉我们,什么是天树?"

其实很简单,天树是苏美尔文明时期,伊楠娜女神在幼发拉底河拾起的一棵柽柳。然后她把这棵柽柳种在了自己的园子里,希望这棵柽柳长成以后,她可以用这木材做王座、床,等等。但是十多年过去了,柽柳长大了,却被妖魔鬼怪盘踞着。于是她请来吉尔伽美什。吉尔伽美什赶走了这些妖怪,替伊楠娜打造了她所需要的那些家具。伊楠娜为感谢他,就把柽柳的树冠和树根送给了他。根据苏美尔文明的传说,这便是曲棍球的诞生。

那么这柽柳在于阗文明中有出现过吗?其实特别明确。敦煌第

98窟李圣天身后是于阗王后，于阗王后头上戴着的头饰就是柽柳。还有，所有的于阗王后，头上戴着的都是天树，都是柽柳。因为根据于阗人的信仰，他们的王后就是长生天女伊楠娜的代表。

  本课题进行数年，应该感谢的同事、朋友不计其数。北大外院的拱玉书教授、北大艺术学院的贾妍博士慷慨提供了他们积攒多年的各种资料。远在巴黎的艺术家张惠明多次提醒我注意图像背后的成因。北京师范大学文学院的董晓萍教授一句点破两幅大毯的叙述模式，指出这是求助型史诗。还要感谢任超多次帮忙拍摄照片，以及祁小山帮忙提供了氍毹的高清图。此时朋友、同事的形象就在我脑中翻滚，点点滴滴，无论批评还是质疑都是善意的。

  此刻，我最想感谢的是美国哈佛大学的施杰我（P. O. Skjærvø）教授。多少次，在国际或有国外学者参加的国内学术会议上，我曾提出自己对氍毹的阐释。但是学者们的反馈大多是，还是再考虑一下吧；有的甚至公然反对。我一直坚信，人类文明的历史或许会因为这几幅氍毹的存在而重新书写。真理不那么容易得到世人的认可。唯有施杰我教授在读了我的文章[1]之后，认为论证令人信服、引人入胜，尤其以玄奘的记载为背景，合情合理。他以自己广博的学识替我补足了中间缺失的环节，指出在吐鲁番出土的摩尼教《巨人书》里已经出现《吉尔伽美什》史诗中著名人物的名字。有一位伟大教授以额外的证据支持我的观点，无比幸哉！

  生命有限，探索无穷。

段　晴

2021年11月25日

---

[1] 文章刊发于《丝绸之路研究》第1辑，生活·读书·新知三联书店，2017年。我其实对李肖教授作为主编的这本杂志并不十分满意，翻译水平不高。

引 子

最后的斯基泰人

从古于阗看丝绸之路上的
文明交流

回望世界人类的历史
迁徙和分布范围最广的族群
应该就是中国史书记载的塞种人
或曰希腊历史中的斯基泰人
在我国新疆丝路的各个沙漠绿洲上
曾经生活着属于不同种族的斯基泰人

本文节选自作者2019年12月在北京大学文研院"文明之间:交融与再造"系列讲座的演讲稿,讲座题目为"最后的斯基泰人:追溯于阗王国社会宗教文化变迁"。2020年11月,作者又在中国人民大学"西域考古学"系列讲座里讲过这个题目。

谈起丝绸之路上的交流，人们似乎首先习惯想到物质文化交流，比如多民族之间的贸易往来，所以大家常常说丝绸之路其实也是瓷之路、毛皮之路，等等。当然，也会谈到丝绸之路上的思想交流，在此课题之下，可以讲佛教的东渐，甚至佛教的回流。但是，我以为，在历史上，真正的交流是族群的迁徙。我们在中亚考察，原来的粟特地区有一座一座的空城，这些被废弃的空城，就是族群迁徙的例证。另外，新疆尼雅遗址，曾经是精绝国的故地，后来是鄯善的领地，但因为气候环境变化等原因，整个也被废弃了。人们迁走之前，以为还可以回来，留下了大量的文字记录，这在世界上是少有的。迁徙曾是人类生活的常态，迁徙的人群是文化交流的动脉。

回望世界人类的历史，迁徙范围最为广阔、分布范围最为广泛的族群，应该就是中国史书记载的塞种人，或曰希腊历史中的斯基泰人。他们是驰骋欧亚的草原民族，是公元前8世纪至公元前1世纪最为活跃的族群，在公元前世界的文明交往、文化交流中所起到的传播作用首屈一指。考古发现表明，他们的聚落广泛散布于黑海北岸以及南西伯利亚草原之间。随着斯基泰人或塞种人渐渐淡出历史的记载，这一族群所创造的文明似乎也消失了。

其实，他们并没有消失。在我国新疆丝路的各个沙漠绿洲上，曾经生活着属于不同族群的斯基泰人，比如于阗人，比如据史德人[1]（今新疆图木舒克市一带，以脱库孜萨来遗址为中心，那一带在唐朝时叫作"据史德王国"，又称"郁头州"）。新疆地区考古发现的大量遗址、文物以及文书，承载了他们的文明，这对于阐释人类文明的交流变迁具有十分重要的意义。新疆考古与中原考古有一最明显的差异，那就是眼界不同。如果说中原考古以探索中华文明的起源为目标之一，那

---

[1] 作者曾经在"第一届图木舒克（中国）历史文化论坛——唐王城遗址与中国屯垦历史学术研讨会"（2021年4月27—30日）上宣读报告《唐代据史德文化略考》。部分内容发表于《黄文弼发现的两件据史德语文书》，《西域文史》第15辑，科学出版社，2021年，第1—18页。

么新疆考古则能揭示世界多元文明的起源和发展。

我本人并不致力于人类学研究和历史研究,我关注斯基泰人,是从语言开始的。用专业术语说,我一直努力成为历史语言学家,用年轻人的话说,我是认字的,主要认字领域是所谓"胡语"。关于什么是"胡语",荣新江老师2009年在复旦大学曾经做过一次演讲,题目是"西域胡语与西域文明"。历史学家依据史书材料判断,曾经在西域流行的各种印欧语系的语言都包含在"胡语"的范畴之内。而我所专注的领域,例如梵语、于阗语等,尤其于阗语,就属于"胡语"的范畴。有一则著名的对话,发生在安禄山和哥舒翰之间。据说有一次哥舒翰和安禄山受到唐明皇的邀请去喝酒吃饭。安禄山酒足饭饱,主动向哥舒翰示好,说:"我父亲是胡人,母亲是突厥人。你父亲是突厥人,母亲是胡人。"哥舒翰的母亲是于阗公主,安禄山的父亲是粟特人。这一则对话显示,至少在唐代,中原人眼中的于阗人、粟特人,是所谓胡人,而他们所说的语言是胡语,用这种语言书写下的文献,是胡语文书,犹如现代的"洋文"。但是,于阗语还有更加特殊的身份——于阗语是塞种人的语言。

一　谁是斯基泰人/塞种人

我们先来梳理基本概念,什么是"斯基泰人"?什么是"塞种人"?[1]这里先简要回顾一下斯基泰人或塞种人的历史发展脉络,并且明确辨析一下这两个概念的差异。

最能说明问题的是这张地图【图1】[2]。迄今为止考古发现的斯基

---

[1] 2018年12月4日,我和资深新疆考古专家王炳华老师,以及哈佛大学归国新锐学者张湛,在北大"文研院"举办的一场名为"丝绸之路南道的早期文明探源"的论坛上,介绍过斯基泰人或者说塞种人的特点。

[2] 2007年慕尼黑曾经举办了一场展览,名字叫作"Im Zeichen des Goldenen Greifen"("以金格里芬为标志:斯基泰人王陵展")。配合这次展览,同时出版了一本图录,收录了一些深入浅出的介绍性文章。翻开这本书,映入眼帘的就是这张图。

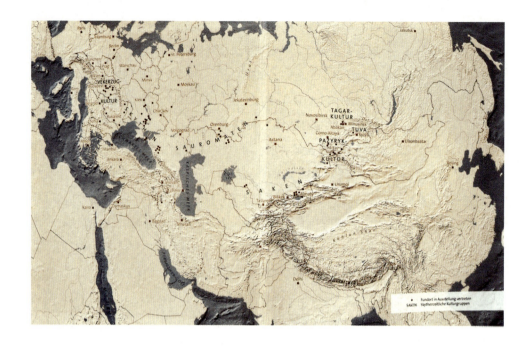

图1 斯基泰人/塞种人遗址分布示意图,图中的红点标识了相关遗址的位置

泰人以及塞种人的遗址,都标注在这张图上。这些遗址显示,斯基泰人或塞种人曾经驰骋于欧亚大陆,他们是最早的草原游牧民族。来自古希腊的记录,例如希罗多德的《历史》,将黑海北部的草原民族称作斯基泰人(Scythians,希腊语Σκύθαι),而将分布在东方锡尔河、阿姆河流域以及南西伯利亚的这部分草原民族称为Saka。

第二张图【图2】显示,斯基泰人早在公元前7世纪中叶,已经进入两河流域,其势力范围甚至到达埃及边境,与当时的埃及法老普萨美提克一世(Psamtik I,公元前664—前610年在位)签订了一份协议。法老以各种礼物作为谈判的筹码,劝退了斯基泰人的进攻,但斯基泰人回身又扫荡了巴勒斯坦地区。[1] 直到公元前7世纪后半到前6世纪,米底人(伊朗人的一支)兴起,才结束了斯基泰人扩张的进程。从以

---

[1] H. Parzinger, "Einführung," *Im Zeichen des Goldenen Greifen: Königgräber der Skythen*, ed. H. Parzinger, Prestel, 2007, p. 33.

- 西米里人迁徙方向
- 斯基泰人迁徙方向
- 斯基泰人遗址

图2 斯基泰人及塞种人迁徙情况示意图

上两张图可以获知,斯基泰人曾经非常活跃,具备超强的运动能力,东西南北,只要有丰盛的水草,他们就可以出现在那里。尤其第二张图显示,斯基泰人很早就与两河流域文明发生了直接接触。

古波斯人称希罗多德笔下的斯基泰人为Saka。古波斯最早关于Saka的记录出现在大流士一世(Darius I,公元前522—前486年在位)的铭文当中。例如1933年德国考古学家弗里德里希·克雷夫特(Friedrich Krefter,1898—1995)在伊朗波斯波利斯(Persepolis)阿帕达纳(Apadana)宫殿遗址下的石函中找到的一金一银两块奠基铭文【图3】,大流士在铭文中宣称:"我拥有此帝国,从Sugdam(Sogdiana即粟特)之外的Sakaibiš(Saka的变格)到埃塞尔比亚……"[1]由此看来,粟特不属于Saka的范畴。

---

[1] 大流士一世的两块奠基铭文(一金一银)发现于1933年9月,铭文用三种语言(旧波斯语、埃兰语和阿卡德语)描述了大流士的帝国。

在波斯波利斯宫殿遗址的浮雕上，也刻画有塞种人的形象。所谓塞种人，一般说他们戴尖帽子，穿着裤子或连裤袜【图4】。实际上，裤子与连裤袜正是塞种人的发明。但在波斯波利斯的浮雕上，已经可以分别出三种斯基泰人/塞种人，他们虽然都是斯基泰/塞种，却显然分属不同的部落。这些塞种人在古代波斯人的描述中，总是充当着被征服者的形象。

那么，古波斯人口中的Saka与希腊人口中的斯基泰是一回事吗？这里引用希罗多德《历史》7.64的一句话："波斯人是把所有斯奇提亚人都称为撒卡依人的。"这里的"斯奇提亚人"就是古希腊人口中的Scythian，即斯基泰人，而"撒卡依人"，则是古波斯人口中的Saka。也就是说，古波斯人把古希腊人区分的东、西两部分草原民族都统称为Saka。

中国古代史书记载的塞人或塞种人，显然与古波斯人对这些人的称呼是一致的。例如东汉时成书的《汉书·西域传》中就提到了塞种人。张广达、荣新江1989年发表了《上古于阗的塞种居民》一文，引用了《汉书·西域传》中所有与塞种相关的论述，这里不再重复，但可以引用一条他们的结论性描述："塞种在公元前1世纪的西域分布很广，从天山北麓的伊犁河流域，西南经帕米尔高原到克什米尔的罽宾，都是塞人的故地，而且从地理位置上看，天山、帕米尔一带的塞种应属于古波斯摩崖碑铭中的戴高尖帽塞人的范围。"[1]

图3 阿帕达纳宫殿遗址石函中的金质奠基铭文。该遗址位于伊朗扎格罗斯山区的波斯波利斯，波斯波利斯是昔日波斯帝国的首都。铭文上用蓝线标出的一句，即为"我拥有此帝国，从Sugdam之外的Sakaibiš到埃塞尔比亚"

---

[1] 张广达、荣新江，《于阗史丛考》（增订本），中国人民大学出版社，2008年，第152页。

图4 波斯波利斯遗址古波斯浮雕中的塞种人形象,头上戴着尖帽子

必须强调指出,在讨论塞种人时,一方面不可忘记中国古籍中的描述。而另一方面则更加重要:在中国古代留下的文物上,也可以看到斯基泰人/塞人的形象。例如山东博物馆的西汉时期的画像石[1],刻画了一场胡人与中原人之间的战争。上面的胡人或是当时民间想象中的塞种人,但也有可能就是那个时代生活中真正的塞种人。画像石上,塞种人戴的尖顶帽子一目了然。这里我要强调,中国古代文物所保存下来的斯基泰人/塞种人以及古代伊朗民族的宗教文化,其实十分丰富,可以弥补其他地方物证的不足。

至此,我们可以明确,斯基泰人是希腊人的称呼,而塞人(或塞种人)是中国古代的叫法,类似古波斯人对斯基泰人的称呼——斯基泰人和塞人都是对属于不同部落但同宗同源的一类草原民族的称谓。

二 塞语的发现以及于阗语的确认

关于斯基泰人、塞种人的地理分布以及他们的生活习性,借助广泛散布在黑海以北、中亚、南西伯利亚的考古发现,以及现存于伊朗的浮雕,人们已经能够获得基本概念。学者们早就认为,塞种人说的

---

[1] 详见段晴,《丝路之畔的赫尔墨斯》,《新丝路学刊》总第11期,社会科学文献出版社,2021年,第1—14页。

是印欧语系伊朗语支的语言。但是，确认古代于阗语就是塞语，古代于阗人就是塞种人，则是印度学研究者的贡献。这一过程是从解读今天巴基斯坦、印度西北部直到马图拉（Mathurā）地区的一系列石刻、崖刻铭文以及钱币铭文开始的。

我们知道，公元前330年打下波斯帝国之后，亚历山大率领的希腊军队继续东征，到达阿拉霍西亚（Arachosia）以及犍陀罗地区，在锡尔河、阿姆河流域以及横跨兴都库什山脉的阿富汗南部地区建立了希腊大夏王国。大约在公元前140年前后，原活动在锡尔河以北的塞种人南下占领了大夏。简而言之，在公元前2世纪到公元1世纪期间，中亚包括两河流域地区，有三股势力在角逐，这便是希腊人、斯基泰人以及建立了安息帝国的帕提亚人。这三股势力，对于古代印度人来说，都是外来的入侵者。这三种人甚至作为例词，出现在印度古代语言类的作品中，例如著名的梵文语法著作《波你尼经》。作者波你尼是公元前5世纪人，他的作品自然没有提到斯基泰人或者希腊人，但是针对《波你尼经》进行释补的《大疏》成书于公元前150年，其作者波颠阇利（Patañjali）在针对《波你尼经》第2章第2节第34条的经文进行注释时，特别使用了śaka-yavanam这一复合词。而在其他的铭文以及佛经中，确实也有śaka-yavana-palhava这样的复合词。汉译佛教经典当中，也有对斯基泰人、帕提亚人、希腊人的描述。西晋时翻译入汉语的佛教文献《阿育王传》提到，佛法未来将灭尽，而灭尽的起因就是这三股恶势力。[1]

一些梵语作品，例如《摩诃婆罗多》《瑜伽往事书》把塞王描绘为贪婪、强暴、本性邪恶、怀着毁灭之心的人，预言斯基泰人将注定灭亡。古印度人认为，凡是斯基泰人扫荡过的地方，一定会沦为荒漠。但实际上并不是这样。塞王毛厄斯（Maues）于大约公元前90年沿印度河

---

[1]《阿育王传》卷六："未来之世当有三恶王出：一名释拘，二名阇无那，三名钵罗。扰害百姓，破坏佛法，如来肉髻以及佛牙当至东天竺。南方有王名释拘，将十万眷属破坏塔寺杀害众僧。西方有王名曰钵牢，亦将十万眷属亦坏塔寺诸道人。北方有王名阇无那，亦将十万眷属破坏僧坊塔寺杀诸道人。"

图5 印度北方邦西南部的马图拉地区发现的狮子造型的石头及铭文（现存大英博物馆）

北上进入了犍陀罗地区，也就是现在巴基斯坦北部，在那里建立了斯基泰人王国。在这个过程中，他们一定是做了坏事的。但一些佉卢文的铭文显示，此后斯基泰人还是做了一些好事，尤其是曾经扶持过佛教的发展。最著名的铭文是在马图拉发现的，刻写在一尊有狮子造型的石头上【图5】。这一Lion Capital铭文，记载的是斯基泰总督的夫人捐赠的事迹。她捐献了一粒舍利，建造了一座佛塔，为说一切有部的僧人建造了一所寺院。她的儿子也捐献了土地，同样奉献给说一切有部的佛僧。

研究历史的学者们判断，斯基泰人打败了原来的统治者希腊人之后，开始大量吸收希腊文化。例如建于塞王阿泽斯一世（Azes I）时期的Jandial神庙（位于今巴基斯坦塔克西拉遗址附近），完全是按照希腊庙宇的布局风格建造的，还能看到爱奥尼克式的柱头和柱基【图6】。公元1—3世纪，贵霜人占领了西北印度，斯基泰人放弃了犍陀罗一带，在今天印度中部地区构建了自己的领地，成为贵霜王朝的一个总督府，但是仍使用塞人的纪年。

图6 巴基斯坦塔克西拉遗址附近的Jandial神庙残留的爱奥尼克式柱头和柱基

引　子　最后的斯基泰人

图7 犍陀罗地区的地理位置示意图

实际上，塞人的纪年是斯基泰人的一个伟大贡献，这种纪年方式不会随着王者的更迭重新开始，而是统一纪年，这种纪年被称为塞种纪元（Saka Era），流传了很久。斯基泰人在印度西北部发挥的影响至少长达四百年。这里需强调，犍陀罗佛教造像艺术是多元文明的艺术，在这一地区，有希腊、波斯、斯基泰、贵霜的多重影响【图7】。如果简单地将犍陀罗风格归结为希腊与印度风格的结合，必然理解不了隐藏在造像艺术背后更深一层的人文理念。

那么，前后影响犍陀罗地区四百多年的斯基泰人和地处新疆丝路南道的于阗人到底有什么关系呢？如何判断曾经说了一千多年又灭亡了一千年的于阗语是斯基泰人的语言呢？

"发现塞语"的过程，其实也就是于阗语从发现到定名的过程。早在于阗语发现之前，学者们就已经认为，这些斯基泰人分属不同的部落，他们用于交流的语言，同属印欧语系中的伊朗语支。20世纪初，来到新疆一带探险的欧洲人，把在新疆获得的、用婆罗谜字母书写的文书送到了德国从事梵语研究的霍恩雷（A. F. R. Hoernlé，1841—1918）面前，他认出了这些文书当中，至少有三种不曾被世人知道、已经消亡的语言，即吐鲁番和库车地区发现的吐火罗语、图木舒克地区发现的据史德语，以及新疆丝路南道和田地区发现的于阗语。

于阗语"问世"之后，欧洲的印度学学者率先对其进行了解读。来自挪威的汉堡大学教授科诺（Sten Konow，1867—1948）最早确定所谓的于阗语实际是伊朗语支的一种。但是，在最初被重新认识的相当长一段时间里，于阗语没有获得正式定名。这种语言开始被称为"北方雅利安语"（Nordarisch）。1912年，德国学者吕德斯（Heinrich Lüders，1869—1943）最早认定曾经在印度西北地区建立政权的塞人所说的语言，与北方雅利安语有高度的相似性，从而正式将塞语与于阗语联系在了一起。

吕德斯的研究是从对今巴基斯坦以及印度西北地区的一系列石刻、崖刻铭文和钱币铭文的解读开始的，他的结论主要有下述三种依据：首先，吕德斯发现古印度的西萨特拉普王朝发行的银币上出现了"ys"的字母组合，用来表示辅音"z"。这种辅音是伊朗语才有的发音，而在于阗语文书中也存在"ys"在一起发音为"z"的现象，说明两种语言之间存在紧密联系。而由于阗银币上的王使用的是塞种纪元，由此断定，这些王是塞王。塞种纪元影响深远，后来的梵语作品一直保留了"塞人时间"（śakakāla）这样的概念。但这还并不足以证明于阗语就是塞语。随后，他发现于阗语存在大量来自印度语的词语，除了佛教用语外，还借用了很多俗语，例如，于阗语ka'dana（"因为"）来自梵语krtena；于阗语salāva（"话"）来自梵语samlāpa。吕德斯认为，之所以产生大规模的词语借用现象，是因为这些操所谓北方雅利安语的于阗王国居民曾经在印度生活过。此外，他又分析了大量铭文中的塞人人名，并从北方雅利安语中找到了相一致的词汇或语法现象。基于这三条依据，吕德斯得出了于阗语是塞语的结论。1932年，

西域的语言与文字

在接受伊斯兰教信仰之前,西域地区由于处于文明交汇之地,使用的语言和文字也相对多样化。

1890—1933年,多位探险家进入西域考察,西域迎来了一个考古时代,古代各种语言的文献纷纷出土,为世人揭开了西域地区语言文字使用的真实状况。

语言

梵语(Sanskrit) / 约前14世纪至今

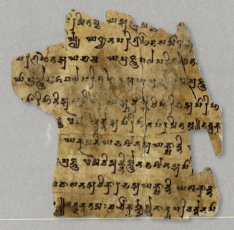

梵语《贤劫经》的残篇(国图BH4-11),使用了婆罗谜文字。梵语是印度的古典语言,相对于印度的一些俗语而言,梵语是雅言,属印欧语系的印度—雅利安语言中的一种。

犍陀罗语(Gāndhārī) / 前3—3世纪左右

犍陀罗语信札(国图BH5-5)。犍陀罗语属于印欧语系中印度—雅利安语支的西北方言,最早见于公元前3世纪。犍陀罗语在贵霜帝国时期广泛流行于丝绸之路地区。多数犍陀罗语文书,是使用佉卢文书写的。

于阗语(Khotanese) / 6—10世纪

于阗语文书(敦煌藏经洞P.5538,藏法国国家图书馆)。于阗语是古代于阗人的语言,大约流行于公元550—1000年,属印欧语系的伊朗语支,用婆罗谜字母拼写。伊朗语支分东西两支,于阗语是东支,而波斯语则是西支。于阗语自身也有历时变化,应经历过早、晚两期。

文字

婆罗谜字母(Brāhmī) / 公元前3世纪

婆罗谜字母,是一种音节字母。印度最古老、使用范围最广的文字之一,可能与腓尼基文字有一定渊源,公元前3世纪便开始使用。近百年来,新疆考古发现的各种语言的文书多用婆罗谜字母拼写。

佉卢文(Kharoṣṭhī) / 公元前3世纪

佉卢文,一种音节字母,是从两河流域的阿拉米字母体系(Aramaic)演变而来的。最早出现于公元前3世纪,主要流行于大犍陀罗地区。我国新疆丝路南道的楼兰、鄯善,也曾使用这种文字。

| 元年 | 3世纪 | 6世纪 | 7世纪 | 8世纪 | 10世纪 |

于阗语
吐火罗语
据史德语

吐火罗语(Tocharian) / 6—8世纪

吐火罗语佛经残篇(藏新疆库车县博物馆)。吐火罗语属印欧语系。吐火罗语流行于新疆的焉耆、龟兹,用婆罗谜字母书写,时间约在6—8世纪。这种语言有两种方言,即焉耆语(吐火罗A)和龟兹语(吐火罗B)。

据史德语 / 7—8世纪

据史德语文书(由黄文弼发现于1929年)。据史德语属于印欧语系的伊朗语支,用婆罗谜字母拼写。20世纪初西方学者曾在新疆天山南麓的巴楚的图木舒克地区发现这种语言的文书,内容包括佛典、摩尼教文书和世俗文书,大约写于7—8世纪。20世纪90年代,这种语言被定名为"据史德语","据史德"曾经是丝绸之路天山南道的名城。

挪威汉堡大学教授科诺的《塞语研究》(Saka Studies)正式回应了吕德斯的研究发现。他赞同吕德斯的观点，认为应当将于阗语定名为塞语。考虑到斯基泰语有多种方言，科诺认为，应当将其称作"于阗塞语"更为准确。至此之后，于阗语更多被称为塞语。我的老师恩默瑞克（R. E. Emmerick）在1968年出版的于阗语语法研究著作，书名就非常直接地叫作 Saka Grammatical Studies。

塞人语言的发现，或者说一种斯基泰方言的发现，无疑令学者们兴奋。这一成果具有重大意义。斯基泰人虽然曾经广泛分布在欧亚各地，诸如斯基泰人大墓等遗址也已经出土了很多反映其社会生活的文物，但他们在历史上仅留下"只言片语"，人们始终看不透斯基泰人或者塞种人的宗教信仰，看不透他们对人类文明的贡献。而现在，如此之多的文献在和田地区乃至敦煌藏经洞出土，所以英国剑桥大学王后学院的贝利（H. W. Bailey）教授曾经说，和田塞语的发现，让我们有可能更多地了解这一族群，了解他们的宗教以及文化。以下，我们终于可以回归今天的主题——古代于阗。

三　重新认识古代于阗

和田地区出土的文物以及汉、藏文献都可印证，古代于阗人确实可能跨越了喀喇昆仑山的山口，或者是从阿富汗的瓦罕走廊来到塔里木盆地的南缘。玄奘《大唐西域记·瞿萨旦那国》："昔者此国虚旷无人，毗沙门天于此栖止。无忧王太子在呾叉始罗国被抉目已，无忧王怒谴辅佐，迁其豪族，出雪山北，居荒谷间。迁人逐牧，至此西界，推举酋豪，尊立为王。"[1]无忧王即印度孔雀王朝的第三代国王阿育王，统一了印度北部，以遍布印度各地的狮子柱头的碑铭著称。藏文的

---

[1] 季羡林等校注，《大唐西域记校注》，中华书局，1985年，第1006页。

《于阗国授记》[1]也有相应记载。

近年来新出土的文字材料也可以看到，于阗王国官方语言文字的变迁似乎与南亚次大陆的西北部是一致的。新疆和田地区安得悦遗址出土的KI661号佉卢文尺牍【图8】，从胡语文书的角度第一次确认了于阗王国的存在。佉卢文曾经是贵霜王朝的官方文字，公元3世纪随着贵霜王朝的衰落，佉卢文在犍陀罗地区退出历史舞台，婆罗谜字逐渐取而代之，流行的语言则从西北方言过渡到了梵语。这一过程也出现在于阗王国。有两件用梵文写就的世俗契约【图9】，世所仅有，意义重大。在新疆丝路南道的绿洲，佉卢文一直沿用到大约5世纪。于阗塞人的文字出现很晚，他们似乎很不愿意用自己的文字记录事情。大约到了6世纪中期，于阗人才开始用婆罗谜字书写自己的语言。最早的文字记录就出现在本书后面要着重讲的氍毹上。早期文字的变化，显示了于阗与印度西北地区确实有一定关联——虽然发展时间有差，但梵语化的趋势是相同的。

出土文物当中，有一件早期的纺织品似乎可以说明问题。这就是新疆洛浦县山普拉墓地发现的武士—人马织物。墓地距新疆和田市大约25公里，自1983年起到1995年，国家文物局、新疆维吾尔自治区博物馆（以下或简称新疆博物馆）以及和田地区文物局对这一地域的多个墓葬群进行了抢救性发掘。这件武士—人马织物发现的时候是包在两条腿骨上的，相当于裤子，裤子是斯基泰人的穿着。后来发现，它其实是从一幅大挂毯上临时裁制出的。出土这件织物的山普拉1号墓，是一座容纳了133人的集体墓葬，墓内只有两具底层的骨架保存完整，其余皆被扰乱。另外两座山普拉集体墓葬里的人骨明显带有伤痕，肢骨残断，还有很多没有头颅，这表明他们可能是遭砍杀而死的。在这样的背景之下，考古学家们认为，可以想象，穿这裤子的主人是在一

---

[1]《于阗国授记》是有关古于阗的一部重要的教法史类作品，收于藏文《大藏经》的《丹珠尔》部。

图8 新疆和田地区安得悦遗址出土的佉卢文尺牍，编号 KI661，见 Sir Aurel Stein, *Serindia*, PL. XXXVIII

图9 书于帛上的梵语契约文书，私人收藏品，31cm×51cm

场大规模的屠杀中死去的，死去之后，被穿上临时从挂毯裁制而成的裤子，与其他人一同埋入了墓穴。[1]

这件织物上的武士以及人马，一方面完全符合古典希腊风格，一方面又反映出强烈的斯基泰文化因素【图10】。比如这个武士常因容貌而被称为"希腊武士"，但他穿着长袖的袍子，还有腰带，这样的装束其实不是希腊式的，而常见于草原民族，因此有人说，他是个帕提亚人。总之，他是长着希腊脸的塞种人。再比如类似的人马，在罗马郊外迪沃里小镇哈德良宫殿的图案上也见到过【图11】[2]。不同之处在于，哈德良宫殿的人马手中高擎着一块巨石，身后躺着一只受伤的老虎，而山普拉古墓的人马双手持一件长管乐器，此乐器叫作萨芬克斯（Salpinx）。德国女考古学者王睦（Mayke Wagner）认为，尽管人马图案反映了古典希腊风格，其所吹奏的萨芬克斯号却表明，这是斯基泰人文化的符号，因为萨芬克斯管乐起源于东方。《希腊人的音乐生活》（Das Musikleben der Griechen）一书特别描绘了一个吹奏萨芬克斯号的斯基泰人，其最为显著的特征是头上戴着的尖帽，以及手持吹奏的长管乐器【图12】。

再有，散落在人马周边的花样也不是希腊风格，而是斯基泰人特有的詹波花。这种花样多见于金属制品，如乌克兰斯基泰人大墓（Kurgan of Tolstaya Mogila）出土的黄金护心配饰。金黄色詹波花图案在斯基泰人的文化中代表天界，如新疆图木舒克九间房遗址出土的天人，其胸前和手臂上就有詹波花，凭此花便可以断定，这个塑像是一位天女，而不是菩萨。拥有此花者，非人也，而是神祇。这样的花，是天庭之花。巴基斯坦白沙瓦博物馆的一件佛教造像龛的最外一圈正

---

[1] Mayke Wagner（王睦）, Wang Bo（王博）, Pavel Tarasov, Sidsel Maria Westh-Hansen, Elisabeth Völling & Jonas Heller, "The Ornamental Trousers from Sampula (Xinjiang, China): Their Origins and Biography," *Antiquity* 83 (2009), pp. 1065-1075, esp. 1068.

[2] Mayke Wagner et al., "The Ornamental Trousers from Sampula (Xinjiang, China): Their Origins and Biography," *Antiquity* 83(2009). 图版参阅 p. 1067，描述在 p. 1069。哈德良（Hadriana）是古罗马的一位皇帝，117—138年在位。

新疆出土文物中的斯基泰要素

新疆出土的文物独具异域特色，这种异域特色，不仅体现在希腊风格上，也有斯基泰风格的要素在起作用。这里以山普拉墓葬出土的两件标志性文物为例，分析其中的斯基泰元素。

人马

图11 意大利罗马郊外哈德良宫殿的人马壁画

长管乐器

图12 《希腊人的音乐生活》中吹奏萨芬克斯号的斯基泰人，与山普拉挂毯上人马手持的长管乐器一致

"武士—人马"挂毯

图10 新疆洛浦县山普拉墓地发现的"武士—人马"挂毯,武士的面容呈现了希腊风格,上半段的人马部分则充满了斯基泰风格

詹波花

图13 散落在人马周围的詹波花,是斯基泰人特有的装饰,广泛分布在新疆和中亚的斯基泰遗址中

A 乌克兰斯基泰人大墓出土的黄金护心配饰,中间一层的纹饰即詹波花纹

B 新疆图木舒克九间房遗址出土的天人造像,天人胸前所佩即詹波花(现藏巴黎吉美博物馆)

C 巴基斯坦白沙瓦博物馆藏石龛,最外一圈的装饰即詹波花

格里芬

图15　A　俄罗斯巴泽雷克墓出土马鞍上的格里芬形象,藏圣彼得堡艾尔米塔什博物馆

B　巴泽雷克墓出土马鞍,上边有格里芬撕咬偶蹄兽的图样(右图为复原彩图)

图16　蒙古诺颜乌拉匈奴贵族墓出土的纺织品上的格里芬刺绣图案

图17　新疆尼雅遗址出土的"五星出东方"护膊以及其上的"青龙"形象

龙纹缀织绦裙

图14 新疆山普拉古墓出土的"龙纹缀织绦裙"之纹样。这种纹样经过了高度抽象化，或许并不是所谓"龙纹"，而是斯基泰人神话中的格里芬

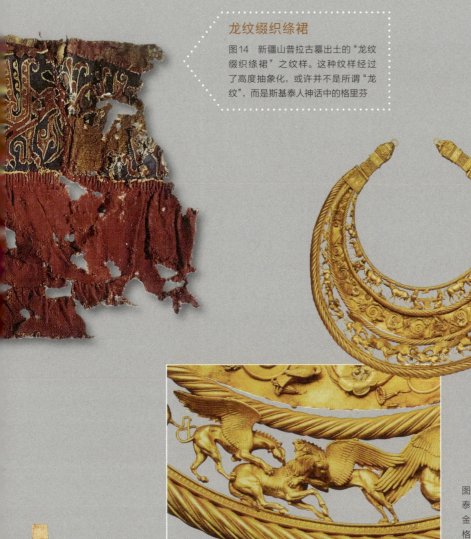

图18 乌克兰斯基泰人大墓出土的黄金护心配饰局部的格里芬撕咬偶蹄兽样式

图19 哈萨克斯坦斯基泰人墓葬出土的格里芬形象的马具

是詹波花，表现的是天雨妙华的意境【图13】。

除由毛织挂毯裁成的裤子之外，山普拉古墓同时出土了所谓"龙纹缀织绦裙"【图14】。拥有类似图案的绦裙在山普拉古墓中出土了多件。这些其实不是绦裙，而是护身符。目前看来，缀织有如此图案的绦裙，只用于安葬，是随葬品，其用意在于护佑死者的灵魂。王睦对这一图案的阐释，具有突破性的贡献。她认为，这些蓝、红、黄色交织的绦裙带上的图案，经过了高度抽象化，而图案的主题并不是龙纹，而是斯基泰人神话中的形象——神兽格里芬（Griffin）。斯基泰人或者塞种人虽然有许多部族，但是他们都有对格里芬的信仰，有格里芬的存在，就有斯基泰人的存在。格里芬的图样普遍出现于草原游牧部落的艺术作品中，延续千年。以王睦的观点，格里芬扑咬偶蹄兽的形象，最早是从南西伯利亚的斯基泰人影响到古代波斯的阿契美尼德王朝，再传给塞种人，并影响到匈奴人的。因此，无论是俄罗斯巴泽雷克（Pazyryk）1号墓出土的马鞍垫残片上典型的带翼格里芬【图15】，还是表现匈奴艺术的蒙古诺颜乌拉（Noin Ula）6号墓出土的纺织品上的格里芬撕咬山羊的纹样【图16】，这些图案皆有共同的起源。

而尼雅遗址精绝故地出土的"五星出东方"护膊上的"青龙"图像与这个形象几近一致【图17】。精绝是西汉时的三十六国之一。这件织锦护膊也是陪葬品，在我看来，其上的"青龙"图案正是格里芬，[1]它的作用在于守护故去的精绝王的灵魂，使之在天庭得到永久的安宁。之前提到过的乌克兰斯基泰人大墓出土的黄金护心配饰上也有格里芬形象【图18】，外圈一系列带翅膀的格里芬在扑咬偶蹄兽。这些被扑咬的动物，代表了闯入天庭的非神圣的俗界之物，而格里芬存在的意义，就是守护天庭，隔离天界与俗界。斯基泰人信奉天庭的存在，信奉人死后魂升于天。

回到山普拉墓葬的格里芬，王睦特别指出，山普拉墓葬出土

---

[1] 详见本书外编《于阗语"四象"以及龙王"热舍"》一文。

绦裙上的格里芬与哈萨克斯坦塞种人墓葬出土的格里芬最具相似性【图19】。[1]山普拉出土绦裙的特殊意义在于，尽管格里芬扑咬偶蹄兽的主题图案多见于考古发现，但山普拉地区出土的，是唯一用各种色彩的毛线织就的。王睦认为，山普拉1号墓毛织裤子（挂毯）上描绘的虽然是古希腊的"人马"以及"武士"，但依据花样，尤其是格里芬图案的应用，可说明墓里埋葬的并非纯粹的希腊人，而是深受斯基泰文化影响的所谓"希腊—斯基泰人"；而碳十四分析的结果表明，这些人或是在公元前1世纪时进入新疆丝路南道的绿洲。

众所周知，于阗人接受了佛教信仰，但关于他们的原始宗教信仰，在这些新疆出土的文物被认识之前，都是不明确的。这些带有斯基泰人独特文化符号的出土文物，证明山普拉墓葬中掩埋的斯基泰人，实际上与建立了于阗国的人是一拨，因为墓葬中出现的格里芬扑咬偶蹄兽的图案，又出现在公元560年前后织就的几件氍毹上——它们是公元6世纪中期，于阗王室为了抗旱举行人祭而织就的。氍毹边缘所用图案，无论从色彩到线条，都与山普拉出土的所谓绦裙是一致的。于阗故地的传统与斯基泰人一脉相承，延续几百年而未曾改变。但是，这里要强调，古于阗人从不认为自己是斯基泰人，或者塞种人。迄今为止发现的所有于阗语文书中，都称自己是于阗人，说的是于阗语，完全不提塞种。[2]

---

[1] 这一节所引王睦的观点，见于Mayke Wagner et al., "The Ornamental Trousers from Sampula (Xinjiang, China): Their Origins and Biography," *Antiquity* 83(2009), p. 1071.
[2] 唯一例外，是《大唐西域记》中玄奘称于阗国名为"瞿萨旦那"。这国名，之前不曾出现，之后仅在敦煌藏经洞的梵语对于阗语的卷子上出现过。总而言之，汉文史籍的"于窴""于阗"是最古老的于阗王国的译名，佉卢文的khotana以及梵语的khottana继承了古老的发音。到了玄奘的时代，hvatana演化为玄奘听到的"涣那"。至于"瞿萨旦那"，我目前所能得出的结论是：该说起源自于阗建国传说，那应该是萨婆多寺的梵语版本，而这一版本并未被俗界、官方以及其他佛教派系所继承或传播。详见本书外编《于阗王国之名新考》一文。

第一章

"山普鲁"的传说

3—5号氍毹上的于阗文字

Sūmapauña 正是现代地名
"山普拉"或者"山普鲁"的源头
可译作"月福德"
织有 sūmä 之名的三条毛毯
发现于"山普拉"地区
Sūmä 与 Sūmapauña 恰好部分吻合
两者同是受供养者

本章是作者的阶段性研究成果,主要体现在"The Inscription on the Carpets Found at Shanpula, Luopu (Lop) County, Xinjiang"和《新疆洛浦县地名"山普鲁"的传说》两篇文章,但对毛毯上于阗语的翻译"萨波梅里供养给 sūmä"是错误的,在2018年才得到修正。

《西域研究》2010年第3期曾刊登一组惊艳的图片【图版1—5】，由祁小山拍摄于新疆洛浦县，原物是五条栽绒毯。[1]从照片上看，这几块毯子保存相对完好，色彩艳丽，很难让人相信它们来自遥远的古代。[2]在这些栽绒毯发现之前，新疆文物考古研究所以及和田地区文物局曾多次对山普拉的古墓群进行发掘，出土了大量的纺织品，包括毛、丝、棉等材料。其中毛织品上的图案尤为绝美，织出的人物和动物栩栩如生。[3]这些文物证明，山普拉地区曾经是古代于阗国文明的中心之一。

为了追溯山普拉文明的源头，有学者试图从考察"山普拉"或者"山普鲁"之地名入手。但调查的结果令人失望。祁小山写道："洛浦县主体居民是维吾尔族，我曾经访问过几个维吾尔语言学者，想了解山普鲁的语义，终一无所获。"[4]无论是学者还是当地百姓，皆知道"山普鲁"是个音译地名，其源起必然久远，但其真实含义一直未得到揭晓。笔者曾受托解读过毛毯上的文字，又曾于2013年秋前往毛毯的发现地考察。当我面对着那一方历经了沧桑的戈壁滩时，脑海中却浮现出于阗文明的故事。现实与记忆两相辉映，似悟得"山普鲁"的本意。本章拟从山普拉地区发现的毛毯入手，结合于阗语文献，揭示"山普鲁"的真实含义。

一　三条方毯上的于阗文

山普拉出土的五条栽绒毯，其中四件（1号长方形大毯和3—5号方形毯）上织有于阗文。尽管有些走样，但依然可以看出，为了规整地织出那些婆罗谜字母，当年的织工曾煞费苦心。初看时还以为织入三条方

---

[1] 起初都将其称作栽绒毯或毛毯，后通过其编织形态确认此种毛毯即为"氍毹"。
[2] 祁小山，《新疆洛浦县山普鲁乡出土的人物纹栽绒毯》，《西域研究》2010年第3期，图录在期刊附页。
[3] 见本书引子《最后的斯基泰人》第三节，尤其是该篇的图10、14等。
[4] 王作民、祁小山等，《山普拉的于阗古墓》，《文明》2002年第2期，具体见第75页。

形毯的文字内容不同，但最终确认，三条方毯上的三句话内容一致，笔者曾详细分析过[1]，鉴于一些内容从未刊发于汉文期刊，本文对"山普拉"之地名的追溯，就先从这三句话开始。[2]

用现代手段，将毛毯上的文字截取并加以处理之后，会得到下面三组图形。

第一组，编号08LPSB4之毛毯截图（本书图版4）。[3]这块毛毯是三条中保存最为完整的一块，毛毯呈红底，是用黄线将文字织入其中的。

第二组，编号08LPSB5之毛毯截图（本书图版5）。这一块与上一块的纹样几近一致，但右侧破损较为严重。

第三组，编号08LPSB3之毛毯截图（本书图版3）。这块毛毯，虽整体底色也是红色，但在纹样上则多用蓝色，文字也是用蓝线织入的，与上两条毛毯存在色彩上的差异。

---

[1] 关于四条毛毯上的文字，详阅Duan Qing, "The Inscription on the Carpets Found at Shanpula, Luopu (Lop) County, Xinjiang," *The Journal of Inner Asian Art and Archaeology*, Vol. 5, 2012, Brepols, pp. 95-100.

[2] 段晴，《新疆洛浦县地名"山普鲁"的传说》，《西域研究》2014年第4期。

[3] 祁小山，《新疆洛浦县山普鲁乡出土的人物纹栽绒毯》，《西域研究》2010年第3期，附页图。

这三组于阗文，用西文转写如下：

spāvatä meri sūmä hoḍä

可以译作："萨波梅里供养给 sūmä。"

首先解释 spāvatä 一词。这是于阗语中的常见词，晚期形态作 spāta-，古代汉译作"萨波"。[1]在存世的8世纪最后三十年的于阗语文献当中，最知名的萨波是思略。他显得十分忙碌，时而签合同，时而购买土地。和田博物馆藏有一件租赁桑树的契约，便是萨波思略签订的。[2]于阗语研究领域的前辈贝利曾经探讨过"萨波"的词源，认为它源自 *spādapati。[3]从 *spādapati 演变成 spāta-，中间应有 spāvata- 的阶段。山普拉出土的三条栽绒毯，首次证实了 spāvatä- 的真实存在。这个词的古老形式证明，这些毛毯至少是7世纪之前的产物。

spāta-，唐代音译"萨波"，是个官称。采用音译，说明这个官职不属于唐朝的官僚制度，是于阗王国独特的官制设置。贝利等依据其词源，或译作"军官"（military office），或译作"将军"（general）。[4]但以于阗语文献反映的情形，尤其以萨波思略为例，未曾见他忙于军事事务，他的职责之一，是管理六城之一的杰谢一地的税收。笔者曾注意到《新唐书·于阗传》在述及伏阇雄（Viśya Saṃgrrāmä）时留下这样一句话："上元初，身率子弟酋领七十人来朝。"[5]其中的"酋领"

---

[1] 例见《建中七年（786年）七月二十日苏门悌举钱契》，见张广达、荣新江，《〈唐大历三年三月典成铣牒〉跋》，《于阗史丛考》，第109页。

[2] 段晴、和田博物馆，《和田博物馆藏于阗语租赁契约研究》，收入段晴，《于阗·佛教·古卷》，中西书局，2013年，第267—284页。

[3] H. W. Bailey, "Adversaria Indoiranica," *Bulletin of the School of Oriental and African Studies*, Vol.19, No.1 (1957), pp. 49-57，具体引文见 p. 52。* 号表示这个词是构拟的。

[4] 关于"军官"的译法，参见上注。关于"将军"的译法，见 P. O. Skjærvø, *Khotanese Manuscripts from Chinese Turkestan in the British Library: A Complete Catalogue with Texts and Translations*, The British Library, 2002, p. lxxvii。

[5] 欧阳修等，《新唐书》，中华书局，1975年，第6235页。

图1　新疆山普拉4号毯中手持飘带的小人

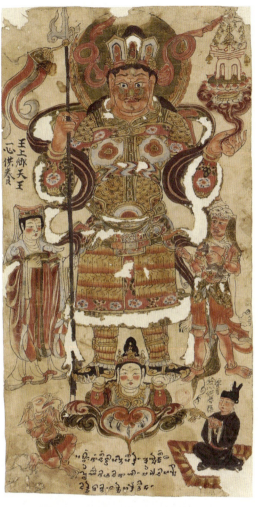

图3　新疆和田策勒县达玛沟地区出土壁画　　　图2　敦煌毗沙门天王像,法国国家图书馆藏

应更接近"萨波"的地位。总而言之,按照于阗王国的官僚体制,"萨波"属于高官。

至此,已经明确,三条方毯的供养人是一名于阗的高官,名叫梅里(Meri)。"梅里",仿佛曾是西域较为流行的人名。新疆尼雅出土的佉卢文书中,曾经有个鄯善王叫作Mairi,或者Mahiri。当然,若论传承,鄯善的Mairi与于阗的"梅里"之间毫无关联。笔者认为,Meri有伊朗文明的印记,因为Meri从音变上可以来自mihira,后者源自miθra或者mithra,是古代伊朗神话的一位神灵。不仅人名,三条方毯上的人物装饰也呈现了古代伊朗文化的韵味。每块方毯上皆织有两个手持长飘带的人物【图1】。长飘带是幸运、荣耀的象征,以长飘带为装饰者,多是吉祥、善良、有护佑功能的神灵,或者是王公贵族。在和田地区出土的壁画上常常可以见到以长飘带为配饰的人物图案。[1] 藏于巴黎、编号Pelliot chinois 4518(27)的绘画上书有于阗文题记,说明此画是来自于阗的王上卿所供养的,[2] 画上绘有毗沙门天王,一条长带从他肩上蜿蜒垂落【图2】。21世纪以来,和田达玛沟地区新出土了多幅壁画,皆属于古代于阗王国的文物,所绘人物皆披挂着这样的飘带【图3】。[3]

三条方毯的供养人身份已经明确。那么,供养人意欲以三条方毯供养何人,或是何方神灵呢?依据毛毯的文字,sūmä是被供养者。检索存世的于阗语文献,sūmä可以有两层意义。

其一,sūmä应源自犍陀罗语,即印度西北方言,纯梵语写作soma,原本词义为"月亮"。但这个词进入于阗语后,词义发生了些微改变,它不再指代月亮,而是指神化了的"月曜",因为于阗语中有"月亮"一词,拼写作pūra。鲜明的证据来自编号S.2471的于阗语

---

[1] 后第二章附文有详述,详见本书第101—117页。
[2] G. Dudbridge and R. E. Emmerick, "Pelliot Tibétain 0821," *Studia Iranica*, Tome 7-1978-fascicule 2, pp. 283-285. 具体所指见第283页。
[3] 《策勒达玛沟——佛法汇集之地》,大成图书有限公司,2012年,第62—63,65—67页。

祈福文。[1]相应文字翻译出来如下：

> 凡此国疆域的守护神、庇护神、天神、天王，他们是村庄、要塞、边界、鼓和武器的守护者，正如以帝释、梵天为首的诸神、四大天王，（即）多闻天、增长天、广目天、持国天，（以及）散脂、半支迦、五明仙。月曜（sūmä）、火曜等，以发光的大乘舆（日天）为首，如琉璃般辉耀的计都（彗星）、水曜、木曜、金曜、土曜。[2]

这段引文当中，"月曜"所对应的于阗文，正是 sūmä。这一组神灵来自印度的传统，所有名字皆有相应的梵文。在同一于阗语写卷上，接着上面这一组以帝释、梵天为首的诸神，还有几组神灵：第二组是女神，以阿隅阇天女、悉他那天女为首；女神之后，是以阎魔和湿婆引领的第三组神灵，依次是"月、日、曜、星宿以及年的引领神"，所谓"月"是 pūra-，这里用的是纯粹的于阗语词。

其二，依据于阗传说，有一位圣僧所化之龙叫作 Sūmapauña，相应藏文为 Sum-pon。[3]在上述编号 S.2471 的于阗语祈福文中，它位列诸神系列的第四组，这一组全部是龙王。这个名字的前半段，正是 sūma。笔者更倾向认为，这个 sūma 正是梅里要供养的神灵。而"山普鲁"之地名，便来自此传说。

---

[1] 这件于阗语长卷出自敦煌，收藏在大英图书馆，完整编号为：Or. 8210 /S.2471（P. O. Skjærvø, *Khotanese Manuscripts from Chinese Turkestan in the British Library: A Complete Catalogue with Texts and Translations*, pp. 27-34）。这里需要说明，因存在特殊字体，排版上有诸多不便，本文仅翻译出相应内容，不再整段引用。

[2] 关于这段文字，贝利和施杰我都曾给出翻译，但笔者的理解与他们的不同，更多论述请见段晴，《于阗文中的八曜》，《民族语文》1988年第4期，第36—40页。

[3] 参阅 R. E. Emmerick, *Tibetan Texts Concerning Khotan*, Oxford University Press, 1967, p. 106。

二 关于Sūmapauña的传说

古代于阗富产传说。一些传说为过往的僧人所记载，或在藏文献中保存下来，现代考古也印证了那些传说曾是于阗人所津津乐道的。最著名的要数桑蚕传入于阗的故事，既有玄奘的记载，又有藏文献及和田地区丹丹乌里克遗址出土的版画可相印证。关于Sūmapauña的传说，虽然未见玄奘提及，但在藏文献中保留了下来。

《于阗国授记》分了两个层次来讲述Sūmapauña。首先讲述了一座寺庙的立寺因缘。关于这一层次，大抵叙述如下：

> 在于阗王伏阇讫帝（Kīrti）的时代，有位僧人是文殊菩萨的化身，他在坎城传法，成为于阗王的善知识，王为他建立了一座伽蓝，名曰斯累喝。[1] 当初，于阗王讫帝曾随迦腻色迦王[2]、龟兹（Guzan）王等远征印度，得到了一些舍利。于是于阗王讫帝在建立此斯累喝寺时，同时建立了佛塔，用来安放从印度得到的舍利。建寺时，要在地基处安放金刚楔，阿罗汉让王上下五次抚摸这木楔。王按照阿罗汉的话，上下五次抚摸了木楔。木楔立时生出五枝杜松枝杈，每一枝有一肘长，木楔最终长成了一棵树。后来有僧人在此树前诵读佛法，便有声音从此树中传出，解析佛法。年轻僧人接受佛法之后，来此处聆听，便有说法的声音从树中传出。后来有一僧人诵法失误，一天神说："并非如此。"从此再无说法声从树中传出。

---

[1] "斯累喝"，藏文Sru-ño。这里使用的汉字采用了朱丽双所译的版本，引自她北京大学博士后研究工作报告《有关于阗的藏文文献：翻译与研究》，2011年11月，第53页。

[2] "迦腻色迦"的相应藏文为ka-ni-ka，见R. E. Emmerick, *Tibetan Texts Concerning Khotan*, p. 93。

这则传说，内涵丰富，需要加以辨析。首先是寺庙的位置。传说提到kam-śeṅ。恩默瑞克认为kam-śeṅ即是坎城。[1] 坎城是古代于阗常见的地名，依据笔者的判断，kam-śeṅ应是媲摩区域的一座城池。[2] 这涉及古代于阗的地望。目前尚不能证实kam-śeṅ即是坎城，还需要等待更多材料的验证。

依据德格版藏文《于阗国授记》，于阗王为高僧所建寺名曰"斯累喁"，写作sru-ño。但恩默瑞克的校注，纳塘版以及北京版此处写作phru-ño。依据纳塘版以及北京版的拼写，贝利认为，phru-ño或者sru-ño应是于阗语文献中出现的brrūya[3]，而这更像是一个地名。编号S.2471的于阗语祈福文第64行：namau brrūya bīsai jasta beysa namasū[4]，可以译作"南无，住于brrūya的天佛我供养"。按照于阗语的表述，bīsai之前一般是地名。

除了涉及于阗古代的地名，这一传说还反映了于阗佛教的传统：建寺必建塔。古代于阗盛行佛塔崇拜，依塔建寺，或者依寺建塔，似是于阗佛教建制的特点。《周书》云，于阗国"俗重佛法，寺塔僧尼甚众"[5]。寺与塔并存，这是在于阗寻找遗址时应特别加以勘察的。

Sūmapauña传说的第二层次，是故事的核心所在，按照原文，叙述如下：

> 后来，流经寺院的小清河几乎断流，不能再为寺院提供水源，寺院几乎废弃。此时有位僧人叫作"尊者Sum-pon"，修行

---

[1] R. E. Emmerick, *Tibetan Texts Concerning Khotan*, p. 93.
[2] 段晴，《Hedin24号文书释补》，新疆吐鲁番学研究院编，《语言背后的历史——西域古典语言学高峰论坛论文集》，上海古籍出版社，2012年，具体讨论见第75—76页。
[3] H. W. Bailey, "Hvatanica Ⅳ," *Bulletin of the School of Oriental and African Studies*, Vol. 10, No.4 (1942), p. 920.
[4] H. W. Bailey, *Khotanese Buddhist Texts*, Taylor's Foreign Press, 1951, p. 92.
[5] 令狐德棻等，《周书》，中华书局，1997年，第917页。

已近阿罗汉果。此僧为使寺院不遭废弃，发愿道：愿以成就阿罗汉果之善根福力，转生为龙。立时，水从他的身体里流出，而他的人身直接变成了这条清流中的龙，沉入了这方土地之下。直至今日，寺院用水依然引自此小清河。直至今日，这寺院也不曾废弃，依然是一方圣地，威灵显赫。这所寺院的守护天神是妙胜以及眷属狮面，以及小清河的龙Sum-pon。

以上便是藏文献所载有关Sūmapauña的全部内容。这里还需要赘言几句，以衬托此传说的动人之处。按照佛教的基本常识，获得阿罗汉果，便摆脱了轮回之苦，算得上功德圆满。与之相反，人如果不积德行善，就可能坠入畜生道，畜生道是六道轮回中的下三道之一，龙蛇类属于畜生道。一个功德即将圆满的法师甘愿舍身为龙，这是此传说的感人所在。

三　来自于阗文书的印证

关于Sūmapauña的传说，还需要进一步辨析。神话和传说自有其意境和学术研究之天地，传说不能直接用来作为实证。但是《于阗国授记》不一样，这部藏文典籍记载的于阗国事，富含传说的成分，看似不能作为史料看待。但从文本的角度，其中的许多记载，不但在汉文献中，在存世的于阗文本中也能得到印证，说明其确曾流行于古代于阗。其中涉及历史层面的记载，也有汉籍史料与之相呼应。恩默瑞克曾说："太多的例证得到了同时代的或者于阗出土文献的印证，令我们越来越相信这些藏文记述保留了原始风貌，且信息来源可靠。"[1]

如前所述，主人公Sum-pon也出现在于阗语文献当中，其于阗语真名写作Sūmapauña。虽然在已知于阗语文献中，并没有关于

---

[1] 见R. E. Emmerick, *Tibetan Texts Concerning Khotan*, p. xii。

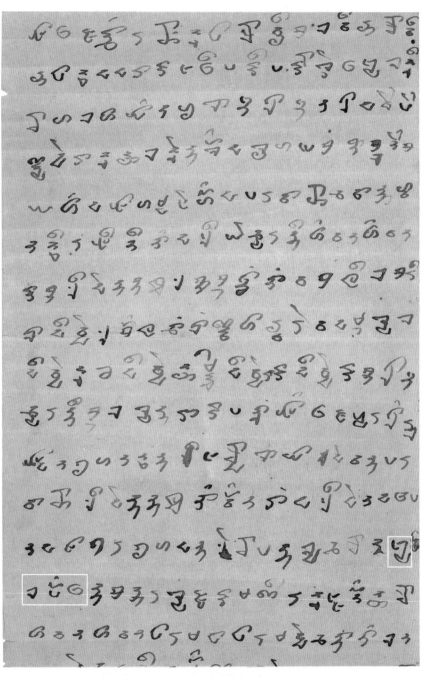

图4　编号S.2471敦煌写卷中的Sūmapauña

Sūmapauña的故事，但这个名词两次出现在敦煌的于阗语祈福文中。如上文所述，它出现在编号S.2471的写卷当中【图4】。

这里略为介绍一下S.2471长卷的内容。该写卷是一名叫作胡金尊（Hūyī Kīma-tcūna）的都头令住在敦煌的于阗僧人抄写的，长7米。从于阗语内容审视，S.2471与收藏在巴黎的编号P.5536的写卷是相接的[1]，系写卷完成后被人为剪裁断开。正面是汉文《大般若波罗蜜多经》的第483卷，反面是于阗语。于阗语这一面，又可分出六篇独立文献。其中第四篇，是一部完整的于阗语《无量寿宗要经》。除此以外，大部分是对佛的礼赞文。最为重要的一节内容从第253行开始，写出了所有于阗国的护国神灵，反映了于阗人的宗教信仰。在这一节，众神灵被归入几组：第一组是以帝释、梵天为首的天神，八曜之神位列其中；第二组是女神，以阿隅阇天女、悉他那天女为首，城隍、宫殿以及国土，皆由女神保护；第三组以阎魔、湿婆为首，日月星辰年等也在这一组；第四组则是龙王。

关于这一组龙王，笔者曾经介绍过，这里简单罗列如下：①Nada（难陀），②Upanada（优波难陀），③Sāgara（娑伽罗），④Grrahadatta（热舍），⑤Elapatta（伊罗钵），⑥Myacalena（目真邻陀），⑦Sūmapauña，⑧Ttaśa，⑨Ttara，⑩Būjsyaja ṣaṇīraka。这十龙王中，第一至第六名应属于梵文佛典系统，第七到第十名，为古代于阗所特有，其中第八、九名是小龙王，第十名是龙女。[2] 而第七名正是为

---

[1] 关于Or.8210 /S.2471这部写卷，笔者曾较为详细地介绍过，参阅Duan Qing, *Das Khotanische Aparimitāyuḥ-sūtra*, Studien zur Indologie und Iranistik, Dissertation Band 3, Dr. Inge Wezler Verlag für Orientalische Fachpublikationen, 1992, pp. 22-25。笔者认为，这部写卷属于最后的于阗文献之一，应完成于10世纪末期。另见P. O. Skjærvø, *Khotanese Manuscripts from Chinese Turkestan in the British Library: A Complete Catalogue with Texts and Translations*, pp. 27-35。关于P. 5536，参阅H. W. Bailey, *Khotanese Texts* Ⅲ, Cambridge University Press, 1980, p. 117。

[2] 参阅段晴，《〈大唐西域记〉瞿萨旦那国拾零》，载北京大学东方文化研究所编，《东方研究（1996—1997年）》，蓝天出版社，1998年，第139—146页。另见P. O. Skjærvø, *Khotanese Manuscripts from Chinese Turkestan in the British Library: A Complete Catalogue with Texts and Translations*, p. 32。

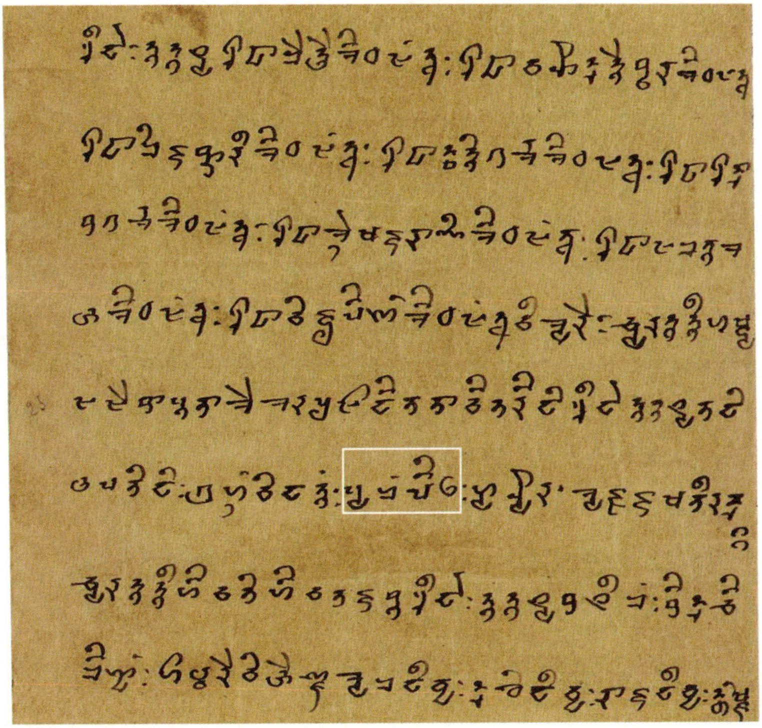

图5 编号CH00267敦煌文书中的Sūmapauña

了拯救寺院而献身的Sūmapauña。一个即将修成正果、脱离苦难的僧人，为了保全寺院，不惜堕入龙蛇界，成为镇守一条清流的龙王。这个名字还出现在CH 00267号于阗语文书【图5】。该文书是于阗大太子令写的祈福文，祈请各路神灵的保护。在该文书第26行，Sūmapauña也跻身于一组龙王当中。但这里只出现了六位龙王，即①Nada（难陀），②Upanada（优波难陀），③Grrahadatta（热舍），④Sūmapauña，⑤Hūlūra（户鲁陆），⑥Būjsaja ṣaṇīraka。[1] 这组龙王中属于阗本土民间信仰的，只有Sūmapauña以及龙女。

---

[1] H. W. Bailey, *Khotanese Buddhist Texts*, p. 147. P. O. Skjærvø, *Khotanese Manuscripts from Chinese Turkestan in the British Library: A Complete Catalogue with Texts and Translations*, p. 500.

由此看来，于阗文书中虽没有存留关于Sūmapauña的事迹传说，但在于阗民间，这个名字是著名的，是看护那条清流的龙，就住在那座佛寺的土地之下。这个故事说明，此传说成就于佛教已经进入于阗的时代，是从当地民众对佛教的信仰派生而来的民间传说。

从语言文字的角度而论，这个名词源远流长。Sūmapauña是复合词，前词sūma可以与纯梵语soma同源，表示"月亮"，在于阗文献中特指天神之一"月曜"。但梵语也有sūma一词，表示"牛乳，水"。关于Sūmapauña的传说与水相关联，由此可以认为，于阗语借来的sūma含有两层意义，其一是"月曜"，其二是"清水"。末词pauña则完全继承了俗语的形式，在尼雅出土的佉卢文/犍陀罗语世俗文献中，常作puña、puṃña，若写作纯梵语，则是puṇya，译作"福，福德，功德"等。若按词义翻译，Sūmapauña可译作"月福德"（或"水福德"）。

四 古今之间

至此，笔者的意图其实已经明确，Sūmapauña正是现代地名"山普拉"或者"山普鲁"的源头。Sūmapauña的藏文拼写是Sum-pon，而从于阗语直接进入维吾尔语的，则是Sampul。维吾尔语之所以用辅音l模拟于阗语的ñ音，是因为维吾尔语不使用颚音化的鼻音。而作为末音的维吾尔语l音的发音位置，确实与ñ音的最为接近。最终，从维吾尔语而进入汉语，则有了两种汉字写法，"山普拉"或"山普鲁"。这便是同一名词的音译在三种不同语言间的转换，脉络清晰。

那么，这Sūmapauña和开篇谈到的毛毯之间有关联吗？毛毯上织出的sūmä是否正是《于阗国授记》所记载的Sūmapauña神灵呢？

织有sūmä之名的三条毛毯发现于"山普拉"（Sūmapauña）地区，sūmä恰好与Sūmapauña部分吻合，sūmä和Sūmapauña同是受供养者。由以上三点所构成的凑泊之巧，暗示着双方之间应有必然联系。

核心问题在于，Sūmapauña之名传至今日，而毛毯上却只见这个复合词的前词。是否曾有这样的案例，即一名字出现在某一文本时是全名，而出现在另一文本时则显示得不完整呢？这样的案例其实已经发生在一个著名的于阗僧人身上了。

提云般若，于阗佛教发展史上最著名的僧人之一，曾于7世纪末携百余部佛经来到中原。在中原生活的几年间，他翻译出六部篇幅不长的佛经，其中至少四部可以在于阗语现存的文献中找到对应文本。[1] 但在汉语佛教文献当中，提云般若的名字却有不同的汉字组合形式："因陀罗波若"、"提云陀般若"以及"提云陀若那"。意大利汉学家富安敦（Antonino Forte）曾认为，诸多汉译中，唯"提云陀般若"最贴近原文，可还原为Devendraprajña。[2] 恰巧藏文《于阗国授记》也记载了一位于阗高僧，名叫Devendra。[3] 相关内容如下：国王伏阇雄的儿子伏阇璩（Viśya Väkrraṃ）为继承父业回到于阗，给他的善知识尊者阿罗汉、伟大的Devendra修建了一座庙。[4] 这则记载又恰好与汉文史籍相吻合，《旧唐书》："天授三年，伏阇雄卒，则天封其子璩为于阗国王。"[5] 无论从时间还是空间来说，提云般若皆有与伏阇璩相知相遇的背景，由此希尔（John E. Hill）认为，《于阗国授记》中被尊称为Devendra的阿罗汉，正是汉语佛教文献所记载的提云般若，或提云陀般若。伏阇璩于692年继位成为于阗国王时，提云般若已经去世，所以伏阇璩才以阿罗汉尊称提云般若。

本文的关注点在于提云般若的名字。依据汉名，"提云般若"或

---

[1] 笔者曾撰专文叙述此人的事迹，参阅段晴，《于阗僧提云般若》，《于阗·佛教·古卷》，第45—56页。

[2] Antonino Forte, "Le moine khotanais Devendraprajña," *Bulletin de l'École Française d'Extrême-Orient* 66 (1979), pp. 289-298. 许章真译，《于阗僧提云般若》，载《西域与佛教文史论集》，学生书局，1989年，第233—265页。

[3] John E. Hill, "Notes on the Dating of Khotanese History," *Indo-Iranian Journal*, Vol. 31, No. 3 (1988), p. 182.

[4] 故事来源：R. E. Emmerick, *Tibetan Texts Concerning Khotan*, p. 61；段晴，《于阗·佛教·古卷》，第48—49页。

[5] 刘昫等，《旧唐书》卷一九八，中华书局，2002年，第5305页。

"提云陀般若",可还原出Devendraprajña-。但《于阗国授记》写作Devendra,未见末词°prajña-。°prajña-来自prajñā,词义为"智慧"。同一人可拥有繁、简不同的两种名字。笔者由此倾向认为,具有意义的末词或许是僧人之名的附加成分,所以可以省略。Sūmapauña的末词pauña-来自puṇya-(福德)。或许sūmä才是圣僧的名字,因为他积德行善,所以又叫作Sūmapauña,意译"月福德",而作为名字之末词的"福德"是可以省略的。

另一种可能是:sūmä是圣僧的名号,而庙前的那条小河名曰Sūmapauña(山普拉,月福德)。因为是他为当地带来了水、带来了福德,所以古代民间为小河冠以"月福德"之名,以此来纪念逝去的圣僧。

还应指出,根据我的建议,祁小山最初发表的那篇很短的文章《新疆洛浦县山普鲁乡出土的人物纹栽绒毯》(《西域研究》2010年第3期),把3、4号毯上的文字解释为"将军Meri献给苏密(月天)",5号毯上的文字解释为"将军Meri献给苏利雅(日天)",这个翻译是完全错误的。毛毯织出的sūmä不应指"月曜(天)"。考察存世的于阗文书,月曜属于天神系列。提及月曜,也应提及日曜。三条栽绒毯均献给同一sūmä,说明此名必非月曜之名。

关于那些栽绒毯的发现地,祁小山曾做过详细报道:"这五条栽绒毯出土于洛浦县山普鲁乡县总闸口巴什贝孜村东南的戈壁冲沟中,距巴什贝孜村直线距离700米,地理坐标为北纬36°53'10″,东经79°57'02″,海拔1522米。栽绒毯埋藏于用石头砌成的一个长方形坑内。"[1]笔者曾于2013年10月前往洛浦考察。那时,出土地已经过了新疆文物考古研究所的系统发掘。在现场看,所谓"冲沟",似是一条小河曾经流过的地方,但河水早已干涸,寸草无生。沟的一侧,考古

---

[1] 祁小山,《新疆洛浦县山普鲁乡出土的人物纹栽绒毯》,《西域研究》2010年第3期,第125页。

学者已经清理出一座小型寺院的地基，寺院对面的小山坡上，还隐约可见两座佛塔的基座。新疆考古所所长于志勇先生曾将考古发掘出的一些物品照片展示给笔者看，这次发掘不但出土了物品，甚至出土了少量书有于阗文字的木简，可知此地确实是一处古代遗址。尽管于阗王国早已逝去，但文明的痕迹却顽强地传承在民间。"山普鲁"的传说终究作为地名流传了下来。

第二章

氍毹上的《吉尔伽美什》神话

1—2号氍毹上的图像解读（上）

两河流域文明的《吉尔伽美什》
与氍毹制成的时间相隔至少两千多年
地理上也隔着千山万水
但巴比伦时代的史诗
竟出现在了山普拉的毛毯上
这不能不说是人类文明传播的奇迹

本文原题为《新疆山普鲁古毛毯上的传说故事》，
刊于《西域研究》2015年第1期。

2007年，在新疆洛浦县山普拉乡，五块栽绒毯被挖了出来。其中的方形毯上织有用婆罗谜字母书写的于阗文，里边的 spāvata-"萨波"（首领）一词使用了古老的拼写模式，据此判断，这些毛毯应织成于5—7世纪之间，因为古代于阗直到公元5世纪时才开始使用婆罗谜字母，而到了8世纪时，已经普遍使用 spāta- 这种简化形式了。五条栽绒毯中，有三块图案几近一致的方毯，关于上面的于阗文字，笔者已在上一章中做过解读。而本章则着重对两块长方形毯上的图案进行解读。为方便叙述，这里称人物多者为1号毯（祁文编号08LPSB1），人物少的为2号毯（祁文编号08LPSB2）【图版1—2】。

一 氍毹图像源于印度之说不成立

这批栽绒毯发现之后，立刻引起旅美华人学者张禾的关注，她连续用汉语、英语撰文，对毛毯上图案、内容一探再探，提出了解析方案。她认为，两次出现在毛毯上的蓝色人物是印度教中的牧牛神克里希纳[1]，并且在《初探》一文中概要地介绍了印度教克里希纳（Krishna）的传说。尤其应称道的是，张禾进一步在《风格研究》[2]一文中以图案底部为起点，将1号毯的众多人物从下到上，从A到G，分出7个层次，以方便叙述。她所绘制的线描图将毛毯上的图案清晰地勾勒了出来，提供了非常直观的效果。但是，张禾对毛毯图案之来源的分析显得颇为混乱。她一方面认为图案反映的是典型的印度教克里希纳的故事，一方面又在《风格研究》中认为："这种在纺织物中以编织手法表现众多人物故事的传统在罗马时期的西亚和埃及纺织物

---

[1] 张禾，《新疆洛浦山普拉出土人物纹栽绒毯内容初探》，《西域研究》2011年第1期，第72—82页（正文中简称《初探》）。
[2] 张禾，《新疆和田洛浦县山普拉人物栽绒毯艺术特征及风格研究》，《西域研究》2012年第4期，第105—116页（正文中简称《风格研究》）。

中非常多见。"[1]如此将西亚、埃及和南亚杂糅一处,实际上恰恰是未能道破此中玄机的表现。

在印度教中,克里希纳是三大神之一毗湿奴的第八个化身,而且是完整的化身。作为毗湿奴之化身的克里希纳出生之后,还在幼童时期,便完成了种种神迹,例如他逼退了蛇王迦里耶(Kāliya),为了与因陀罗倾泻的暴风骤雨相抗衡,他用双臂举起了一座山,为牧牛人遮风避雨。作为牧童的克里希纳喜欢小小的恶作剧,为讨牧牛女的欢心而偷黄油,趁姑娘们下湖洗澡偷走她们的衣服,以他美妙的笛声为姑娘们的舞蹈伴奏。克里希纳的笛声具有魔力,可以驯服所有野兽。

人造神像,为的是祈福,特定的神灵一定具备独有的特征。印度教神的造像,往往体现为多臂,四臂神像最为常见。神祇克里希纳既然是大神毗湿奴的化身,他的造像往往具有毗湿奴的配饰,例如手中持杵,另一手举起呈莲花状。[2]作为独立的神灵,克里希纳的造像源自他的神迹,往往表现为吹笛者,或者足踏蛇王的形象,而印度教的蛇王,必然配有多蛇头组成的扇形冠。印度教各个大神造像的一个很重要的元素,便是头饰,化身成人形的毗湿奴神,无论是作为罗摩还是克里希纳,头上都必有王冠。克里希纳的典型形象如下图所示【图1】。[3]

据此而观洛浦出土的栽绒毯,两次出现在1号毯、一次出现在2号毯上的小青人身裹兽皮衣,虽然脸是青色,但手、脚还是肉色,这样的描绘一来不符合克里希纳生来皮肤黝黑的形象,也丝毫体现不出

---

[1] 张禾,《新疆和田洛浦县山普拉人物栽绒毯艺术特征及风格研究》,《西域研究》2012年第4期,第106页。
[2] 关于克里希纳的造像风格,可参阅Eckard Schleberger, *Die indishce Götterwelt, Gestalt, Ausdruck und Sinnbild, ein Handbuch der hinduistischen Ikonographie*, Eugen Diedrichs Verlag, 1986, p. 82.
[3] 这两幅图选自Eckard Schleberger, *Die indishce Götterwelt, Gestalt, Ausdruck und Sinnbild, ein Handbuch der hinduistischen Ikonographie*, pp. 81, 82。

图1 印度神祇克里希纳的典型形象：吹笛者（左）和足踏蛇王的形象（右）

他作为印度教大神的身份。人们为神灵造像，是出于信仰，出于对神的歌颂、赞美。在佛教盛行的古代于阗，有《造像功德经》为证[1]，人们造像是为了积累功德，为了祈福禳灾，未见放弃伟大神迹而选择表现儿童的劣迹者。[2] 毛毯小青人头上，有表示大地的图案，显示此人物应处于地下。这一场景无法还原到克里希纳的传说中。在印度教的群神中，穿兽皮衣者可以是湿婆，但未见克里希纳有身穿兽皮衣的形象。总而言之，将毛毯上的小青人判定为克里希纳不能成立，若要阐释毛毯图案，必须另辟蹊径。

---

[1]《造像功德经》仅存于阗文本和汉文本，参阅段晴，《〈造像功德经〉所体现的佛教神话模式》，载《于阗·佛教·古卷》，第109页。
[2] 张禾认为，1号毛毯小青人（小黑人）手中擎着的黄色物件，表现的是偷来的黄油，见《新疆洛浦山普拉出土人物纹栽绒毯内容初探》，《西域研究》2011年第1期，第76页。

二 波头纹的提示

洛浦所出的这些栽绒毯令人惊异,这是因为,栽绒毯的图案与古代于阗所出的图像有天壤之别。于阗是佛教信仰地,自斯坦因起至近十多年发现的出土文物,更多反映的是佛教的信仰。古代于阗人擅长绘画,画佛像、菩萨像,有屈铁盘丝的绘画风格。[1]这些风格,皆在和田地区出土的壁画上得到了验证。在古代于阗是佛国的背景之下,再观栽绒毯,基本可以断定:其一,毛毯图案的主题是非佛教的;其二,或许因为图案是织入的,所以"屈铁盘丝"的风格也未能体现;其三,不但主题非常见,而且人物的表现也令人惊异。古代于阗语属于中古伊朗语的东支,操东支中古伊朗语的民族属于塞种人,而塞种人以头戴尖帽为服饰特征。塞种人的这一特征有大流士留在贝希斯敦铭文之上的图像为证【图2】。

图2 波斯帝国大流士一世时所立的贝希斯敦铭文,位于伊朗克尔曼沙汗省。浮雕中最右头戴尖帽子的人,即斯基泰人

---

[1] 张彦远《历代名画记》(俞建华注释,人民美术出版社,1964年,第172页)载:"尉迟乙僧……善画外国及佛像……画外国及菩萨,小则用笔紧劲,如屈铁盘丝,大则洒落有气概。"

图3　新疆伊犁出土的武士俑

图4　西周春秋时的棕色尖顶毡帽，新疆且末县扎滚鲁克墓葬出土

新疆地区出土的文物中也有与此相呼应者，例如伊犁巩乃斯河南岸曾出土一尊铜质武士俑，头戴十分醒目的尖顶高冠【图3】[1]；1985年且末县扎滚鲁克墓葬出土的一顶黑褐色尖顶毡帽，显示了古代塞种人的服饰风格【图4】[2]。尽管和田策勒达玛沟地区近年出土的壁画上未能见到戴着尖帽子的塞人形象，但出现在壁画上的各种人物、神灵，也与栽绒毯所描绘的人物服饰有明显的差异。达玛沟壁画更多描绘的是

---

[1] 王炳华，《古代新疆塞人历史钩沉》，《新疆社会科学》1985年第1期，第48—64页。更有人认为，尖顶子不仅是塞种人的头饰，而且也是月氏人、吐火罗人的头饰，见尚衍斌，《尖顶帽考释》，《喀什师范学院学报》1991年第1期，第55—59页。

[2] 新疆维吾尔自治区博物馆编，《古代西域服饰撷萃》，文物出版社，2010年，第19页。

图5 达玛沟壁画上的当地神灵形象（左）
以及戴着唐代汉人幞头的供养人形象（右）

佛以及当地神灵的形象，佛的明显标志是头顶肉髻，而所有的菩萨以及波斯风格的神灵头上皆戴着富有装饰效果的王冠。还有一俗家供养人戴着唐代汉人的幞头作为头饰【图5】。[1]虽形象各异，但总体而言，达玛沟所出壁画上的人物形象是我们熟悉的，可以用已经积累起来的对古代于阗文化的知识加以解释。但是1、2号栽绒毯的图案完全超出了我们所熟悉的领域。

虽然张禾对毛毯图案主题来源的理论不能成立，但是她对毛毯周边图案的分析却值得关注。针对1号毯和2号毯内框由白色和深蓝色

---

[1] 神灵形象见《策勒达玛沟——佛法汇集之地》，第32—33页，俗家供养人像见第36页。

图6 洛浦氍毹上的蓝白涡卷纹图案，右：1号毯，左：2号毯

组成的涡卷纹图案【图6】，她写道："这种涡卷纹是典型的古希腊罗马艺术中的装饰纹饰。它大量出现于公元前6—前5世纪希腊陶瓶画和公元1—5世纪罗马时期的意大利、西班牙、突尼斯、以色列、叙利亚等地中海沿岸国家的镶嵌壁画和地板画上。同样的涡卷纹饰样也大量出现在罗马时期的埃及与叙利亚的毛和麻纺织物，以及蒙古的诺颜乌拉和新疆的楼兰、山普拉等地出土的毛织物中。"[1]【图7—10】实际上，张禾已经将两河流域、爱琴海岸纳入了观察的视野。

1号毯和2号毯的内框纹样，专家称作涡卷纹，又称作波头纹。这样的纹饰出现在希腊、罗马以及中东古代民族的物品之上，再自

---

[1] 张禾，《新疆和田洛浦县山普拉人物栽绒毯艺术特征及风格研究》，《西域研究》，2012年第4期，第110页。

图7　埃及出土的6世纪缂织毛布衣残片
图8　埃及出土的6世纪左右的缂织披肩残片

图9　新疆山普拉出土的约1—3世纪的蝴蝶纹涡卷纹缂织毛布残片

图10　新疆楼兰孤台出土的3—4世纪的晕裥条式花纹缂织毛布，其细部有涡卷纹

第二章　氍毹上的《吉尔伽美什》神话　　71

然不过，因为这些民族生活在海边，横隔在岛屿与岛屿之间的，是浩瀚的海水。那里的人们熟悉波浪的姿态，将波浪画入纹饰，合乎从自然到美术的升华规律。但是，这样的纹样出现在山普拉出土的毛毯之上，则是不自然的，因为横在尼雅、楼兰、于阗等绿洲之间的，是无尽的戈壁和沙丘。这样的不自然意味深长，说明山普拉出土的纺织物上出现的波头纹所秉承的是异域的文化传统，源头应在古代的希腊、罗马以及地中海沿岸。

当我们把眼光投向这一片地域时，波头纹所框住的图案主题也似乎清晰起来。经过仔细分析图案上蜿蜒曲折的故事情节，我们发现，1、2号毯所讲述的故事，竟然反映出古老的史诗《吉尔伽美什》之内容。

三 文明的奇迹：
氍毹上的苏美尔和巴比伦史诗

以下我们初步以看图说话的模式，来剖析毛毯图案所讲述的故事【图11】。

1、2号毯图案的故事主题是一致的。1号毯图案讲述的故事从下至上呈S形盘旋展开。此种S形的表述方式，既有利于彰显故事的连续性，展示故事的曲折，同时也增加了画面的层次感，再配合各个层面对行装、迈步等细节的描绘，烘托出了主人公的不畏艰辛，以及他在行程中的不同经历。

A层中央作下跪状的，是故事的主人公，他位于这一层面构图的中央【图12】。主人公后方一对

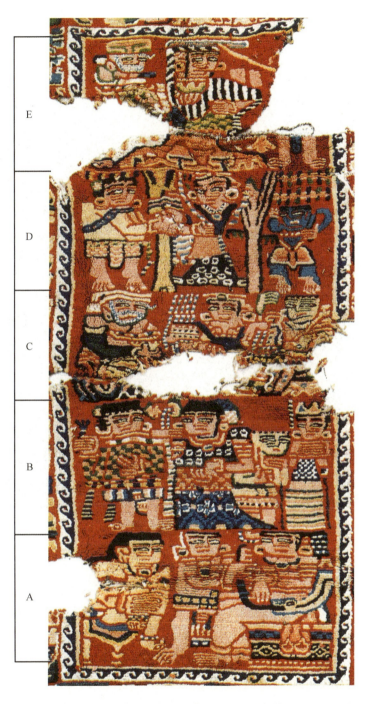

图 11 两幅氍毹的分层示意图，从 A 到 F 的排列分层，借鉴了张禾的排列，但略有不同

第二章 氍毹上的《吉尔伽美什》神话 73

A层

图12 1、2号氍毹A层

人物略小，与主人公不在一条水平线上，使人感觉他们站在较远的地方，画面中互相依偎的状态传达出二者在互相慰藉，在祈求着什么。右侧两个人物比较高大，一个端坐于有扶手的座椅之上，扶手一端的蛇头装饰清晰可见。他的前方站立着一人，似乎在说着什么。这一对高大的形象代表了一方权威。主人公跪在代表权威的两个人面前，体量矮了近一头，而他的头、肩膀、上身则与他们一般魁梧。坐在蛇椅上的权威人物,可以依据《吉尔伽美什》的《吉尔伽美什、恩基都与冥界》(以下或简称《冥界》)故事情节,被视为一方大神。但也可参照希腊史诗《奥德赛》,而将其解释成一位异国的国王。位于主人公右侧的青色小人,面是青色,身是青色,腰间裹着兽皮衣,唯手脚处使用了肉色表现。毛毯的图案上刻画了各种人物,一眼望去便可分辨出老少男女,他们皆装饰有各种服饰。这些人物,除了出现在A层以及D层的青色小人之外,其余皆用肉色、亮黄色来显示其生命。亮色代表了生,对比之下,青色小人的阴郁、黑暗便凸显出来了。青色代表了冥界,青色小人的头顶上有横竖线,这一图案也出现在2号毯的D层中,也在青色小人的头顶之上。这横竖线构成的图案,是大地的象征,将这一图案置于青色小人的上方,指明此时的青色小人处于地下,处于冥界之中。小青人的一双脚,比例上稍大些,用了不同于身体和脸的色彩,似在着意表现他的一双赤足。而刻意用了亮色表现他的手脚,说明他是活着下了冥界,仍有生还的希望。A层青色小人右手明显擎着一个球状物。参照《吉尔伽美什》的《冥界》篇,青色小人的身份得到认证,即为恩基都(Enkidu),此时他已经落入冥界。他的头顶上有土地的表征,仿佛在为阿卡德语的第12块泥板作形象的描述:"是大地扣留了他。"而其手中高擎的,不正是吉尔伽美什滚落冥界的球吗?

  A层所描述的故事情节大抵如下:木球落入了冥界,恩基都甘愿赴冥界将木球捡回来。恩基都光着脚、身穿兽皮衣来到冥界。他拿到了球,却被大地扣押,无法返回阳间。吉尔伽美什为救自己的忠实伴侣,告别父母,遍求天下的神灵。此时他来到一位大神面前,下跪恳求大神出手援助,说自己忠实的朋友为捡木球落入冥界,谁能令他重返阳间,有什么办法可使他重返阳间。蛇椅上的大神无法帮助前来求助的吉尔伽美什,因为没有人能够往返于冥界和阳间,但是大神似乎还是给了他提示,或许某一神灵的仙草可以帮助他。

  当画面上升到B层时,故事的主人公位于左侧,他面朝右侧,

B层

图13　1、2号氍毹B层

其余四个人物的脸都望着他，他的独特位置由此而彰显【图13】。两块毛毯在这一层尽管有细节的不同，且2号毯的人物似乎少于1号毯，但两者所表现的内容是一致的。主人公手握草状物，他面前明显是位女士，女士身后则是一对头戴齿形王冠者，他们或者是神灵，或者是异域的国王与王后，而吉尔伽美什面对的，应是一女神，或者公主。毛毯B层左侧的主人公手中明显擎有一物，像是某种植物。

B层所描述的故事大抵如下：为获得仙草，吉尔伽美什来到传说中的国度。吉尔伽美什向国王夫妇讲述了自己的诉求,向他们索取能够往来阳间和冥界的仙草。但是,国王夫妇告诉他,世间没有人可以往返于冥界和阳间,即使有仙草也无能为力。他们知道唯有一人穿越生死,达到永生,这便是经历了大洪水的老者乌塔纳毗湿特(Ūta-napišti),他或许有仙药能将人从冥界带回,但他住在遥远的地方。吉尔伽美什赢得了国王夫妇的独生公主的爱戴,顺利拿到了仙草。但是仙草只能帮助他克服跋山涉水的辛苦,而真正长生不老、返老还童的仙药在唯一长寿人之处。于是吉尔伽美什拿着仙草告别了公主,踏上了征程。

1号毯C层比较特殊,由左、右两组画面构成【图14】。右边一组

C层

图14　1、2号氍毹C层

第二章　氍毹上的《吉尔伽美什》神话　77

的主人公位于右侧,面朝左。画面表现了他经历过的两件事情,下方是一个坐在高背椅之上的人,他似乎在讲述着什么,而上方有一个老者,须眉长且白,象征绵长的生命,他似乎正在将一杯盏送给远道而来的年轻人,也就是C层右边画面的主人公。画面呈现的是他在旅途中的状态:一方面,这种状态通过他背上的行囊、迈开的双腿而得到展示;另一方面,自A层盘旋而上的设计安排也赋予了观者这样的感受。1号毯的C层对应2号毯的C层,但2号毯的构图要简单些。

C层左侧一组图蕴含的故事似乎更多些。这一组分作上下两块,下面一组刻画了两名女性,一名女性呈坐姿。2号毯C层构图简单,似省略了1号毯右侧的情节。主人公吉尔伽美什出现在2号毯C层的最右方,中间刻画了一个戴着耳饰的人物,看上去像是女性。最值得注意的是1号毯C层左侧上面的一组图,主人公出现在右侧,面对着一位老者。此时他肩上扛着一个工具,右手也握着一个工具;而他对面的老者,长眉白须,正在将一杯盏赠与他。老者的下方则是一女性人物,也在将杯盏赠与对面的女子。

非常值得关注的是1号毯C层左侧上图男子肩上扛的以及右手握的工具,这两件物品在1号毯C层右侧的主人公处也可得到验证。主人公肩扛的,好像是一柄修长的木栓,右手所持之物,一时难以名状,似刻画有齿柱,像是板斧,也像钉耙。无论1号毯还是2号毯,这组图所描绘的主人公装备工具的画面,是一致的。虽不能定性,但这两样工具还是令人想起巴比伦传统中吉尔伽美什的特征。史诗《吉尔伽美什》第一章,吉尔伽美什梦见有斧子从天而降,成为他的至爱。有学者甚至在吉尔伽美什的名字中读出了"斧"字,甚至读出了"用斧子劈木者"[1]。

C层故事情节构想:服用了仙草,吉尔伽美什风尘仆仆,跨越了

---

[1] A. R. George, *The Babylonian Gilgamesh Epic: Introduction, Critical Edition and Cuneiform Texts,* Vol. I, Oxford University Press, 2003, p. 87.

千山万水，终于见到了唯一获得长生之人乌塔纳毗湿特，这是一位经历了大洪水的仙人，他被吉尔伽美什的真诚所感动，把能够使人返老还童的药水给了吉尔伽美什。但是仙人也告诉他，没有人能让堕入冥界的人起死复生，除非他能够找到生命之树。生命之树生长在伊楠娜天神的花园里，用生命之树制作的魔棒，可以帮助堕入冥界者返阳。为此，他需要掌握伐天树的技巧，需要获得神斧，而只有工匠之神拥有神斧。吉尔伽美什又来到了工匠之神的住处。这时候工匠之神告诉他，生命之树确实生长在女神伊楠娜的花园，如果他能战胜盘踞在树上的毒蛇，为伊楠娜砍下这棵柽柳，用神斧、天树制作的魔棒，或能使人从冥界返阳。吉尔伽美什在工匠之神这里学艺，得到了工匠之神授予的神斧。

D层

相对于C层紧凑的人物布局，D层的构图略显疏朗【图15】。这一层表现的应是故事的核心部分。在这一层，1、2号毯的主题是一致的，细节可以相互呼应、补充。到了D层，主人公从C层的右侧又蜿蜒到了左侧，除了主人公外，这一层的其他人物全部面朝左侧。这一层的画面十分丰富，主人公身着明亮的黄色，面对他的是一女性形象，耳环和衣裙清晰可辨。

仔细观察我们可发现，1、2号毯在这一层都表现了两棵树，但两棵树所使用的颜色不同。从2号毯来看，左边一棵树的树干使用了亮黄色，与主人公衣服的颜色是一致的，右边一棵树使用了肉色，色彩与毛毯图案上用来表现生命的颜色是一致的；青色小人再次出现，就站立在这棵树的旁边，这里1号毯与2号毯的表现是一致的。但2号毯右侧肉色的树上，似有蛇头探出于树杈之间，其所描绘的场面——蛇

图15　1、2号氍毹 D层

盘踞在树上，与《桲柳》[1]的情形几近一致。这棵树应该是生命之树，

---

[1]《桲柳》是《吉尔伽美什与桲柳之树》的简称。关于苏美尔语的《桲柳》，最权威的翻译应参阅 Samuel Noah Kramer, *Gilgamesh And The Huluppu-Tree: A Reconstructed Sumerian Text*, the Oriental Institute of the University of Chicago Assyriological Studies, No. 10, the University of Chicago Press, 1938。这则故事的大意如下：创世之初，天地分开，人类被造出，大神 Anu、Enlil（有时亦作 Enki）、Ereshkigal 分别掌管上天、大地和冥界。Enlil 启程从海上进入冥界。为了对这位大神表示尊敬，大海泛起波涛。一棵本来生长在幼发拉底河之岸的桲柳（ḫuluppu），被南风连根拔起，顺着幼发拉底河漂流。一位在河边漫步的仙女看到这棵树，将树移栽到天神的花园中。女神伊楠娜精心培育此树，希望有朝一日，可用成才的树木为自己打造座椅和床榻。十年过去，伊楠娜却气恼地发现，她的希望落空了。一条蛇盘踞在树根处，一种鸟在树上筑了窝，一位名叫梨丽（Lilith）的魔女住在树干中央。吉尔伽美什杀死了蛇、驱赶走了鸟，魔女因此落荒而逃。他用这棵树的树干，为女神伊楠娜打造了座椅和床榻，又用树根为自己造了 pukku（球），用树冠的木材为自己打造了 mikku（曲棍棒），这两样东西皆具备魔力。

代表了生命。蛇与生命之树的联系，也反映在古代犹太人的信仰中。[1]

D层故事再现：吉尔伽美什来到天庭的花园，伊楠娜女神欢迎他的到来，为他讲述了生命之树的来源。这棵树本生长在幼发拉底河岸……（如苏美尔语版《怪柳》）这棵生长在天庭的树，能流出起死回生的汁液，可以使病入膏肓的人恢复健康。用它的树冠之木制成的木棒，可以令堕入冥界的人返阳。但是一条蛇怪盘踞在树上，吉尔伽美什挥动神斧，驱赶走蛇怪。他从生命之树的树冠，获得了制作魔棒的木材，打造出魔棒。最终，他凭借魔棒的威力使恩基都起死回生。因为他拥有此起死回生的魔棒，所以吉尔伽美什又被尊为超度生死的大神，他值守在生死之河，将故去的人度往天堂。

E-F层

E层应是大结局的画面，因为毛毯图案自下而上蜿蜒至此结束【图16】。E层与A层相呼应，中心人物重新回到画面的中心位置，这说明旅途结束了，故事的主人公又占据了中心位置。1号毯E层画面，让我们感受到了两个中心人物。其一是从左侧数第三个人物，他戴着耳环，身着蓝色服饰，双手握着曲棍一样的东西，这便是告别了天庭

---

[1] 天庭有生命之树，这样的记述广泛流传于犹太民族之中。例如亚当、夏娃与天堂的生命之树，见 L. Ginzburg, *The Legends of the Jews*, Vol. 1, Jewish Publication Society, 1909, pp. 93-94。关于生命之树，西方学者讨论较多，甚至有学者从犹太一神论以及希腊哲学的层面展开讨论，认为生命之树是神秘的象征。详见 Simo Parpola, "The Assyrian Tree of Life: Tracing the Origins of Jewish Monotheism and Greek Philosophy," *Journal of Near Eastern Studies*, Vol. 52, No. 3 (Jul., 1993), pp. 161-208。还有针对这篇论文的批评：Jerrold Cooper, "Assyrian Prophecies, the Assyrian Tree, and the Mesopotamian Origins of Jewish Monotheism, Greek Philosophy, Christian Theology, Gnosticism, and much more Assyrian Prophecies by Simo Parpola," *Journal of the American Oriental Society*, Vol. 120, No. 3 (Jul.-Sep., 2000), pp. 430-444。关于生命之树，需要结合古代于阗的一些现象进行专题讨论。

图16　1号氍毹E-F层，2号氍毹E层

的吉尔伽美什。图案上的他在做回望的动作，而来送行的人中，那位白眉白胡须的老者非常抢眼。在他的右侧，显然是这一画面的又一中心人物，他的个子明显矮于第一主人公，毛毯用鲜亮的黄色突出了他裸露的四肢，仅在腰间点缀有蓝白色的服饰。从他低小的身形以及裸露的四肢判断，这个形象应是1号毯A层青色小人再生的形象。此时，他正迈开双腿，愉悦地扑向前来迎接他的人。1号毯的F层是2号毯所缺少的，而且因残损而失去了关键信息。从剩余画面看，位于左上角的小人赤裸四肢，右手擎着一样物品，与A层的青色小人相呼应，再次显示了这个赤裸四肢的小人与小青人的关系。1号毯A层中部的青色小人为揭开整个故事的发端提供了线索。A层画面的青色小人，面与身是青色，腰间裹着兽皮衣，唯手脚处使用了肉色表现。再观大结局E层小人的亮色，可发现在整个构图中，亮色代表了生。整个毛毯的人物中，所有生命体皆使用了亮色。对比之下，A层青色小人的阴郁、黑暗便凸显了出来，在亮色代表生命的整体画面中，青色似代表了冥界。尤其是青色小人的头顶上有横竖线。这一图案又出现在2号毯的D层，也在青色小人的头顶之上，这横竖线构成的图案是大地的象征。将这一图案置于青色小人的上方，指明此时的青色小人处于地下，处于冥界之中。而他的手脚刻意用了亮色，说明他是活着下了冥界，仍有生还的希望。

四 "山普鲁"的奇迹

现将毛毯图案表现的故事归纳一下：球落入冥界，吉尔伽美什的好友恩基都下冥界捡球，被大地滞留。吉尔伽美什遍求神灵，依次获得了仙草、仙药、神斧。他最终来到伊楠娜女神的花园，找到了生命之树，驱赶走了盘踞在树上的蛇灵，用树冠的木材打造了魔棒，令恩基都返阳。吉尔伽美什也因此完成了从人到神的旅程，他超越了生死，从此成为超度亡灵的大神。

层层分析毛毯图案蕴含的故事之后，我们发现，山普拉毛毯图案讲述的故事实际上运用了巴比伦版第12块泥板《冥界》篇和苏美尔语版《桎柳》之神话的框架，讲述了一个完整的故事。这里需要指出，公元前1500年巴比伦版本第12块泥板的《冥界》，以及公元前2000年苏美尔语版本的《桎柳》，本是两节残破的故事，相互间缺乏逻辑关联。如何将苏美尔语版的《桎柳》故事与《冥界》相连接，实际上一直是未解之谜。学者们普遍认为《怪柳》故事应冠在《冥界》之前。而根据山普拉古毛毯所述情节之发展，《怪柳》部分实际上是苏美尔语版《吉尔伽美什、恩基都与冥界》之故事的结束部分。换句话说，古毛毯讲述的故事，犹如一组机关，将原来散落的两节碎片整合了起来。

苏美尔语《怪柳》之泥板，制造于公元前2000年，而故事的发生则更早。阿卡德语的标准版《吉尔伽美什》完成于公元前1500年前后。随着巴比伦文化的覆灭，楔形文字、泥板制作退出人类文明的历史舞台，这些故事也与特殊的书写文化一同被埋葬。本文开篇处已经说明，1号毯、2号毯织成的年代，约在公元5—7世纪之间。即使以最早的可能性，即公元5世纪为起始点，与苏美尔语、阿卡德语的《吉尔伽美什》版本之间也相隔了至少两千多年的时光，更何况，苏美尔语、阿卡德语之版本代表的是两河流域的文明，那里的民间信仰，从地理上与位于新疆丝路南道的山普拉隔着千山万水。无论时间还是空间，都相隔如此遥远，然而苏美尔时代、巴比伦时代的史诗竟以连环画的形式出现在山普拉的毛毯上，这把打开一扇古代文明之门的钥匙，竟然保存在新疆山普拉的戈壁滩，这不能不说是一个真正的奇迹，一个人类文明传播的奇迹。

一个故事，在原发起地消失，却转生在新疆地区，这样的奇迹已经不是第一次发生了。《吉尔伽美什》之史诗的重要人物，吉尔伽美什、胡姆巴巴（Humbaba），以及经历了大洪水的乌塔纳毗湿特，他们的名字并未在任何阿拉米语版本中流传下来，却在摩尼教《巨人书》中出现[1]，而吐鲁番地区也发现了《巨人书》的残片，这为《吉尔伽美什》史诗框架内的故事在新疆出现提供了可能。

---

[1] 这一观点来自A. R. George, *The Babylonian Gilgamesh Epic: Introduction, Critical Edition and Cuneiform Texts*, p. 155。吐鲁番出《巨人书》，见W. B. Henning, "The Book of the Giants," *Bulletin of the School of Oriental and African Studies*, Vol. 11, No. 1 (1943), pp. 52-74。

附文一　木球之喻*

敦煌藏经洞藏匿的文献当中，有一部于阗语长篇诗作，首尾完整[1]，而且文末有题记。依据题记，此抄本名为《佛本生赞》【图1】，是一个名叫Cā Kīmä-śanä的于阗人令供养抄写的[2]，抄写的年代大约在10世纪中期。[3] 美国学者德雷斯顿（M. J. Dresden）已经于上世纪发表了针对此诗作的基础研究，他将此于阗语《佛本生赞》翻译成英文，解析了这部抄本所使用的于阗语汇，并梳理了其中所涉及的佛本生故事。[4] 依据德雷斯顿，此于阗语《佛本生赞》囊括了51篇佛本生故事。关于这部写本的全面性描述，笔者拟在专门著作中展开。而撰写本文，是因为在翻译此于阗语《佛本生赞》入汉语时遇到了一则故事，在这个故事中出现的一个关键词，似乎以此为线索，可以追溯到遥远的两河流域文明的痕迹。

一　于阗语《佛本生赞》涉及的《太子慕魄经》

于阗语《佛本生赞》第79—83节赞颂，依照德雷斯顿的排列，是《佛本生赞》所涉及的第22则本生故事，其内容是《太子慕魄经》。将

---

* 文章原刊：程彤主编，《丝绸之路上的照世杯》，中西书局，2016年，第31—40页。

[1] 这件于阗语写本存于大英图书馆，编号为CH 00274，用墨水书写在39张贝叶形纸上。关于这部写本的介绍，可参阅R. E. Emmerick, *A Guide to the Literature of Khotan*, second Edition, The International Institute for Buddhist Studies, 1992, p. 24。

[2] 从Cā Kīmä-śanä，似可恢复出"张金山"。

[3] 关于此抄本的书写年代，可参阅P. O. Skjærvø, *Khotanese Manuscripts from Chinese Turkestan in the British Library: A Complete Catalogue with Texts and Translations*, p. 298。

[4] M. J. Dresden, "Jātakastava or 'Praise of the Buddha's Former Births,'" *Transactions of the American Philosophical Society*, NS. 45:5, 1955 (repr. Philadelphia 1962), pp. 397-508.

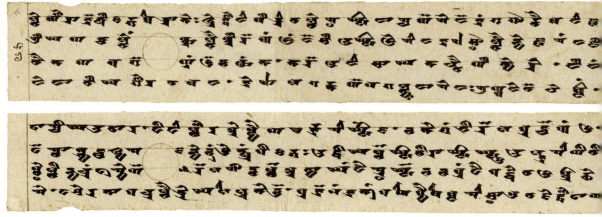

图1 《佛本生赞》局部,大英图书馆藏,编号CH 00274

这几颂翻译出来,如下:

当你出生时,已充满厌离。
虽高居王位,却忧心不已。
多年不纳受,为王的荣耀。
你长时不语,唯恐厄难临。(79)

本名叫美目,却尽失好名。
因结舌不语,而得名慕魄。(80)

偏喜出家行,悦心誓愿力,
以为欢喜地,以为悦乐居。(81)

有国需掌控,你却成了仙,
无量数众生,你救出苦难。
在那方国度,创立释子教。(81)
无量数众生,欲求修禅定,

于心之殿堂，他们勤苦修。
愚昧与邪见，织成坚固冥，
你以法光辉，彻底消除尽。（82）

若秋空灿阳，玻璃山毁于
金刚杵之下，你祇园之行，
摧毁了慢慢长时的愚昧黑暗。
宽仁者啊，我礼敬于你。（83）

上文已点到，敦煌藏经洞这部于阗文本的《佛本生赞》，因为抄本有题记，所以可知其抄写年代在公元10世纪。若以佛教发展史来衡量，此一时代应属于晚期。但《佛本生赞》所赞颂的这则故事却是佛本生最为古老的组成之一。太子慕魄，已经出现在印度早期佛塔的浮雕造像之中。印度中央邦的萨特纳附近，有著名的巴尔胡特佛塔，佛塔周边的石柱以及栏楯之上，雕刻有若干佛本生故事，而太子慕魄的故事是其中最早被识别出来的本生之一【图2】。[1]一般认为，巴尔胡特佛塔的建造年代在公元前2世纪，甚至有学者认为更早——可追溯到阿育

图2　印度巴尔胡特佛塔上的"太子慕魄本生"（Muga Pakaya Jataka）浮雕

---

[1] 早在1879年出版的著作中，巴尔胡特著名佛塔的发现者亚历山大·坎宁安（Alexander Cunningham）已经对雕刻在石柱上的这则本生故事进行了描述。坎宁安以雕刻在石雕上的文字作为依据，将这幅浮雕的内容确认为太子慕魄本生。他的描述见Alexander Cunningham, *The Stûpa of Bharhut: A Buddhist Monument Ornamented with Numerous Sculptures, Illustrative of Buddhist Legend and History in the Third Century B.C.*, W. H. Allen, 1879, p. 58. 图像见该书图版Pl. xxv。

王时期。一言以蔽之,《太子慕魄经》属于最古老的本生故事集成。

汉文佛经传承也证明了太子慕魄本生故事的古老身份。在传世的汉文《大藏经》中,有两篇独立的经文记述了这一本生经。这两篇经文的行文、故事铺叙虽有不同,却同样属于最早翻入汉语的佛教文献。这两篇,一是后汉时期安世高翻译的《佛说太子慕魄经》,二是西晋时竺法护译出的《佛说太子墓魄经》。在这两篇独立的经文之外,还有《六度集经》也哀入了《太子慕魄经》。《六度集经》的译者是三国时的粟特人康僧会。这里述及的三位古人,皆是历史上译介佛经的伟大人物。众所周知,安世高是汉译佛经事业的嚆矢。虽然佛教起源于印度,但将佛教带入中华的,却是一个安息时代的伊朗族人。竺法护译出的经文非常之多,甚至可以说,竺法护是开启批量翻译佛经的第一人。竺法护的译本因年代早,加之其中多诠释性文字,在现代尤其为多领域的研究者所珍视。依据史传,竺法护曾遍游西域,通晓西域三十六国语言。而《六度集经》的译者是粟特人。这些早期的译经人,来自大伊朗文化圈,来自中亚。他们所译出的《太子慕魄经》,其铺叙行文虽有差异,但论及故事的脉络时,则基本一致,说明这一本生故事以其早期的版本模式,曾经广泛流行于西域地区。

《太子慕魄经》还有巴利语的版本,是巴利语《本生经》的第538篇。关于巴利语《本生经》这里简述一下:巴利语佛经,以经、律、论三藏集成,其中经藏被视为佛所说。经藏下有名曰《小部》的经文集成,现存总计547篇的巴利语《本生经》也在其中。以文体而论,巴利语《本生经》的特点十分突出,全部是偈陀体[1],总计约合2500偈陀。最后10篇经文的偈陀数大大超过前面的各篇本生故事,因此单独哀辑成册,叫作《大编》(Mahānipāta)。巴利语《太子慕魄经》总计122首偈陀,便是这《大编》的第一篇经文。关于巴利语《本生经》

---

[1] 所谓偈陀体,是佛经常用的诗体。古代梵文、巴利语的诗以字节的长、短为诗韵的基本组合。一首完整的偈陀通常分四句,以长、短字节的不同而组合成诗韵。

的现代译本,这里需要特别指出:目前市面上可以参阅的各家译本,如英译本、德译本以及台湾元亨寺依据日文译本翻译出的汉译本,皆是依据巴利语《本生经》的注释本翻译出来的。巴利语《本生经》的注释以每篇的偈陀为基本线索,并增添了大量散文以补充故事的情节,写作的时代大约在公元5世纪。鉴于此,以巴利语注释本为最终依据而翻译出的现代汉译本《哑躄本生谭》等,因其与古代译本差异过大而不在本文的关注范围之内。[1]

这里还需要说明,除上述早期的三种汉译本之外,其实还有另一种汉译本存世,这便是义净所译的《根本说一切有部毗奈耶》卷十九所述的相应故事。义净本人未曾与中亚、新疆地区有过交集,所以他的译本更多反映了7世纪之后印度本土对佛教的传承。仅以同名本生故事而观,义净的版本与上述早期三种汉译本差异较大,增加了国王求子、恰逢菩萨誓愿修证无上菩提而从地狱出、托娠王妃等内容[2],这些内容更接近巴利文注释本。仅就此本生故事而言,显然存在不同传承的版本。鉴于义净译本的晚出,又与源自中亚的三种汉译本差别较大,关键是缺乏与之相对应的梵文本,故而笔者下文针对原文词汇做考释时,未将义净本纳入考察范围,而仅限于追踪巴利语所用的相应语汇。

二 慕魄,还是哑躄?

上文已介绍,《太子慕魄经》有多篇文字存世,早期三篇的故事发展是基本一致的。情节之一:国王家生养了一个儿子,是独子。此儿生下来,虽然容颜姝好,端正辉光,如星中之月,但就是不言不语,有若聋哑人,一直长到十三岁。情节之二:国王焦虑,于是请出

---

[1] 现代译本大多可以在互联网上查阅。例如《太子慕魄经》的英译本、德译本等,可以在以下网址查阅到:http://suttacentral.net/pi/ja538。
[2] 关于义净的版本,可参阅CBETA, T23, p. 724以下(CBETA即中华电子佛典协会,T指《大正新修大藏经》)。

国中擅于看相的婆罗门。婆罗门出主意，让国王活埋太子，太子在最后时刻开口说话。情节之三：国王喜迎太子，太子告知他之前不言语的真实原因。原来此王子在前世做过国王，端正行事，只因小小的疏漏而在地狱忍受了诸般痛苦达六万年之久。当他再生为王子时，忆起前世的苦难，所以决定不再开口说话。

早期三篇传世文本的基本情节一致，但在太子为何装聋作哑的前世因缘上却有所不同。安世高版本认为，聋哑太子前世是大国王，当大国受邻国侵犯时，曾有臣属擅自举兵，致使国人生灵涂炭，国王因此获罪，在地狱中受煎熬。竺法护的版本，并未给出真正原因，只说他前世因"用行有缺漏故"而下地狱。康僧会之版本所述理由尤为奇特，王子获罪下地狱，只因为"出游翼从甚众，导臣驰除，黎庶惶惧"[1]。纵然下地狱的原因不同，但再生之后装聋作哑达十三年之久却是一致的。

关于太子慕魄的真名，于阗文本的描述与汉传以及巴利语本均显龃龉。按照于阗文本第80颂，太子"本来名叫美目，却因结舌不语而得名慕魄"。"美目"的原文 sūnettrā，明显是印度语的词，可以恢复出梵文的 sunetrin，即"拥有漂亮眼睛的"。这是太子的真名。汉译本中，只有安世高版《太子慕魄经》提到了这个名字，音译作"须念"，但非太子慕魄此生之名，而是他前生作为国王时的名字。巴利语版中，太子慕魄本来也有真名，叫作 Temiyo，因为他出生的那天，天在下雨。义净译本与巴利语版本趋同：太子本来有真名，太子生于莲花水池之中，所以取名叫"水生"。

依照于阗文本和巴利语之版本，所谓"慕魄"是太子的诨号。

诨号"慕魄""墓魄"均是音译名，原文应与于阗语的 mukä-paṃka 颇为近似。这个诨号的于阗语拼写作 mukä-paṃka，与巴利语记载的 mūgapakkha 读音相近。太子慕魄之所以得此诨号，是因为他装聋作哑。问题在于，于阗语的 mukä-paṃka 之词源何在？

---

[1] CBETA, T03, p. 20.

巴利语同名本生经，将mūgapakkha理解为两个独立的词，所以同名本生经的第4、5首偈陀有这样的语句：

第4颂

Rañño mūgo ca pakkho ca, putto jāto acetaso;
Somhi raññā samajjhiṭṭho, puttaṃ me nikhaṇaṃ vane.

国王生了个又哑又pakkho的无心的儿子。我接到国王的命令说：把我的儿子埋在森林里。

第5颂

Na badhiro na mūgosmi, na pakkho na ca vīkalo;
Adhammaṃ sārathi kayirā, mañce tvaṃ nikhaṇaṃ vane.[1]

我既不聋，也不哑，既不pakkho，也不残缺。御者啊，若是你将我埋在森林里，你所做不合法。

巴利语把mūgapakkha作为两个独立的词来处理，便产生了不合乎逻辑、解释不通的地方。

初看时，巴利语的mūga确实可独立成词，mūga的梵语同源词是mūka，而在著名的孟尼尔威廉士（Monier-Williams）的《梵英词典》相应词条下，mūka从动词（mū "to bind, tie, fix"）生成的形容词最初表示tied, bond，进而表示dumb, speechless，即"哑，无语"。甚至巴利语的mūga以及吠陀的mūka被认为与拉丁语的mutus同源，连现代英语的mute也是同源词。

然而进一步看，跟在mūga之后的pakkha则不能独立作为形容词。

---

[1] 这些巴利语原文全部使用了哥廷根大学在其网页上公布的、依据巴利圣典协会而制作的电子文本，具体下载地址为http://gretil.sub.uni-goettingen.de/#Pali。同时使用了http://www.dhamma.org.cn（觉悟之路）所汇集的几种版本的巴利佛典集成的电子文本。特此致谢。

从pakkha似可恢复出梵语同源词pakṣa，而后者是一个名词，词义为"翼，翅膀"。巴利语注释本认为，此篇本生经出现的pakkha，应理解为pīṭhasappī，义为"瘸子"。而pīṭhasappī相当于pakkha-hata，后者是复合词，直译作"侧翼受到损伤的"，指"半身不遂"。但如果这个复合词，即pakkha-hata的后一半不存在，如果没有-hata，那么也就无所谓复合词，而"已被伤害"的一层意义也是不存在的。由此，如果一定要从独立的pakkha而读出"蹩、瘸"等，便是标准的望文猜义。尤其是，我们已经读到，相同的词出现于阗语文本作mukä-paṃka，而从后词paṃka无法恢复出梵语的pakṣa，更无可能恢复出pakkha-hata，因为根本不存在如此音变的可能性。存世的三种汉译本也不支持把pakkha读作"蹩、瘸"之类，因为三种汉译本均以"颜貌端正，绝无双比"来描绘诨号"慕魄"的太子。作为菩萨，太子慕魄必然生来具备一切庄严，完全没有肢体的残缺。[1]巴利语本把pakkha一词注释作"蹩、瘸"，这一点恰好说明，公元5世纪古锡兰的僧人们开始对巴利语的此篇经文做注释时，实际上已经完全不能把握pakkha一词的真正意义了。

  巴利语文本将mūgapakkha解析为两个独立的形容词，并将这组形容词作为诨号使用，也有悖于诨号命名的逻辑。从修辞的逻辑出发，从语言的社会功能之逻辑出发，任何形容词皆具有一定规模的共性，所以鲜有以形容词来作为个体诨号的。例如，如果按照巴利语的注释，篇名mūgapakkha只能翻译作"哑者、蹩者本生经"，但严格而论，哑者、蹩者不是诨号，只是对肢体有缺陷的特定人物的描绘，可以是任何一个哑而瘸的人，而并非特指那位生来装聋作哑的太子。而仔细阅读于阗语《佛本生赞》的相关文字，可以发现，"结舌不语"是他获得诨号的原因，而"结舌不语"本身不是诨号。

---

[1] 义净的版本有所不同，他译出了"哑蹩"，并说王子装哑以外，也装跛蹩。义净版本与早期汉译本的差异较大。考虑到巴利语的原文早于义净所依凭的梵文本，这里仅以巴利语原文为最基本的依据。

于阗语原文如此说：

śera nāma rrustai cue ya si sūnetträ.
mukä-paṃka nāma himyai ṣiṣṭa-biśā'[1]
本名叫美目，却尽失好名。
团结舌不语，而得名慕魄。

而早期汉译本均区分开了诨号以及用于形容的词，例如竺法护《佛说太子墓魄经》：

王有一太子，字名墓魄，生有无穷之明，端正妙洁，无有双比。……然太子结舌不语十有三岁，恬惔质朴，志若死灰，意如枯木；目不视色，耳不听音，状类喑痖聋盲之人。[2]

又例如安世高《太子慕魄经》：

我身宿命为波罗㮈国王作太子，名曰慕魄；始生有异，颜貌端正……年十三岁，闭口不言。[3]

康僧会《六度集经》：

往昔有国名波罗㮈，王有太子，名曰墓魄，……而年十三，闭口不言，有若喑人。[4]

---

[1] M. J. Dresden, "Jātakastava or 'Praise of the Buddha's Former Births," *Transactions of the American Philosophical Society*, NS. 45:5, 1955 (repr. Philadelphia 1962), p. 433.
[2] CBETA, T03, p. 410.
[3] CBETA, T03, p. 408.
[4] CBETA, T03, p. 20.

以上早期的汉译本，全部以"慕魄/墓魄"为太子独有名。而于阗语本最为清楚，所谓"慕魄"，是诨号，只因这太子十三年来闭口不言。这里所使用的诨号，显而易见，并未采纳"聋哑"之类的形容词，而是采用了类比的方式，将这哑巴太子比作了"慕魄"。换种方式，如果有人说，将这哑巴太子比作"哑巴"，这其中便有了修辞逻辑的纰漏。这是三部早期汉译本以及于阗语版本，与巴利语同名本生经最为显著的差异所在。巴利语本，把原本是类比用的诨号理解为形容词。这其实恰好暴露出巴利语注释本的晚出，巴利语《本生经》并非编纂于古代锡兰。当巴利语同名本生故事的注释本诞生时，其作者已经不知道所谓"mūgapakkha"之诨号的特殊意义了。

那么，汉语的"慕魄/墓魄"，于阗语的mukä-paṃka，以及巴利语mūgapakkha的出处在哪里？该如何破解这一诨号的真实意境呢？

三 木球之喻

新疆山普拉出土的两幅人物栽绒毯为揭开"慕魄"之意义提供了很好的背景支持。2007年，寻找玉石的人在新疆洛浦县山普拉乡挖到古代遗址，几块颜色鲜亮的栽绒毯出土。[1] 依据栽绒毯上织入的于阗文，可知这些毛毯织成于5—7世纪之间。[2] 自毛毯发现之后，有美籍华人学者张禾对图案进行了研究，尤其是针对其中两幅长两米多、宽一米多的毛毯（即1、2号毯）。张禾未能识别出图案所描绘的故事，却成功识别出，两幅毛毯用在图案周边部分的涡卷纹（又称波头纹），这种纹饰常见于公元前6—前5世纪希腊的陶瓶画，也常见于公元1—5世纪罗马时期地中海沿岸国家的镶嵌壁画和地板画【图3】，而且相同

---

[1] 关于这些栽绒毛毯的最初报道以及图版，可参阅祁小山，《新疆洛浦县山普鲁乡出土的人物纹栽绒毯》，《西域研究》2010年第3期，第125页，图录在期刊附页。
[2] 关于三块毛毯上婆罗谜字和于阗语的解读，请参阅本书第一章。

图3 以色列罗德（Lod）地区罗马时期的马赛克地板画纹样，边框有波头纹的样式

的涡卷纹饰样也大量出现在罗马时期埃及、叙利亚的纺织物之上。[1]说明新疆山普拉出土的纺织物具备异域的文化风格，其源头可追溯至古代的希腊、罗马以及地中海沿岸。

---

[1] 参阅本章第二节"波头纹的提示"，见本书第70—72页。关于张禾的研究，可参张禾，《新疆和田洛浦县山普拉人物栽绒毯艺术特征及风格研究》，《西域研究》2012年第4期，第110页。

笔者已经撰文初步分析了1、2号毯的图案[1]，认为其上所描绘的，是与人类历史上第一部史诗《吉尔伽美什》相关的故事，这一则故事，独立成篇，叫作《吉尔伽美什、恩基都与冥界》。英国学者乔治（A. R. George）认为，这原本刻写在第12块泥板上的故事，是史诗《吉尔伽美什》的一部分，大约诞生于公元前1500年前后，曾经影响到希腊诗人荷马的创作。例如《奥德赛》访问地狱灵魂的章节，便是《冥界》的翻版。[2]

两河流域曾经的传说，却跨越千年、跨越千山万水而出现在新疆山普拉两幅毛毯的图案上，不能不说，这是人类文明的奇迹。不仅如此，这两幅毛毯所描绘的，实际上还整合了苏美尔语一块泥板的故事，这便是《桄柳》的故事[3]，讲述了吉尔伽美什如何帮助伊楠娜女神赶走盘踞在桄柳树上的蛇而获得pukku（木球）和mekkû[4]（棒）。因为《桄柳》的故事涉及pukku和mekkû的起源，所以亚述学家们普遍认为，阿卡德语的《冥界》故事并不完整，而苏美尔语的《桄柳》应放在《冥界》故事之前。

但按照新疆山普拉之毛毯的故事发展，《桄柳》实际上构成了《吉尔伽美什、恩基都与冥界》之故事的结尾。这也就是说，这一流行于两河流域的故事，曾分作两部分，保留在苏美尔语以及阿卡德语的楔形文字泥板上。随着楔形文字的灭亡，文字所记载的故事也一并不复存在，直到现代学者破译了这些泥板，才又恢复出古代的史诗。然而两块泥板、两种语言所记述的故事是怎样连接的呢？这个谜团一直没有得到破解，直到新疆洛浦县山普拉乡1、2号毯的出

---

[1] 请参阅本书第二章，以及笔者撰写的《新疆山普鲁古毛毯上的传说故事》，《西域研究》2015年第1期，第1—10页。

[2] A. R. George, *The Babylonian Gilgamesh Epic: Introduction, Critical Edition and Cuneiform Texts*, p. 56.

[3] 《桄柳》的故事，见本章第80页注释[1]。

[4] A. R. George, *The Babylonian Gilgamesh Epic: Introduction, Critical Edition and Cuneiform Texts* 的拼写作mekkû，见 p. 899。按照苏美尔语版的《桄柳》，此词拼写作mikkû，见 Samuel Noah Kramer, *Gilgamesh And The Huluppu-Tree: A Reconstructed Sumerian Text*, p. 10。

现。这毛毯上所讲述的完整故事，犹如一把钥匙，破解了数千年前人类文明的密码。

简而述之，毛毯的故事如下：吉尔伽美什游戏用的木球落入了冥界，他的好朋友恩基都下冥界捡到了木球，但却被大地扣留。为了救恩基都出冥界，吉尔伽美什不畏辛劳，遍求天下大神，终于到达伊楠娜女神的花园，帮助她赶走了盘踞在生命树上的毒蛇，女神则帮助吉尔伽美什让恩基都重返人间。

本文关注的，是出现在《冥界》故事的木球，这是故事中最重要的道具。苏美尔、阿卡德语楔形文字专家经过长期琢磨研究，最终认定pukku和mekkû是一种游戏所使用的道具。依据苏尔美语的《柽柳》故事，pukku是木球，是用伊楠娜女神花园柽柳的根部做成的；而mekkû应是击球的木杆，是柽柳的树冠做的【图4】。

这些毛毯是在古代于阗的属领地山普拉发现的，由此而推论，古代于阗人了解毛毯所描绘的故事。这样，毛毯的发现地以及毛毯上出

图4 1号毯A层中心部位，右侧的青色小人恩基都右手擎举一物件，这便是那木球（左）。而1号毯E层的中心位置，主人公吉尔伽美什双手握着曲棍一样的东西，像是击球的木杆（右）

第二章 氍毹上的《吉尔伽美什》神话　97

现的故事情节，为以下的比对提供了可作为依托的背景。

mukä-paṃka 出现在于阗语《佛本生赞》第80首颂文，是美目太子的诨号。此处我们先将此诨号的巴利语、汉语拼写与吉尔伽美什之木球的拼写罗列于下：

   于阗语 mukä-paṃka

   巴利语 mūgapakkha

   汉　语 mu-po（慕魄/墓魄）

   阿卡德语 pukku mekkû（木球 木杆）

此对比显示，于阗语拼写与汉语更为接近，特点在于，它们或显示或掩盖了轻音尾音，即 -kä-、-ka- 部分的存在。而巴利语的偏离以及修改特征较为显著，例如 mūga 的长音以及后音节的浊音。而前三组与阿卡德语的 pukku、mekkû 之间的继承关系，应该是不言而喻的。至于顺序的颠倒，于阗语 mukä-paṃka 之前词可以是修饰用语，最初表示"木杆的木球"，应特指一种游戏，以木杆击球的游戏，意义落在特殊游戏的"木球"之上。

太子"慕魄"之诨号最初来自一种游戏，特指"木球"，实际上是符合这个故事的情节，符合赋予诨号的逻辑的。那本生故事中的太子，生来结舌不言，却相貌端好，按照巴利语的版本，他虽经过香味、美食的引诱，经过断食、臭味、火烤的折磨，却依然沉默不言，将这样的哑巴太子比作"木球"是再恰当不过的了。"木球"正是通过类比方式赋予太子的名号。

这里需要说明，笔者将"慕魄"的词源途经中古伊朗语分支的于阗语而最终追溯到两河流域文明的亚述语，并非天方夜谭。早在一百年前，西方学者已经以大量单词作为证据，证明了古埃及、两河流域文明对古波斯语、印度梵语的影响。梵语里有以古波斯为媒介借来的阿卡德语汇，例如梵文的 mudrā（印，印章），与现代波斯语的 muhr

同源，应借自古波斯语的 muδrā，而这组词最初借自古代阿卡德语的 musaru。更著名的例词是梵文的 lipi-，巴利文的 lipi-、dipi-，即"书写"，这些词来自古波斯语的 dipi-，巴比伦的 duppu。[1]

实际上，古代新疆地区蕴藏着丰富的、来自古代西方的文明元素。亚历山大东征之前，有横跨欧亚的古波斯文明。古波斯文明，采用了两河流域的楔形文字来书写帝国的官方语言，自然也吸纳了两河流域的文化。后来，亚历山大东征，又将希腊文明带入犍陀罗地区（阿富汗东部、巴基斯坦北部等），把两河流域古老的书写文化带到了中亚，促成了印度书写文化的诞生，阿富汗和巴基斯坦地区已经发现了阿育王时代（公元前3世纪）的阿拉米字以及希腊字。虽然问题没有彻底弄清楚，但是曾经流行于新疆丝路南道古代绿洲的佉卢文字是依据阿拉米字母而创造的，有学者甚至认为，一些佉卢文字母是比对希腊字母而创造的。佉卢文要比后来流行的印度婆罗谜字更加古老。[2] 希腊人的到来，不仅赍来自身的文明，也带来古老的两河流域文明，东西方文明之碰撞而产生的最显著的创作，正是影响深远的犍陀罗佛教造像艺术。

再回到本文探讨的小问题：三部早期译出的《太子慕魄经》以及于阗语《佛本生赞》涉及的同名故事，将这一本生故事曾经流行的区域指向西域。而现存巴利语本生经之原偈陀体并不完整，注释本又显示了不合理处。新疆山普拉出土的毛毯显示了《冥界》木球的故事曾经流行于古代于阗地区。这些背景为本文的推论提供了很好的依托：

---

[1] 关于这一节的例词，可参阅 H. Hübschmann, "Zur persischen lautlehre," *Zeitschrift für vergleichende Sprachforschung auf dem Gebiete der Indogermanischen Sprachen*, Bd. 36, H. 2 (1900), pp. 153-178. 具体见 p. 176。

[2] 关于阿拉米字母、希腊字母等对佉卢文、婆罗谜字的影响，可参阅 Richard Salomon, "On the Origin of the Early Indian Scripts," *Journal of the American Oriental Society*, Vol. 115, No. 2 (Apr.-Jun., 1995), pp. 271-279, esp. 272, 275。这是一篇书评，评论的是 Oskar von Hinüber, *Der Beginn der Schrift und frühe Schriftlichkeit in Indien* (Franz Steiner Verlag, 1990) 以及 Harry Falk, *Schrift im alten Indien: Ein Forschungsbericht mit Anmerkungen* (Gunter Narr Verlag, 1993)。

于阗语mukä-paṃka（木球）应来自阿卡德语的pukku加mekkû。再进一步，"慕魄/墓魄"是音译，尽管汉译本没有说明音译名的隐喻，但两河流域文明的点滴毕竟进入了早期的汉文献。古代中西文明的交流就这样映照在点滴之中。

附文二　飘带来自吉祥
——反映在古代于阗画中的祆教信仰符号 *

新疆策勒曾经破获一起文物盗掘案,追回了一批原本出土于达玛沟托普鲁克墩遗址的壁画。中国社会科学院考古研究所参加整理发掘的团队汇集了最原始的壁画照片,刊发在《策勒达玛沟——佛法汇集之地》之中。[1] 这批壁画真实再现了古代于阗故地高超的艺术水平。艺术提炼自生活,服务于生活,这一点在古代体现得更纯粹。来自古代于阗的这些壁画,主题明确,凝练了曾经广为流传的传说、信仰,所描绘的符号象征意义明确,再现了古代于阗人的美学理念。本文将以近年来新出土的文物为分析素材,集中阐说古于阗画中最为常见的一组现象及其象征意义,希望由此揭示于阗故地宗教信仰的丰富性。

一　王所居室,加以朱画

达玛沟托普鲁克墩所出壁画群,最为引人注目的人物配饰是飘带。以【图1】为例。

这幅壁画表达的意图非常明确,画师就是要表现一名赤身裸体的男子。稍显夸张的男性特征,将画师的意图清晰表达了出来。赤身裸体之后,这名男子的身份该如何体现呢?一条红色的飘带,从他的双肩蜿蜒垂下。这飘带,硕长而宽阔,上有几道几近程序化绘制的曲线、弯弧,飘带两端甚至还有些呆板的皱褶,衬托出这位裸男非同寻

---

* 文章原刊《艺术史研究》第17辑,中山大学出版社,2015年,第153—166页。
[1]《策勒达玛沟——佛法汇集之地》,大成图书有限公司,2012年。

图1 新疆策勒达玛沟托普鲁克墩遗址出土的壁画

常的身份。再加上他头部的背光,此裸体男的形象是传说中某个"名角"便已明确。另外,尤其需要指出:一眼瞥去,可见这名男子位于一拱形门内。这里,于阗画师使用了两种表现方式:一是透视手法,拱形门框上明显有一个大圆的痕迹。以目测而度,男子背光圆的直径比起上面的大圆直径约小了一半。两个圆形的图案,一大一小,将这一拱形门框的内伸展表现了出来。像这样无立柱的拱形门,体现了伊朗古代的建筑风格,最典型的是伊朗德黑兰博物馆古代馆的入口,夸张地仿造了古代宫廷的拱门。而使用这样的拱门来区分绘画、浮雕的主题单元,常见于古代犍陀罗的艺术表现,例如塔克西拉贾乌瑞安的佛塔群【图2】。

  同一批出土的壁画中,有几幅也使用了拱形门的图案。这些壁画虽然残破,互不搭连,但仍可看出是出自同一组壁画群的作品,而且每幅位于拱形门图案之内的画作,或体现了不同的故事主题,或表现了一个连续故事的不同场景。[1]

---

[1] 例见《策勒达玛沟——佛法汇集之地》,第62—63,65—67页。

图2 巴基斯坦塔克西拉贾乌瑞安佛教寺院遗址犍陀罗佛塔

凡人物入画,必有故事。图1画作的故事情节尤为显著:主人虽然配有表示头光的圆环,身上披有宽幅的飘带,却丝毫没有英雄气概。他下跪,单腿着地,赤裸着身体,将一只手高高举起,扶在门框上,举头后仰,脸面几乎平朝于天,眼睛大睁。画师通过对这一连串身体姿态的描绘,讲述出一个故事情节。此时,主人公处于慌乱之中(所以赤裸),怅然而失之心爱(所以跪求),此时他心爱的对象已升上天空,所以主人公的头几乎仰视成平角以观望天空。故事情节已然明晰,这一画面所描绘的是"邬婆尸"故事的一个情节。此主人公在汉译佛经中名叫"邬罗"。[1]

天女"邬婆尸",即季羡林先生笔下译出的《优哩婆湿》的主人公。"邬罗"与"邬婆尸",或作"补卢罗婆娑"与"优哩婆湿",讲述了"印欧语系产生最早流传最广的一个爱情故事。有人甚至说它是世界上最古老的爱情故事"。[2] 大约集成于公元前1200年的最古老的

---

[1] 提云般若译,《佛说大乘造像功德经》(CBETA, T16, no. 694, p. 791)。
[2] 季羡林,《梵文与其他语种文学作品翻译》(一),《季羡林文集》第15卷,江西教育出版社,1998年,第222页。

印度诗歌集《梨俱吠陀》，便已辑录有故事男女主人公的对话。这则故事经后世流传形成了多个版本，且差异较大。最著名的版本，是印度古典梵文诗人迦梨陀娑改编的剧本《优哩婆湿》，有季羡林先生的汉译本。在迦梨陀娑笔下，这则故事已经成为不折不扣的爱情故事，以喜剧结束，并歌颂了印度教的天神。故事的主角本是地上的国王，因为优哩婆湿被魔鬼掠去而被因陀罗从地上请到天上，以帮助天神打胜仗。国王与优哩婆湿相爱了，后来却因为神的各种诅咒而分离，几经波折，在因陀罗的帮助下，他们最终还是结合在了一起。迦梨陀娑的剧本，体现了作者鲜明的宗教立场，他崇信印度教。在迦梨陀娑笔下，本来在吠陀时代劣迹斑斑的天神因陀罗，变成了维护人间正常道德秩序的正义之神。

季羡林先生有关于《优哩婆湿》这部剧的论文，其中介绍了故事各种不同的版本。季先生认为，除《梨俱吠陀》的版本外，最早完整讲述"邬婆尸"故事的，还有《百段梵书》。季先生讲述的《百段梵书》版的情节如下：天女与国王相爱，但与国王约法三章，其中包括不要让天女看到赤身裸体的国王。后来乾闼婆们设计，半夜偷走天女的羊，使得天女大惊，高喊呼救。国王匆忙中赤身裸体跳了起来，而乾闼婆趁机打了个闪，天女因此看到了裸体的国王，遂消失不见。[1] 后来国王满怀愁绪，走遍俱卢国寻找优哩婆湿。

《百段梵书》的故事，运用了典型的神话笔法，即在故事开头交代的不能违背的事情，其实是故事情节的铺垫，随着故事的发展还是会被违背，注定了主人公要经历磨难。一方面而论，这故事的情节之一与上述壁画的描述吻合，皆有赤裸的男子、消失不见的心爱之人。天女逃逸，自然归天，所以画中人物仰望天空，尤为殷切。除此之外，与这裸体画同一批出土的壁画中，确实有天女的画像，胳膊上也

---

[1] 季羡林，《梵文与其他语种文学作品翻译》（一），第224页。

图3 新疆策勒达玛沟托普鲁克墩遗址出土的天女画像

缠绕着飘带,似出自同一组壁画【图3】。这吻合的情节,说明上述壁画所表现的,应是印度的神话故事《优哩婆湿》。

从另外一个方面来讲,这则来自印度的神话故事,应该是为古代于阗人所熟悉的,因为这则故事的轮廓就出现在《造像功德经》之中。这部佛教经籍,唯有汉译本和不完整的于阗语文本存世。更巧合的是,汉译本《造像功德经》是于阗和尚提云般若译出的。提云般若,于阗佛教史上的著名高僧,大约于公元688年来洛阳,受武则天之托开始翻译佛经[1],他平生所译经文不多,唯有六部,篇幅均较短,但其中四部皆能在存世于阗语佛经中找到相应文本。《造像功德经》

---

[1] 参阅 Antonino Forte, "Le moine khotanais Devendraprajña," *Bulletin de l'École Française d'Extrême-Orient* 66 (1979), pp. 289-298。以及许章真译,《于阗僧提云般若》,第234—235页。另见段晴,《于阗·佛教·古卷》,第45—56页。

的梵文本，显然是提云般若赍来中原的，后来不知所终。

《造像功德经》讲述的关于"邬婆尸"的故事很简单。故事缘起是，佛上三十三天为母说法，也对众天神施与教诫，认为众天神纵然拥有快乐，但也会因恶业而坠落，甚至沦为饿鬼。然后佛枚举天神犯下的种种罪愆，首先便讲述了"邬罗"的故事。下面这段文字，摘录自《大正藏》，标点由笔者自行添加。

> 我念昔者有无量诸王，皆为汝等嫉妒之心非理所害。诸天子，昔有阿修罗王名曰邬罗，修行苦行，戒品清洁。而汝诸天等遣一天女名邬婆尸，惑彼王心，令亏净行。其王染着，威德损减，被那罗延天之所杀害，并无量阿修罗众同时败灭。其那罗延天既杀此王，又诛其众，因即收取邬婆尸女而往天宫。[1]

佛经中保留的这一则神话故事，与迦梨陀娑笔下的《优哩婆湿》明显不同。可以看出，《造像功德经》所意会的故事与富有浓郁印度教色彩的《优哩婆湿》同"源"，却为各自的目的导向了不同的"流"。不同宗教在讲述同一个故事时体现的宗教倾向性流露在故事的字里行间。《造像功德经》的讲述太过简单，但仍可以证明这则故事曾经在古代于阗流传。

然而此处有一个问题必须提出，涉及原承载这些壁画的建筑性质，即这些壁画是画在佛教寺院的氛围之内的，还是画在民居的墙壁上？这是一个不得不面对的问题。表面上看，同一批被截获的壁画中，不乏佛教内容。目前学界——包括从事考古文物的学者及文字研究者——普遍认为古代于阗的信仰以佛教为主。虽然汉籍史料有于阗

---

[1] 其中"因即收取邬婆尸女"，《大正藏》本原作"困……"，CBETA依据《赵城藏》《高丽藏》改作"因"（CBETA, T16, no. 694, p. 791c）。

"好事祆神"的记载[1]，但所存文献全部是佛教的[2]。加之所存壁画，太过残破，所以将这些壁画笼统归入了佛寺所属。笔者以为，上述判断有失偏颇。诸如裸体男等壁画，原本应出自民居建筑，而非佛寺。佛寺的壁画，着力于宣传佛传故事、佛像题材。例如达玛沟小佛寺，残存壁画以佛、菩萨的形象为主，未能分析出反映印度神话题材的存在。[3]因此，尽管古代于阗曾经流传的佛经涉及同一印度神话的故事，但未必这些着重细节描绘的神话题材会大量出现在佛寺的壁画中。失去所爱而慌张的裸体男子、妖艳的天女，以及披挂在他们身上的、红色的、又宽又长的飘带，这样的画面未曾见于佛教寺院以及石窟的壁画。

于阗国的民居，至少是国王的宫殿应绘制有壁画。《梁书》卷五十四《诸夷传》"于阗国"条下有记载云："王所居室，加以朱画。"[4]达玛沟托普鲁克墩遗址所出裸体国王、天女的壁画，也呈朱色，是对《梁书》的绝好说明。民居的墙壁，尤其是国王宫殿绘有斑斓的画，绘有各种故事题材的画，甚至印度传说题材的画，这样的建筑见于粟特城，例如塔吉克斯坦的片治肯特（Panjikant）古城。现在于阗故地出土了"朱画"，这是应当关注的现象，达玛沟托普鲁克墩遗址应有一片重要的民居建筑。

二 古代伊朗的吉祥"灵光"

《策勒达玛沟》画册所见印度神话故事，更像是绘制在民居建筑墙壁上的。印度文学题材的画作，用于民居壁画的有哪些内容，在于

---

[1] 刘昫等，《旧唐书》卷一九八，第5305页。
[2] 这一观点来自Frantz Grenet, "Zoroastrianism in Central Asia," *The Wiley Blackwell Companion to Zoroastrianism*, ed. by Michael Stausberg and Yuhan Sohrab-Dinshaw Vevaina with the assistance of Anna Tessmann, Wiley Blackwell, 2015, p. 129. 原文如下：Khotanese literature is entirely Buddhist, though from Chinese accounts we know there were also Zoroastrians in Khotan. (e.g., "they worship the Heavenly God [i.e., Ohrmazd] and the Law of the Buddha.")
[3] 可参阅《策勒达玛沟——佛法汇集之地》，第6页图。
[4] 姚思廉，《梁书》，中华书局，1975年，第814页。

阗故地还有待更多考古发掘的证实，但中亚地区或其他区域的考古发现，可以提供提示性的参照。塔吉克斯坦片治肯特古城，苏联和现俄罗斯的考古队一直在进行发掘。这是座著名的粟特古城，其居民是祆教的信奉者，因此所出壁画，没有佛教的内容，印度文学的题材以及印度民间传说故事，却有见绘制在那里的民房壁上。

述及片治肯特粟特人的壁画，需要先介绍一个普遍流行于古代伊朗文化圈的概念，是古代伊朗文化关于吉祥的集中体现，这便是波斯语的farr，北京大学原波斯语专业教授张鸿年将之译作"灵光"。这是一个古老的概念，本文选用张鸿年的译文"灵光"，但需要说明，所谓"灵光"，是集"吉祥、荣耀、好运"于一体的概念，尤其应用于国王和勇士。现代波斯语的farr，源自古波斯语铭文的farnah，《阿维斯塔》中写作xvarənah[1]，中古波斯写作xwarrah，粟特语作farn，于阗语作phārra-。或许因为吉祥最容易被人接受，是人类永久的心愿，所以实际上这一概念普遍存在于中亚各民族的语言当中，在突厥语、回鹘语以及其他天山阿尔泰的民间传说中，"灵光"写作qut，同样表示"吉祥、荣耀、好运"。

关于这个概念需要多说几句。在《阿维斯塔》当中，xvarena表示皇族以及高贵家族的"灵光"。而"灵光"并非一个停留在抽象的概念，它似乎是可以捕捉到的物体，可以化身出现。例如在《阿维斯塔》的Yašt 19, 34—38颂记载了这样一个传说，"灵光"化身作鹰而从国王Yima之身逃离。[2]"灵光"附身于国王，并且可以成为化身的理念，多见于中古伊朗语的文献，例如巴列维语的《班达希申》描述xwarrah寄身于火，火是xwarrah的灵魂[3]，又将其比喻作一条"圣

---

[1] 为了方便拼写和读音，下文皆写作xvarena。"阿维斯塔"是伊朗拜火教宗教文献的统称，也用来指代这些文献所用的语言。
[2] 转引自Franz Grenet, "Zoroastrianism in Central Asia," *The Wiley Blackwell Companion to Zoroastrianism*, p. 133。
[3] J. V. Kassock Zeke, *The Greater Iranian Bundahishn, a Pahlavi Student's 2013 Guide*, Create Space Independent Publishing Platform, 2013, p. 243.

带"[1]。白羊,也可以是"(皇族)荣耀、吉祥、幸运、灵光"的化身。以萨珊波斯的缔造者阿达希尔(Ardashir I)的传奇故事为例:当他逃离帕提亚王的王宫时,帕提亚王派兵追赶,探子不断回报,先说看见一只白羊跟在阿达希尔的马后奔跑,继而说白羊已经追赶上了,跑在马的旁边。再回传消息时,说那白羊已经上了阿达希尔的马背。于是帕提亚王知道大势已去,阿达希尔必然将登上波斯帝国的王位。[2]

古代伊朗文化圈的人民相信"灵光"有化身,其中最形象、最搞笑的,体现在吐鲁番出土、经摩尼教徒翻译出的粟特语故事当中。故事梗概是:罗马皇帝的墓穴里,灯光亮起。一个盗墓贼摘下罗马皇帝的王冠,戴在自己的头上,又穿上罗马皇帝的服装。他唤醒那罗马皇帝,罗马皇帝问道:"你是谁?"盗墓贼说:"我是您的灵光,同时还是骗子和波斯盗贼的灵光。"这个故事没有完整保留下来,但依据亨宁的翻译大抵可知后来的发展——那盗墓贼让罗马皇帝依旧躺在棺材里,装作一只猫而救他出了墓穴。[3]

于阗语词的"灵光"phārra-,曾引起两位伟大的于阗语专家的争论。争论的焦点在于词义和词源。这个词出现在大乘佛教文献之一《金光明最胜王经》当中。于阗语的这部经译自梵语,由此恩默瑞克认为phārra-是于阗语汇中泛指"光辉"的那个词。而哈佛大学教授施杰我则认为,既然phārra-对译的是梵语的lakṣmī,当然仅指"吉祥、好运"。[4]

---

[1] xwarrah ī weh Dēn ī Māzdēsnān, pad ēbyāghan homānāg...,意为"善好马自达宗教的灵光,好比圣带……"见 J. V. Kassock Zeke, *The Greater Iranian Bundahishn, a Pahlavi Student's 2013 Guide*, p. 124。

[2] 记载了这一传奇故事的巴列维书名叫 *Kar-Namag i Ardashir i Pabagan*。这里笔者依据原文进行了概述。

[3] W. B. Henning, "Sogdian Tales," *Bulletin of the School of Oriental and African Studies*, Vol. 11, No. 3 (1945), pp. 465-487, esp. 478-479.

[4] R. E. Emmerick & P. O. Skjærvø, *Studies in the Vocabulary of Khotanese* III, Verlag der Österreichischen Akademie der Wissenschaften, 1997, p. 103; P. O. Skjærvø, *This Most Excellent Shine of Gold, King of Kings of Sutras: The Khotanese Suvarṇabhāsottamasūtra*, Dept. of Near Eastern Languages and Civilizations, Harvard University, 2004, p. 193.

《金光明最胜王经》有义净从梵语翻译出的汉文本，相应对译部分出现在《坚牢地神品》。此处坚牢地母说："由说此经，我之自身并诸眷属咸蒙利益，光辉气力，勇猛威势，颜容端正，倍胜于常。"[1]按照施杰我校勘的梵文本中几个梵文词的排序，"颜容端正"对译 lakṣmī，而后者表示"吉祥"，可化身作吉祥天女。[2]按照印度神话的理念，当有吉祥天女加持国王时，这个国王及他统治的王国才能兴盛发达。如此看来，"灵光"之总概念下，还应增添"颜容端正"一层意思。

无论于阗语词 phārra- 对译的是"光辉""吉祥"，还是"颜容端正"，总而言之，这是一个被赋予了高度吉祥的词，唯有神以及神一般的高贵人士才配得上拥有。因此，恩默瑞克总结说，这是一个"文化的漫游词"（wanderwort），即一个不能为各种语言准确翻译而只能意会的词。[3]如此吉祥的理念，如此吉祥的词，一定与人类共存亡。这一理念，集中体现了自古以来伊朗各民族对吉祥美好的向往，因此，这一概念一定会化作某种符号，出现在古代的浮雕、造像、绘画等艺术作品之中，因为尤其在古代，艺术需要表达人们吉祥的审美观念，引导人们走向吉祥。

三　片治肯特的"灵光"

还是以片治肯特的壁画为例。一生奉献给了片治肯特的马尔沙克（Boris Marshak）先生认为，一些画作的细节，正是伊朗文化"灵光"的象征符号，例如绘制在国王头部的、象征光环的圆（即头光）。

---

[1] CBETA, T16, no. 665, p. 440.
[2] P. O. Skjærvø, *This Most Excellent Shine of Gold, King of Kings of Sutras: The Khotanese Suvarṇabhāsottamasūtra*, p. 212.
[3] R. E. Emmerick & P. O. Skjærvø, *Studies in the Vocabulary of Khotanese* III, p. 104.

图4 片治肯特粟特壁画局部，两个国王与狡猾的仆人[1]

【图4】是片治肯特出土的一组壁画的局部，画中的两个国王正在宴会中，两个国王头部都有头光，而马尔沙克判断，左侧的王是萨珊王，因为他的肩膀后方明显拖着两条飘带。头光是显贵的"灵光"象征，而飘带尤其代表了伊朗文化的至高理念"灵光"。这是马尔沙克的敏锐发现。

相比之下，我们在观察古代于阗的绘画时，头部的圆环往往是被忽视的细节。在观察和田地区所出古代绘画时，我们的潜意识会认为，那些绘画或受到了佛教艺术技法的影响，因为于阗王国是历史上著名的佛教信仰之地。头部的光环，确实令我们想到宗教、想到神灵，但是应该进一步追问：那些带了头光的人物，究竟是哪一方的神灵呢？实际上，只要追问下去，表示头光的圆环所属的文化传承，便可清晰凸显出来。以佛教为例，在佛教题材的画作中，除了日、月等曜类的天神具有相应的光环以外，恐怕唯有佛和菩萨才可以拥有头光样的圆环。基督教绘画用以表示神迹的元素，仅限于耶稣基督以及他的圣徒，未见凡人有拥有光环的。

---

[1] 这幅局部图截录自马尔沙克先生的书。全图见 Boris Marshak, *Legends, Tales, and Fables in the Art of Sogdiana*, with an Appendix by Vladimir A. Livshits, Bibliotheca Persica Press, 2002, p. 98。

图5 斯坦因在新疆和田东北部的丹丹乌里克所获著名的桑蚕西传木版画

片治肯特的壁画却展示了另外一番文化氛围。众所周知,片治肯特城并不信奉佛教。而且如其发现的壁画所示,也未见发掘到基督教的教堂。片治肯特的粟特人信奉祆教,尽管其所崇拜的神灵富有浓郁的地方特色。在信仰祆教的文化氛围内,画在国王、武士头部的圆环皆表征"灵光"。

在马尔沙克所辨别出的"灵光"的提示下,再来观察斯坦因在丹丹乌里克找到的那幅著名的木版画【图5】,其中的意境便更加清晰了。此画反映了桑蚕西传,画中四人皆有头光。其中画有四臂者,大家众口一致认为他是蚕神。除蚕神之外,其余三人皆是人间的凡人。如果将他们头部的光环理解为"灵光",三者的身份则更加明确了。公主来自中原,因皇家身份而有"灵光"。她对面的,抬手指冠者,应该是迎娶了公主的于阗王,他的王者身份同样通过"灵光"得以彰显。这幅画提示,头光象征着王者、贵族的身份,光环表征着"灵光",这样的绘画语言同样流行在古代于阗的绘画中。而这种绘画语言,源自祆教的理念。

飘带尤其象征了附着于王者的"灵光",体现了萨珊波斯王者的美学理念。伊朗著名的Naqsh-e Rustom,俗称"帝王谷",将萨珊波斯帝王的形象铭刻在岩石上。这些帝王的形象高大魁梧、英姿飒爽,"光辉气力,勇猛威势,颜容端正,倍胜于常"。用这一句义净所译《金光明最胜王经》来形容活灵活现在石崖上的英雄,真是再熨帖不过。如此威

图6　伊朗"帝王谷"中萨珊王朝的缔造者阿达希尔一世浮雕的局部　　图7　片治肯特壁画呈现的战斗中的国王（线图）

武，是因为伊朗文化中至高无上的"灵光"附着在他们的身上。而这"灵光"还有具体的体现，那便是拖在帽子底部的两条飘带。【图6】是帝王谷中萨珊波斯的缔造者阿达希尔形象的局部，他左手持火把，右手紧握着刚刚从阿胡拉玛兹达手中接过的、象征权力的环。岩石如此坚硬，也奈何不了匠人的技艺，他们使用了多层排列的波浪纹，将飘带的飘柔表现了出来。

　　片治肯特的残存壁画在表现吉祥的"灵光"时，经常使用光环、飘带。火舌也是常见的绘画元素，特别用来显示"灵光"。【图7】是马尔沙克依据壁画勾勒的线图，表现的是一个战斗中的国王。马尔沙克得以如此识别、如此命名这个武士，凭借的便是绘画语言所指示的"灵光"。[1] 他认为，这个武士下颚的胡子说明他略上年纪，而头部的圆环以及探出肩膀的火舌，尤其展现了他非凡的英武。

---

[1] Boris Marshak, *Legends, Tales, and Fables in the Art of Sogdiana*, pp. 102-103.

四　从于阗到敦煌

片治肯特粟特城遗址，坐落在塔吉克斯坦西北部，在撒马尔罕以东60公里。这里出土的壁画大约绘制于公元6—9世纪，被认为是粟特艺术的代表。尤其重要的是，这些壁画绘制于当地居民转而信奉伊斯兰教之前，绘画完全没有其他流行宗教的影响，例如佛教、基督教。所以体现在这些壁画中的元素，完全是在祆教的文化氛围内产生的，这为我们审视、分析古代于阗遗留的画作提供了有效的参照。强调这一点是因为，在中亚地区皈依伊斯兰教之前，祆教已经流传了上千年，代表了人类最古老的文明之一，曾经拥有广泛的信众，对用伊朗语的各民族的影响，尤其广泛而深入，尽管各地所信奉的祆教神灵有所不同，比如片治肯特更多崇信娜娜女神。

汉文史料中关于古代于阗王国的记载，基本上准确可信。尤其在唐代，于阗王国与中原来往频繁，多位译经高僧从于阗来到中原，更有玄奘亲历了在于阗王国的生活。因此，源自唐代的记载应是可信的。《旧唐书·于阗传》云：于阗国"俗多机巧，好事祆神，崇佛教"[1]。这条记载明确转达了这样的信息，佛教与祆教曾经在于阗王国并行不悖，源自祆教万神殿的神灵同样受到于阗王国民众的供养。

时光进入现代，当年斯坦因在和田地区挖掘所得的于阗语文书，确实如葛乐耐（Frantz Grenet）所描述的，全部是佛教的内容。这大概是因为，斯坦因挖掘的地方，或者刚好是佛寺，或者刚好是信仰佛教的民居圈。然而近年来，越来越多的出土文物反映出于阗王国曾经流行过其他的宗教。最为典型的一个图案来自封泥的印迹。中国国家图书馆（以下或简作国图）收藏的一件案牍，编号BH5-2，记载了发生在公元725年的一桩买卖人口的案子。[2] 案牍之"检"，即封牍，保存

---

[1] 刘昫等，《旧唐书》卷一九八，第5305页。
[2] 这件案牍的照片以及笔者的初步研究，已经收入段晴，《中国国家图书馆藏西域文书·于阗语卷》（一），中西书局，2015年，图版见第32—38页，文字部分见第97—117页。

图8 国图藏于阗语契约（BH5-2）的封泥图案

十分完整，封泥尚存，上面的印迹还颇为清晰【图8】。印迹上的这只鸟，头上的冠有三组羽毛，爪子部分显示出三脚趾，皆说明印上刻着的是伊朗神话的神鸟。这鸟身形巨大，负责将万籽之树上的种子播撒到大地，主司万物的生长和雨水。这是典型的袄教神灵的图案。这神鸟的图案，广泛出现在浮雕、纺织物以及银器、铜盘之上。[1]除此之外，已经发现了书写于6—7世纪的梵语、于阗语文书，其纪年均有于阗国王的封号，这显示在7世纪时，至少玄奘曾经见过的于阗王伏阇信以及他的儿子伏阇雄，仍然好事袄神。这些文献将在近期内发表。

大抵在6世纪20年代，有僧人宋云等往五天竺求法，他曾路过于阗，对于阗王的装束有细致的描述。《洛阳伽蓝记》保存了宋云等在古代于阗国的见闻："至于阗国，王头着金冠，似鸡帻，头后垂二尺生绢，广五寸，以为饰。"[2]那时于阗王头上所戴金冠，或许模仿的正是袄教灵鸟的冠，如图8所示；"二尺生绢，广五寸"，则毫无疑问

---

[1] 关于灵鸟，有不同的拼写，按照伊朗百科全书的条目，写作simorg。关于灵鸟，一般性的知识可参阅伊朗百科全书：http://www.iranicaonline.org/articles/simorg。另外，下面这篇文章在第147页刊登的一件萨珊波斯的银盘，可为参照：Maurice S. Dimand, "Treasures of Iranian Art," *The Metropolitan Museum of Art Bulletin*, New Series, Vol. 8, No. 5 (Jan., 1950), pp. 145-153。
[2] 杨衒之撰、周祖谟校释，《洛阳伽蓝记校释》，中华书局，1963年，第187—188页。

是对王冠后飘带的描述。这飘带，一如萨珊波斯创始人阿达希尔冠后的飘带、一如粟特壁画上王者冠后的飘带，它来自祆教"灵光"的理念，代表了"灵光"，说明于阗王是有祆教之神灵庇佑的王者。

于阗王国王室的封号在历史上经历过变革，于阗王国的官制也曾经历过变革。时光来到了于阗王李圣天的时代，他是于阗王朝最著名的国王，曾迎娶敦煌王曹议金的女儿为王后，而他的女儿又嫁给了敦煌王的后代曹延禄。在他的时代，于阗王国国力强盛，且与敦煌的显赫家族有联姻，所以莫高窟第98窟格外硕大、富丽堂皇，李圣天也将自己的形象留在了窟壁上。

敦煌莫高窟第98窟壁画上的李圣天【图9】，如果没有榜题的提示，几乎不能令人辨认出他是于阗人。他头上的冠冕已经完全不是"似鸡帻"的金冠，而是中原帝王的冠冕，他身披龙袍，阔袖而衣襟右衽。无论是服装的样式还是上面的图案，都尽显中原风貌，哪里还有于阗王的踪迹呢？

然而李圣天必然是纯正的于阗王，在他统治的年代，即10世纪前半期到中期，于阗恐怕还是有好事祆神的习俗存在。李圣天的图像上，至少有三处显示了祆教传统的痕迹：

其一，李圣天的冠冕之后，虽然几乎全部被掩住了，但仍然可以见到拖着的两条飘带。其二，左胸上部，圆环之中有鸟的形象。当然，这可以是凤凰的形象，因为下面有龙的图案。但以胡人的眼光观之，这也可以是伊朗灵鸟的形象。其三，他脸面朝向的斜上方，有龙吐火的图样，尤其是龙的尾部其实就是火。火与飘带，是"灵光"的代表，表征着李圣天是真正的王者。但是，他的头部已经没有了光环，代之而来的是一顶圆形伞盖，旁边两个小人身缠飘带，持住伞盖。王以伞盖显示威武，是来自印度的神话理念。但是，那两个身缠飘带的小人则显示了于阗当地信仰的特色。这将是我未来关注的重点之一。

图9 敦煌莫高窟第98窟之于阗王李圣天

第三章

织入氍毹的希腊与两河神谱

1—2号氍毹上的图像解读(中)

我们跟随吉尔伽美什的求助之旅
先后见到了希腊神话中的诸神
这些大神均未能让恩基都重返阳间
唯有伊楠娜女神
满足了吉尔伽美什的请求

本章在《天树下娜娜女神的宣言——新疆洛浦县山普鲁出土毛毯系列研究之一》一文基础上修订而成，文章原刊于《西域研究》2015年第4期。

《西域研究》陆续刊发了《新疆洛浦县地名"山普鲁"的传说》（以下简称《地名传说》）以及《新疆山普鲁古毛毯上的传说故事》（以下简称《传说故事》）[1]，文中我初步完成了对山普拉出土的3—5号氍毹所载文字的研究，并点出了1、2号氍毹的故事轮廓。这批毛毯重见天日，揭示了和田地区古代曾经流行的宗教信仰，同时揭示了人类文明传播的奇迹。记录在阿卡德语第12块泥板上的《吉尔伽美什》史诗故事片段，以及苏美尔人留下的故事片段，在山普拉的毛毯上得到了完整的叙述，这难道不是人类文明的奇迹吗？两幅毛毯图像的织就在古代必然费时、费工，造价在当时定然不菲。为何毛毯的主人要投入巨大的财力，让织工织出那么多神灵形象和真实而不扭曲的婆罗谜字母，他的用意何在？这毛毯所绘制的似乎是一部神话，一部历史，似乎在强烈地诉说着什么，很好地实现了对某种传承的记忆。那么，这毛毯究竟要传达的是怎样的文化传承呢？

带着这一系列问题，我们对毛毯图像的整体逻辑结构进行了更深入的思考，对图像细节也进行了更仔细的辨认比对。《传说故事》一文，仅仅对1号毯、2号毯所描绘的传说内容做了白描式的勾勒。我曾经以为，氍毹表现的是人类历史上最古老的史诗，即将阿卡德语《吉尔伽美什》之第12块泥板所述《吉尔伽美什、恩基都与冥界》故事，与苏美尔语泥板的《吉尔伽美什与怪柳之树》故事整合在了一起。但后来发现并非完全如此。实际上，两幅氍毹的图像，只不过运用了第12块泥板的故事结构，即以恩基都进入冥界、英雄吉尔伽美什为营救恩基都遍求神灵为主线，一方面展现了不同的神灵的存在，以及各个神灵所具备的神力；另一方面，其根本目的在于，用这个故事的框架，呈现"起死复生"这一核心理念。

---

[1]《新疆洛浦县地名"山普鲁"的传说》和《新疆山普鲁古毛毯上的传说故事》两篇文章，请参见本书第一、二章的内容。

一　求助神灵：氍毹图像的叙述逻辑

古人在讲神话时，确实会运用结构、情节等叙述方式，但这些方法的运用，是为了描述神灵的存在，体现他们的宗教信仰。神话，说的是神之间发生的事情，描述各个神灵管辖的领域。两幅氍毹以古代传说中介于人和神之间的角色吉尔伽美什为引，因人的需求而进入神的领域，从而导入了神的故事；而这个故事的切入点在于——人是否能够死而复生？在《吉尔伽美什》史诗中，人不能像神那样长生，这是已经有明确答案的问题。那么，阳寿未尽的人是否能够死而复生呢？这个问题其实在过往的神话中并没有得到解决，而至少在氍毹的年代，即公元6世纪时，于阗人是相信起死复生的：他们相信，只有他们信奉的神才具备这样的能力。

上文提到，1号氍毹底层黄色的主人公和青色小人，是串联起故事的主干人物。主人公出现在1号毛毯A层的中心以及2号毛毯的右侧，他的形象明显是跪着的。跪着，是求助的表现。主人公的这一姿态，一方面表现了他的无助，因为画面交代了故事展开的情节，此时恩基都已经进入冥界，急切盼望主人公来相救。而主人公此刻，是无能为力的、是无助的。另一方面，主人公的跪姿表现了他在求助，他需要把朋友从冥界、从死亡中拯救出来，需要战胜死亡，需要起死回生。主人公无助，因为他的对手是冥界，是死亡。所以战胜死亡，起死回生，必然是这幅毛毯画面所要表现的母题。主人公求助，是因为他相信有神灵具备超越生死的方法。

两幅毛毯实际上表现了三个层次，冥界、人间以及天神的世界。人希望借助神力，起死回生。两幅毛毯，两幅画卷，表现了神话的母题之一，即追求长生，摆脱死亡，展现了人与神之间的对话。而人神的对话，意味着宗教信仰的存在。1号氍毹保存完整的第五层（E层），呈现了这个故事的大结局，主人公遍求神灵，最终战胜"死亡"，获得成功。这一胜利要归功于他最终求助的神灵。而这位能够令人起死复生的神灵，正是这一特定宗教的信仰所在，正是这一特定宗教文化的核心所在。这是以氍毹图像的主旨而论。

氍毹图像不断求助并最终获得成功的主题类型，也从形式上决定了画卷的叙述逻辑。这一逻辑的形式是：求助→无果，求助→无果，再求助→再无果，求助→成功，冥界的人死而复生。这一逻辑的核心在于，如果求助成功，叙述便结束了；而求助无果，则反映出被求的神的无能，是对被求助的神的否定。氍毹图像经过三次对不同神灵的否定，烘托出最终令恩基都从阴间返阳之神的伟大。这一叙述逻辑的主旨，是引导、加强民众对氍毹所拥戴的神灵的崇拜。氍毹图像用形象特征作为词语，织就了一部真正的信仰宣言。

经过认真比对，我们发现，氍毹图像虽然采用了《吉尔伽美什》第12块泥板的故事结构，但主人公所寻求帮助的神灵却与泥板所述完全不同。那么，最终帮助主人公获得成功的是哪位神灵呢？下面，我们会依据氍毹图样的内容，由下至上分别加以说明。

二　希腊蛇神"赫尔墨斯"

还是从1号毯、2号毯的A层论起【图1】。

1号毯右下角处的图案与2号毯A层所展示的图案一致，2号毯表现得更加清晰。经过去色处理，蛇的形象清晰可见。《传说故事》只是根据《冥界》故事的发展，推测椅上坐着的是一方大神，但并未分析出其真实身份。仔细看图，可以明确一点，图像所织绘的蛇，并非座椅的扶手，而是从画框外探出的蛇头和蛇身。一条明显的黑色暗条从这条蛇的头部延伸出来，好像是一条蛇口衔着另一条蛇的尾部，或者意在表现蛇口中吐出的长长的蛇信。蛇，是此神的明显标识。吉尔伽美什所求的第一个神灵，应是蛇神。

既然《冥界》的故事起源于美索不达米亚，加之毛毯上的波头纹提示着希腊、罗马的风格，尤其又考虑到于阗语归属于伊朗语支，以

图1 1、2号毯A层中的赫尔墨斯

更大范围而论,则归属于印欧语系。因此,我们的搜索范围,完全可以扩大到以印欧语系语言广泛流传的神话。但是,图像的阐说自有其规律。在《冥界》故事所设定的框架之下,从叙述结构出发,以此氍毹图像的叙述逻辑判断,此处的大神必须具备两种最基本的特征:一者,此神灵与冥界有着某种联系,此神灵或许具备起死复生的功能,因为若非如此,便不能成为主人公求助的对象;二者,此神灵必然与蛇有不可分割的联系,因为可起死回生的神灵或有多种存在,但他必须同时具备"蛇"的特征。此二者,缺一而不能成立。

最终,在这样的框限之下,搜索的目光定格在古希腊神话中的赫尔墨斯(Hermes)神,准确地说,是定格在原初的赫尔墨斯神,即尚

第三章 织入氍毹的希腊与两河神谱 123

未进入奥林匹亚神殿的原初赫尔墨斯。

赫尔墨斯，希腊神话中最著名的神灵之一。依据西方学者对希腊神话、对赫尔墨斯的海量研究[1]，此神的形象及功能跃然纸上。赫尔墨斯是蛇神，这一定义赫然写在符廷函（A. L. Frothingham）一篇发表于1916年的文章标题之中，即《蛇神赫尔墨斯和蛇杖I的巴比伦起源》[2]，该文对赫尔墨斯的特征以及其特征的起源做了令人信服的探讨。以下这一段，也充分借鉴了该文的观点和论述。

文章认为，赫尔墨斯是前奥林匹亚之神。当他的名字位列于奥林匹亚神殿之中、成为十二神之一时，他在原初神话的"主要功能"已经丢失了。赫尔墨斯应是起源于巴比伦的东方神灵，"这个原始的赫尔墨斯始终是蛇神"。在拟人化的时代之前，他已化身作蛇【图2】。[3]

图2　土耳其赫梯时期（Hittite period）的滚印图案，左起第二者是拟人化的蛇神。藏美国纽约大都会艺术博物馆

---

[1] 希腊神话的领域，原是笔者不大熟悉的。在琢磨毛毯图像的内涵时，在撰写本文时，笔者只能参阅、引用西方学者的研究成果。但是，从能够阅读到的文献看，赫尔墨斯与毛毯此处所描绘的形象最为接近。另可参见笔者《丝路之畔的赫尔墨斯》（载《新丝路学刊》总第11期）一文。

[2] A. L. Frothingham, "Babylonian Origin of Hermes the Snake-God, and of the Caduceus I," *American Journal of Archaeology*, Vol. 20, No. 2 (Apr.-Jun., 1916), pp. 175-211. 这篇文章的作者曾经是普林斯顿大学古代艺术和考古的教授。

[3] A. L. Frothingham, "Babylonian Origin of Hermes the Snake-God, and of the Caduceus I," p. 175.

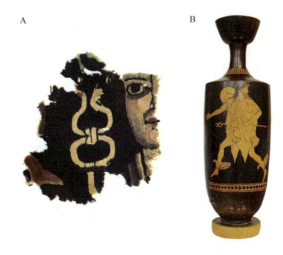

图3 赫尔墨斯蛇杖(Caduceus)概念图

图4 A 斯坦因在楼兰发现的有赫尔墨斯蛇杖的织物残片
B 希腊阿提卡出土的莱基托斯陶瓶(Lekythos)上的赫尔墨斯,手中拿着他的蛇杖

而作为人形的原初的赫尔墨斯手中持有蛇杖,此杖以尾部缠绕在一起的两条蛇为特征【图3—4】。而此种由两条蛇构成的蛇杖形象,大量出现在古巴比伦的滚印图案中,这些印章的起源可以追溯到公元前4000—前3000年之间。[1]

这篇文章中有大量的论述和图像,笔者仅从中提取了赫尔墨斯是蛇神的结论,这是因为,尽管学者们对符廷函说的双蛇杖最初代表的意义有不同意见,但赫尔墨斯体现了印欧语系民族普遍存在的对蛇的崇拜,原初赫尔墨斯的形象起源于古代巴比伦的蛇神,这些观点似乎得到了大多数学者的认可。

赫尔墨斯的第二个特征或者功能完全符合氍毹叙述框架的需要。荷马史诗《奥德赛》定义他是"宙斯之子,引路神,施惠神"。[2]这里所谓的引路神,实际上是指人死后的灵魂前往冥界的引路人。所以常

---

[1] A. L. Frothingham, "Babylonian Origin of Hermes the Snake-God, and of the Caduceus I," p. 180.
[2] 王焕生译,《荷马史诗·奥德赛》,人民文学出版社,1997年,第142页。

见赫尔墨斯拥有一个特定的修饰语、同位语，即 Hermes Psychopompos（"赫尔墨斯，灵魂的引渡者"）。[1] 这也就是说，赫尔墨斯是冥界的神灵。荷马史诗《奥德赛》的一段描述，表现了赫尔墨斯的这一功能："他们正互相交谈，说着这些话语，弑阿尔戈斯的引路神渐渐向他们走来，驱赶着被奥德修斯杀死的求婚人的魂灵。"[2] 而《伊利亚特》第24章第349—353节有赫尔墨斯的出现，他被认为是死亡临近的先兆，例如第351—355节："因为夜色已降临，大地苍茫一片。传令官看见赫尔墨斯的身影在近处，便对普里阿摩斯这样低声说道：'达尔达诺斯的后裔，你得考虑，这里有事情。我看见有人，我担心我们快要被杀死。'"[3] 有从事古希腊考古艺术研究的学者认为，大约在公元5世纪时，赫尔墨斯常常出现在墓碑之上，因为他是灵魂的引渡者。作为能够跨界的神灵，赫尔墨斯引导人死后的灵魂到达冥界，掌控着"上界"和"下界"之间的"交通"[4]，将阴阳两界分隔开来。赫尔墨斯的这一连接阴阳两界的角色，确实是求助找回灵魂的最好对象。关于赫尔墨斯可以自由往来冥府和天庭，最好的描述在荷马所创作的对德墨忒尔（Demeter）的赞美诗中，关于这个故事，下节有专门叙述。这里要介绍的情节，来自埃斯库罗斯的悲剧《波斯人》：当波斯帝国的太后祈求冥界的神祇放回波斯大帝大流士的灵魂时，她所祈求的神祇是地母和赫尔墨斯。[5]

再回到2号毛毯A层。依据毛毯故事的逻辑发展，A层右下角坐着有巨蛇陪伴的神灵，是主人公求助的第一个神灵。这个神灵必须与冥

---

[1] 例如 Angeliki Kosmopoulou, "A Funerary Base from Kallithea: New Light on Fifth-Century Eschatology," *American Journal of Archaeology*, Vol. 102, No. 3 (Jul., 1998), pp. 531-545。具体引用见 p. 531。
[2] 弑阿尔戈斯者，指赫尔墨斯。引文摘自王焕生译，《奥德赛》，第441页。
[3] 罗念生、王焕生译，《荷马史诗·伊利亚特》，人民文学出版社，1994年，第564—566页。
[4] 原文为：Hermes…controls the "traffic" between the upper and lower worlds。见 Angeliki Kosmopoulou, "A Funerary Base from Kallithea: New Light on Fifth-Century Eschatology," p. 541。
[5] 张炽恒译，《埃斯库罗斯悲剧全集》，吉林出版集团有限责任公司，2010年，第100页。

图5 伊拉克铁罗地区出土的绿色滑石瓶,此瓶是拉格什王古迪亚(Gudea)敬献给 Ningishzida 的,现存于法国卢浮宫。从线图可见,瓶上的双蛇面对面,身体缠绕在一起,是拟人化前的蛇神形象

图6 拉格什王古迪亚的滚印,滚印上 Ningishzida 表现为一个肩膀上有蛇龙之头的人

图7 拉格什王古迪亚石碑残片,现存柏林国家博物馆,碑上左起第二者即呈现了 Ningishzida 的形象

界有直接关联，因为此时，主人公要救赎的朋友已经进入冥界。如上所述，赫尔墨斯的特征符合图像的描述，他是可以跨越阴阳两界的神灵。按照符廷函的研究，赫尔墨斯还应该有古巴比伦的原型，是名叫Ningishzida的神灵【图5—7】。[1] 但无论是Hermes，还是Ningishzida，他们的名字及其变化了的形式全没有在于阗语文献中留下痕迹。实际上，不论A层的这个蛇王兼跨越阴阳两界的大神叫什么，无论我们是否掌握他的真实姓名，皆不会影响氍毹图像所传达的宗旨。因为，以《冥界》叙述逻辑而论，这个神不能帮助主人公吉尔伽美什实现所求，他不能将恩基都从冥界带回阳间。这里权且把A层出现的神灵叫作赫尔墨斯，而赫尔墨斯没有能力让恩基都返阳，才是这层故事的逻辑核心所在。换句话说，如果吉尔伽美什遇见赫尔墨斯便成功救出恩基都，那么也就没有了随后求助的必要。从此逻辑出发，还可以判断出，赫尔墨斯不是吉尔伽美什崇拜的神灵，不是氍毹图像真正要宣传的崇拜对象。

三 冥界的王后与王

1号毯和2号毯的B层，左起第二者从裙装、头饰等判断，俨然是个女神。此画面中的女神正是希腊神话中最令人浮想联翩的Persephone，音译"佩尔塞弗涅"，别名Kora（科莱）。由此可进一步判断，1号毯B层画面中间的、位于佩尔塞弗涅右侧的，正是希腊神话的冥界之神哈得斯（Hades），他的王者身份以冠冕而凸显。鉴于中国读者大多不熟悉希腊神话，还是让我们先偏离毛毯的画卷，回到希腊神话的世界，概要叙述关于佩尔塞弗涅的神话，以及她对西方文学艺术的影响，以便当我们再回到氍毹图像时，能够更好地领略其中神奇。

---

[1] A. L. Frothingham, "Babylonian Origin of Hermes the Snake-God, and of the Caduceus I," p. 181.

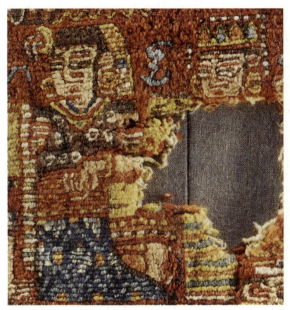 

图8　1、2号毯B层的佩尔塞弗涅

　　德墨忒尔和佩尔塞弗涅是一个神话的两个核心人物。早在公元前7世纪，荷马已经用赞美诗完整地讲述了这一对母女的故事。德墨忒尔是希腊神话的地母，是丰产女神。奥林匹亚之王宙斯和丰产女神共同养育了一个女儿——佩尔塞弗涅。佩尔塞弗涅出落成少女之时，与同伴去采花。地上开遍的水仙花雪白晶亮，香气直达天上，她弯腰采摘，触到大地，此时大地裂开，冥界之王哈得斯将其掠走，佩尔塞弗涅的呼喊声惊动了她的母亲，丰产女神手持火把，遍寻爱女，最后是太阳神将看到的一切告诉了她。德墨忒尔伤心之下令大地荒芜、万物不生。宙斯只好委派使者赫尔墨斯前往冥界，将佩尔塞弗涅接回神殿。冥王哈得斯允许佩尔塞弗涅返回，却让她在冥界吃下了甜美的石榴。如此一来，佩尔塞弗涅虽然一年中有半年可以返回阳间，却永远做了冥王哈得斯的王后。佩尔塞弗涅的回归，使大地重返生机，所以佩尔塞弗涅还是春天之神、植物之神，而当她回到冥界时，冬天则会到来，大地荒芜。[1]

希腊首都雅典近郊，有一座小城叫厄琉息斯（Eleusis, Ἐλευσίς，以下简称"厄城"），作为现在希腊的工业中心之一，厄城曾经是最古老的希腊秘密宗教的信仰地，是对丰产女神和佩尔塞弗涅祭祀礼拜的中心。[2] 有学者认为，对丰产女神母女的宗教信仰礼拜仪式可以追溯到新石器时代、公元前3000年时于克里特岛、埃及、安纳托利亚高原以及美索不达米亚发生的农耕变革。而在厄城发掘出的最早礼敬丰产女神的地下小屋，建于公元前1450年。在古希腊，最大的宗教节日正是出自厄城的秘密宗教，届时朝拜者从希腊的四面八方来到厄城。公元前7世纪，雅典强盛，成为希腊的军事和政治中心。政治家梭伦（Solon，公元前650—前600年）扩建了丰产女神的神龛，在神龛周围建起高高的围墙。神龛于公元前5世纪时再次得到扩建，可以容纳数千的朝拜者。公元前5世纪前期，这一圣地毁于希波战争之火，然后又于公元前445年得到重建。公元前323年到前146年，是希腊文化风行于地中海世界的时代，从公元前146年到公元400年，又是罗马人的时代，在这一漫长的历史时期内，对丰产女神的崇拜曾经广泛流传于地中海世界【图9—10】。389年，统一的罗马帝国的最后一任统治者狄奥多西（Theodosius）下令禁止帝国之内的男人和女人朝拜除基督父子以外的任何神灵。395年，哥特人在西哥特王阿拉里克（Alaric）的领导下洗劫希腊，摧毁了丰产女神的神龛。但希腊民间对丰产女神礼拜的习俗从来没有间断过。[3]

用希腊语记载的丰产女神与佩尔塞弗涅母女的神话，最早可以追

---

[1]《献给德墨忒尔的赞歌》有多种英译本，例如 N. J. Richardson ed., *The Homeric Hymn to Demeter*, The Clarendon Press, 1974。

[2] 这种神秘宗教仪式即厄琉息斯秘仪，是古希腊时期当地的一个秘密教派的年度入会仪式，这个教派崇拜德墨忒尔和佩尔塞弗涅。

[3] 这一段主要借鉴自 Mara Lynn Keller, "The Eleusinian Mysteries of Demeter and Persephone: Fertility, Sexuality, and Rebirth," *Journal of Feminist Studies in Religion*, Vol. 4, No. 1 (1988), pp. 27-54。

图9 描绘德墨忒尔和佩尔塞弗涅母女的浮雕,公元前5世纪上半叶,藏雅典卫城博物馆

图10 尼尼翁陶版(the Ninnion Tablet),约公元前370年。描绘了厄琉息斯秘仪的入教仪式,德墨忒尔、佩尔塞弗涅在接待这群入教者

溯到公元前8世纪。[1]而详尽版本则出自公元前7世纪诗人荷马的笔下,即《献给德墨忒尔的赞歌》。丰产女神和佩尔塞弗涅母女的神话在西方可谓尽人皆知,是流传最为广泛的希腊神话。美国著名的神话学家布尔芬奇(Bulfinch)曾经这样评价:"毫无疑问,这个关于丰产女神和佩尔塞弗涅的故事是个喻意。佩尔塞弗涅象征稻谷的种子,如果撒入大地,便封存在那里,如同她被地下之神掠走。种子发芽,就是佩尔塞弗涅回到妈妈身边。春天引导她来到白日的光明。"

丰产女神母女的神话反映了古代希腊人的抢婚风俗,而且涉及母女的情感,环绕佩尔塞弗涅的诸多主题尤其为西方艺术家所青睐,成为

---

[1] Mara Lynn Keller, "The Eleusinian Mysteries of Demeter and Persephone: Fertility, Sexuality, and Rebirth," *Journal of Feminist Studies in Religion*, Vol. 4, No. 1 (1988), p. 29.

他们文学、艺术创作的灵感源泉,例如莎士比亚的《冬天的神话》,又例如19世纪初期维多利亚时代著名的英国诗人丁尼生(Tennyson)所创作的诗歌《德墨忒尔与佩尔塞弗涅》。丁尼生的晚辈,英国小说家梅瑞狄斯(George Meredith)的第一部《诗集》有诗歌《山谷中的爱》,正是以佩尔塞弗涅的神话为题材而创作的。笔者认为,值得说道的还有一部芭蕾舞剧:1961年,因为非常迷恋佩尔塞弗涅的神话,英国皇家芭蕾舞团编舞者阿仕顿(Ashton)在他创作最辉煌的年代编排了芭蕾舞剧《佩尔塞弗涅》,甚至要求领舞者要能用法文念诗。在阿仕顿看来,佩尔塞弗涅是人间的四月天,如春天般鲜嫩而无瑕,即使在阴间,也能为灵魂带来温暖和光明,她行走到哪里,哪里便百花开放。[1]

在多少有些任意地了解了西方世界对丰产女神母女的崇拜,以及这一神话对西方文学、文艺作品的影响之后,让我们再回到山普拉这神奇的毛毯上出现的佩尔塞弗涅以及她的夫君,冥界之王哈得斯。

希腊以及美索不达米亚出土的含有佩尔塞弗涅形象的造像为数不少。这里引用一句广泛流传的、维基网络版本的佩尔塞弗涅形象描述:Persephone is invariably portrayed robed, often carrying a sheaf of grain(佩尔塞弗涅的形象总是一成不变地着裙装,常常持有一束麦子)。[2]例如【图11】源自厄琉息斯的浮雕[3],那里正是丰产女神和佩尔塞弗涅的信仰中心。这幅浮雕,重点描绘了佩尔塞弗涅手中的那一束麦秸加麦穗。麦秸部分尤其被塑造得很粗壮、硕长。【图12】引自同一篇文章。[4]这两幅图的一个共同特点在于,麦穗部分明显较小。

---

[1] Geraldine Morris, "'Persephone': Ashton's 'Rite of Spring'," *Dance Research: The Journal of the Society for Dance Research*, Vol. 24, No. 1 (2006), pp. 21-36. 具体见 p. 25。

[2] 见 https://en.wikipedia.org/wiki/Persephone。

[3] 该浮雕据说现保存在巴黎。图片引自 Paul Carus, "The Greek Mysteries, a Preparation for Christianity," *The Monist*, Vol. 11, No. 1 (1900), pp. 87-123, 此图见 p. 98。

[4] Paul Carus, "The Greek Mysteries, a Preparation for Christianity," p. 100. 按照 Carus 给出的出处,这幅图应是根据一个单腿瓶子(Pelike)临摹下来的,但他未给出瓶子的年代。

图11 厄琉息斯浮雕上的佩尔塞弗涅与丰产女神（右二和右一），左侧的崇拜者正在将猪进献给两位女神

图12 瓶画上的希腊诸神，右起第二者是佩尔塞弗涅

  出现在1号毯、2号毯B层，位于中心部位的女神形象，着裙装，右手明显持着什么。她手中所持，应正是一束带着秸秆的小麦。这一束小麦，麦秸部分明显超长，一如图11、12所示。而麦穗部分则特别使用了黄线织就。这女神手中所持与希腊神话所描绘的一般无二，是笔者将其比定为希腊神话中佩尔塞弗涅的第一层依据。还应补充说明，除了女神手中持有的一束麦子，1号氍毹的佩尔塞弗涅头上还有一缕亮黄色的装饰，这也应该是麦穗的冠。

  第二层理由则更加富有故事性，充分展示了氍毹图像故事构思编纂者的非凡创作才能。

根据荷马传世的神话，佩尔塞弗涅先是受到了水仙花的诱惑，在采摘水仙花的时候，大地打开，她被冥界之王掠走。由此看来，水仙花对于佩尔塞弗涅意义非凡。她与冥王哈得斯的联系，正是因这种花而起。按照氍毹图像的情节，主人公吉尔伽美什是在恳求赫尔墨斯未果的情形下，转而来求助于佩尔塞弗涅。那么，他如何可以敲开冥界的大门，见到佩尔塞弗涅呢？毛毯B层左侧，吉尔伽美什的右手高举着一朵青蓝色的小花【图13】。笔者曾经认为，这是他获得的草药。

图13　1号毯B层拿着小花的吉尔伽美什

图14　1号毯B层上的三个于阗语字

但这样的判断面对甗瓾图像的逻辑时，已无立锥之地。这朵青蓝色的小花，应该是吉尔伽美什敲开冥界王府的方便之法。之所以将白色的水仙花用青蓝色织就，是因为毛毯充分运用了色彩的语言，这花的用色与正在冥界的青色小人的着色是一致的，它是冥界的象征。果然，青蓝色的水仙花，让主人公遇见了佩尔塞弗涅，喜爱水仙的佩尔塞弗涅迎面朝向他。这里让人不由得联想起另一桩希腊神话故事，另一场惊天动地的爱情故事，这便是《俄耳甫斯与欧律狄克》中的生死之恋，女主人公欧律狄克是在弯腰采花时被蛇咬伤而进入冥界的，而英雄俄耳甫斯用他的歌声感动了佩尔塞弗涅，从而带走了欧律狄克的亡灵。

如果上述两层理由不具备足够的说服力，那么书写在1号毯B层上的三个于阗语字则是真正的点睛之笔【图14】。

三个字母，用天蓝色织就，第一个字母位于主人公与佩尔塞弗涅的头部之间，第二个字母在佩尔塞弗涅与冥王之间，第三个见于哈得斯与其左侧的女神之间。运用图片加工软件，我们将这三个字母从毛毯上抠出，并整合在一处，得到hadīvä一词。如果仅有dīvä，则是阳性单数第一格，来自梵语的dvīpa-（岛，洲），例如《赞巴斯特之书》[1]第16章第38句有tcūratasä dīvä uttarūvä，译作"四四方方的北俱卢洲"。而hadī则可以是希腊语的hadēs经过变化而成就的于阗语词，因为尾音s或者应加强，或者脱离，而元音ē变成ī的可能性极大。笔者认为，hadīvä是希腊词hadēs与梵语借词dīva-融合而成就的一个于阗语词。用语言学专业术语，这是经过haplology（重复音略读）而形成的词，用符号加以简化，即（hadēs+dīva-） > hadīva-（冥界，冥洲）。

选择直接使用希腊语的hadēs来构成复合词hadīva-，以特指希腊神话的"冥界"之概念，显示了古代于阗人高度的哲学思辨意识。这是因为，一方面，希腊神话的冥界以海相隔，而本文第二节谈到的赫尔墨斯，正是负责将亡灵从此岸摆渡到彼岸的神灵。因此，虽然希腊神话的冥界在地下，但一海相隔，恰可视作是一岛、一洲。另一方面，于阗古国曾经拥有大量居民百姓信奉佛教，而周边地域在公元5世纪时也尽是以佛教为主要宗教信仰。如果使用佛教概念的"地狱"之词，会造成对希腊神话系统的误解。而希腊神话的"冥界"，与佛教的"地狱"是风马牛不相及的两个概念，分属于不同的宗教。

1号毯、2号毯的B层显示，尽管吉尔伽美什用青蓝色的水仙花敲开了冥府的门，而冥界的大神却未能令他如愿。所求未能实现，吉尔伽美什转而向其他神灵求助。

四 工匠大神"赫菲斯托斯"等

《传说故事》未能对两幅毛毯C层的画面进行完整的阐释。这一

---

[1] R. E. Emmerick, *The Book of Zambasta: A Khotanese Poem on Buddhism*, Oxford University Press, 1968, p. 250.

层，1号毯与2号毯的排列不同，2号毯是一组画面，而1号毯则由左右两组画面构成，以右侧群为先手。这里将补充阐释这一层画面所涉及的主要神灵。

先说1号毯右侧这一组：于这一组出现的须眉长白之老者，《传说故事》认为是史诗《吉尔伽美什》的乌塔纳毗湿特，笔者现在仍然这样认为。在真正的《吉尔伽美什》史诗，即阿卡德语前11块泥板所述的内容之中，乌塔纳毗湿特是唯一经历了大洪水而获得了永生的人类。毛毯此处使用了白眉、白须这样的绘画语言，以表现此人的长寿。依据苏美尔语的版本，这个经历了大洪水、由人转变为神者，名叫Ziusudra，意译"长天者"，吉尔伽美什从他那里学到了智慧。[1]北京大学研究古代东方文明的拱玉书教授告知，苏美尔语的Ziusudra在古希腊文的版本中即Xisuthros。古希腊人应熟知起源于巴比伦的这个故事。公元前3至前2世纪的古希腊著名作家曾把他们听到的巴比伦版的大洪水传说用希腊文写下来，保存至今。[2]因此，当我们跟随氍毹图像的叙述，在希腊神话的诸神之间与《吉尔伽美什》史诗中的人物相遇，是不足为奇的。

本文发布的新的阐释主要围绕1号毯C层左侧的一组图。这一组图铺展开来，正是2号毯的C层。来到这一组，主人公吉尔伽美什的形象与之前明显不同，此时他显然多了两种装备，肩扛着的像是板斧，右手握着的也明显是一种工具【图15】，最显眼的是这物件粗壮的柄。主人公对面的，也是一老者，长眉白须。图中着意刻画了他手中所持的杯盏。下方则是一女性神灵，手中也有所持。鉴于阿卡德语

---

[1] 在苏美尔语，Gilgamesh（吉尔伽美什）叫作Bilgames（比尔伽美斯）。比尔伽美斯从"长天者"那里学到智慧。此处基于英文而译出。参阅A. R. George, *The Babylonian Gilgamesh Epic: Introduction, Critical Edition and Cuneiform Texts*, p. 15。

[2] 可参阅John M. P. Smith, "Fresh Light on the Story of the Deluge," *The Biblical World*, Vol. 35, No. 4 (1910), pp. 282-283。他的研究提供了清晰明了的介绍。

图15　C层中肩扛板斧、手拿工具的吉尔伽美什，他对面是工匠之神（左）

《吉尔伽美什》的描述，吉尔伽美什装备有斧以及另一件物品[1]，我们可将他右手所握的认定为一种斧。笔者曾在《传说故事》中提出，C层左侧一组图里那位须眉白且长的老者，即2号毯C层的老者，应当是一位工匠之神【图16】。

谁是这工匠之神？希腊神话之中果然有这样一位工匠之神。[2]这里先将古希腊的工匠之神从《荷马史诗》中择出来，概述如下：

古希腊的神匠叫赫菲斯托斯（Hephaestus），形象为跛足，是宙斯之妻赫拉的儿子，曾经被宙斯抓住两只脚从天上抛下，脑袋朝地降落

---

〔1〕 关于斧子的来历：吉尔伽美什看见一把斧子横在街上，他捡了起来。按照吉尔伽美什母亲的理解，这斧子象征了他未来的智慧的妻子。但是对于另一件物品的描述却有差异，乔治教授认为，那是从天而降的一块陨石，象征了吉尔伽美什的朋友。参阅 A. R. George, *The Babylonian Gilgamesh Epic: Introduction, Critical Edition and Cuneiform Texts*, p. 555。

〔2〕 实际上，在整个印欧语系的神话中，均有这样一位工匠之神，他的身影，不仅出现在希腊神话中，更清晰地出现在印度的《梨俱吠陀》中。在北欧古代神话、古代日耳曼人的神话当中，也可以找到这样一位类似的工匠之神。相关神话以及相关形象，可参阅 Heinrich Beck, "Der kunstfertige Schmied — ein ikonographisches und narratives Thema des frühen Mittelalters," *Medieval Iconography und Narrative*, Odense, 1980, pp. 15-37。

图16 C层里的赫菲斯托斯（左）与阿芙洛狄忒

了一整天，直到日落才落到地面上。他的妻子，是生于大海泡沫之中的爱神阿芙洛狄忒（Aphrodita）。赫菲斯托斯手艺杰出，所有天神居住的宫殿皆由他打造。他也曾经为宙斯打造权杖，这权杖几经周折交到了阿伽门农的手上，使他成为希腊之王。[1]当这形象丑陋的工匠大神发现自己美丽的妻子与战神阿瑞斯（Ares）坠入爱河时，他便锻造出了一张扯不破的罗网，如细密的蛛网一般。[2]在史诗中常可读到，他是杯盏的拥有者，他把一只双重的杯子放到母亲手中，他把甜蜜的红色神液一一斟给众天神；他拥有熄不灭的火，他是喷火的神[3]；他还是一只调缸的制造者，这缸体是银质，缸口周沿镶嵌着黄金。[4]

鉴于甄瓳图像按照叙述的顺序，已经出现了赫尔墨斯、佩尔塞弗涅、哈得斯等希腊神话最著名的神祇，那么将C层出现的神匠定为古希腊神话的神匠，当在情理之中。他确实可以承担起为吉尔伽美什锻造斧子、制造棒子的角色。但是他的形象有些苍白，有些模糊。实际

---

〔1〕罗念生、王焕生译，《荷马史诗·伊利亚特》，第25，30页。
〔2〕王焕生译，《荷马史诗·奥德赛》，第140页。
〔3〕罗念生、王焕生译，《荷马史诗·伊利亚特》，第24—25，489页。
〔4〕王焕生译，《荷马史诗·奥德赛》，第278页。

上，仅以工匠大神本尊而言，以杯盏的制造者、神秘汁液的拥有者、棒槌的制造者的角色而论，与希腊神话有亲缘关系的《梨俱吠陀》的工匠大神图阿湿斫（Tvaṣṭr）倒是更接近毛毯此处画卷的形象，至少可以令专司工艺、专司神液的工匠大神之形象更加丰满。[1]

众所周知，印欧语系分为东西两部分。东印欧语，划分作印度语、伊朗语。《梨俱吠陀》为印度语一脉之中最古老的文学集成。成为经典的温特尼茨（M. Winternitz）《印度文学史》这样评价："吠陀，是印度的，同时也是印欧语世界最古老的文学不朽之作，在世界文学的历史上位居魁首。"[2]而《梨俱吠陀》是吠陀文献中最古老、最重要的赞歌集成。[3]它全书分成10篇"曼陀罗"，包含献给各种神灵的赞歌1028颂，按照颂的长短不同而总计得到10462节歌。用读者熟悉的作品来比较，一部《梨俱吠陀》相当于两部《荷马史诗》，即《伊利亚特》和《奥德赛》的总合。[4]

欧美学者一百多年来不断从各种角度对《梨俱吠陀》展开研究，写下的著作、文章汗牛充栋。关于《梨俱吠陀》的集成时代，一般认为《梨俱吠陀》编纂成集于公元前1200年至前1000年之间。这是基于"铁"字的应用而得出的结论。"铁"字，未出现于《梨俱吠陀》，最早出现在《梨俱吠陀》之后的《阿达婆吠陀》之中。"铁"出现在印巴交

---

[1] Tvaṣṭr是词的原形。为了方便梵语专业以外的读者阅读，在欧美学者的著作中也见将其写作Tvaṣṭar或者Tvastar的，笔者将Tvaṣṭr音译作图阿湿斫。

[2] M. Winternitz, *A History of Indian Literature*, tr. S. Ketkar, the University of Calcutta, 1927.

[3] M. Winternitz, *A History of Indian Literature*, pp. 52, 57. 关于"赞歌"，为防概念的混乱，这里需要给出明确的定义。所谓"赞歌"，设定在古代印度、伊朗祭祀活动所用文献范围内，包含三个基本条件：（一）明确意图，例如赞歌总是以"我们礼敬……""我要宣说……""赞美你啊……"等句式开始，说明供养者的意图。（二）明确所礼敬、供养的一个神灵，或者总是一起出现的几个神灵。（三）祈求神灵的庇护、帮助。参照 Eva Tichy, "Indoiranische Hymnen," *Hymnen der alten Welt im Kulturvergleich*, hrsg. von W. Burkert und F. Stolz, Freiburg (Schweiz), Goettingen, 1994, pp. 79-94. 相应引用在p. 80。

[4] 此统计数据依据的是 Eva Tichy, "Indoiranische Hymnen," p. 79。

界的旁遮普地区，大约在公元前1000年，而未提及"铁"的《梨俱吠陀》的诞生年代当然要早一些。[1]以地理概念来表述：印度、伊朗语的先民，大约生活于现在的伊朗北部，以及南亚次大陆的西北部，散布在乌拉尔南部以及兴都库什山脉之间。而《梨俱吠陀》的时代，印度人已经走过了宽广的草原和荒漠，翻过了兴都库什山脉，进入到犍陀罗和旁遮普地区。[2]换句话说，这部诗歌，集成于操印度语的民族与操伊朗语的民族分开之后，其中所记载的对神灵的崇拜、宗教活动，更多是古印度人的文化记忆。但所有学者一致认为，《梨俱吠陀》的歌，保留了古印度人和古伊朗人的共同文化记忆，甚至也保留了原始印欧人时代的文化记忆。

《梨俱吠陀》的大工匠神图阿湿斫，其身份是《梨俱吠陀》最尊贵的神灵因陀罗的养父。因陀罗的生父是天之神，母亲是地之神。因陀罗与父亲的关系，被认为体现了印欧语系早期崇拜向印度雅利安人转变的过程。神话说，天之神看到了来自因陀罗的威胁，所以将他驱逐。于是因陀罗在养父即工匠图阿湿斫的家中长大。阅读《梨俱吠陀》涉及图阿湿斫的诗句，他的地位十分引人注目。《梨俱吠陀》（3.55.19）有赞歌，专门颂扬他，将其翻译出来如下：

　　天神图阿湿斫，令生灵复苏者[3]，一切形色的拥有者，令子

---

[1] Michael Witzel, "The Vedas and the Epics: Some Comparative Notes on Persons, Lineages, Geography, and Grammar," *Epics, Khilas, and Purāṇas: Continuities and Ruptures, Proceedings of the Third Dubrovnik International Conference on the Sanskrit Epic and Purāṇas*, ed. Petteri Koskikallio, Croatian Academy of Sciences and Arts, 2005, p. 22.

[2] Michael Witzel, "Central Asian Roots and Acculturation in South Asia: Linguistic and Archaeological Evidens from Western Central Asia, the Hindukush and Northwestern South Asia for Early Indo-Aryan Languages and Religion," *Linguistics, Archaeology and the Human Past*, ed. Osada Toshiki, Research Institute for Humanity and Nature, 2005, pp. 87-211. 具体引用见 pp. 87, 175。

[3] savitṛ, "a stimulator, rouser, vivifier", 德译 "Bestimmer"。参阅 Karl Friedrich Geldner, *Der Rig-Veda*, aus dem Sanskrit ins Deutsche übersetzt und mit einem laufenden Kommentar versehen, Dept. of Sanskrit and Indain Studies, Harvard University, 2003, p. 402。

嗣繁衍，令万物生长。

　　这些以及一切，皆是他所创造的生灵。众天神的灵性是伟大的唯一。

　　其中"令生灵复苏者"翻译savitṛ，是图阿湿斫的专有称号。凭此再来观毛毯的画卷，这《梨俱吠陀》诗篇显然有助于解决这样一个问题：毛毯之画卷何以偏偏选择大工匠之神作为吉尔伽美什求助的神灵呢？他求助的大神必须具备起死复生的能量，而天神图阿湿斫正是一个司掌生的神灵。

　　依据《梨俱吠陀》，图阿湿斫是杯盏的制造者。《梨俱吠陀》（1.20.6）明确提到"那个杯盏，那是图阿湿斫神新的作品"。"杯盏"，翻译作camasa，依据《梨俱吠陀》（1.111.3），那是唯一的杯盏，那是众神灵的首领图阿湿斫用来喝苏摩汁液的杯盏。这杯盏，不仅是他制造的，而且由他保管，由他带给众神，众神用此盏喝苏摩汁液，那是图阿湿斫备下的甘露，即长生之液。图阿湿斫的杯盏，被称为"苏摩之盏"，而苏摩是"生命的甘露，永生的甘露"。[1] 这大工匠神是苏摩汁的拥有者，是秘密的魔力知识的拥有者，拥有巨大的魔力，可以用具有神力的饮料左右人生命的长短。古印度、伊朗人普遍崇拜的苏摩汁，《梨俱吠陀》（1.117.22）称之为"图阿湿斫的甜品"。因陀罗正是从图阿湿斫的家中偷喝了苏摩汁，所以才获得长生。[2] 转换到氍毹图像，以上这些文字，用来解释氍毹中匠神手中何以握着杯盏，难道不

---

[1] 关于《梨俱吠陀》中图阿湿斫的神话，欧美学者所发表的文章很多，这一自然段的内容，主要参阅Stella Kramrisch, "The Ṛg Vedic Myth of the Craftsmen (Ṛbhus)," *Artibus Asiae*, Vol. 22, No. 1/2 (1959), pp. 113-120。尤其是p. 115，具体引用见p. 117。

[2] 因陀罗为了偷走苏摩汁而与图阿湿斫的儿子起了冲突，并且杀死了图阿湿斫的儿子。关于图阿湿斫是因陀罗的养父，以及图阿湿斫与希腊工匠之神赫菲斯托斯及日耳曼工匠神话的联系，可参阅Thomas Oberlies, *Die Religion des Ṛgveda*, Institute für Indologie der Universität Wien, 1998, pp. 255-258, Erster Teil—das Religiöse System des Ṛgveda。这位作者提供了大量参考文献。

可谓是曲尽其妙吗?

《梨俱吠陀》的大工匠神是大木棒的制造者,他专门为因陀罗制成了一根粗头圆木棒。而因陀罗正是用这个木棒打死了天之神——他的父亲。有学者认为,传说中因陀罗的金刚杵其实原来正是木棒。[1]说到装备,无独有偶,依据《梨俱吠陀》,因陀罗杀魔,经常被喻作如操斧伐柯。例如《梨俱吠陀》(1.130.4)说:因陀罗手握大棒,将其磨得锋利,犹如一把刀;为了消灭那些龙,他将其磨得锋利;因陀罗用力劈开大树,犹如木匠砍倒大树,因陀罗好像使用斧子一般,将树砍伐。[2]

概览过《梨俱吠陀》对大神匠特点的描述,再次瞻仰毛毯C层大工匠神一组的画面,一方面是匠神的形象更加昭晰,另一方面,忖度人物之情貌,仿佛若因陀罗初到图阿湿斫家中一般,仿佛是因陀罗在养父家得到了特制的圆头棒槌,而杯盏以及苏摩汁拥有者又以神液相赠。这似乎说明,氍毹图像的伟大创作者熟悉因陀罗与养父的神话,因此在处理吉尔伽美什与工匠大神的相遇之情节时,特采用《梨俱吠陀》匠神之韵,来丰满这来自希腊神话的赫菲斯托斯,以使吉尔伽美什求助于匠神的情节更加合理。

细观吉尔伽美什与匠神这一组画面,会发现氍毹的创作者别具匠心。大约是因为,希腊神话的匠神自身不具备鲜明的特征,未能若佩尔塞弗涅那样,以手中握麦束为其特征,也未能若赫尔墨斯那样以拥有蛇为特征,所以创作者将匠神的特征安排在周围人的身上,例如让吉尔伽美什增加工具作为装束,在匠神下方安排一女神。而这女神,应该正是司爱情的美丽女神阿芙洛狄忒。而她对面的,正是战神阿瑞斯。1号毯这一处,于战神阿瑞斯的头部处,明显有黄色线织就的网状物,而2号毯C层中间,老者与其右侧的人物之间,有明晰的、表

---

[1] H. Lommel, " Blitz und Donner im Rigveda," *Oriens*, Vol. 8, No. 2 (1955), pp. 258-283. 具体见p. 269。
[2] 此处按照Karl Friedrich Geldner的德译本(*Der Rig-Veda*)译出,见该书第182页。

示横竖的线条。这大约就是用画卷的语言来描绘那张细网吧。依据希腊神话，匠神赫菲斯托斯正是用一张细密的网，将坠入爱河的阿芙洛狄忒与阿瑞斯罩住的。

C层画面，一如之前所述的逻辑：吉尔伽美什之前的求助未果，转而求助于长生不老的乌塔纳毗湿特，求助于具有巨大魔力的"令生灵复苏者"，即具备《梨俱吠陀》色彩的匠神赫菲斯托斯。他们也未能实现吉尔伽美什的愿望。但是，这一层画面显示，吉尔伽美什还是获得了帮助，获得了工具，获得了神仙液，大约从此开始，他也像偷喝了苏摩汁的因陀罗那样，获得了永生吧。

五 天树下"伊楠娜"女神的宣言

1、2号毯于D层皆织绘有两棵树【图17】。《传说故事》未能真正揭示这两棵树所蕴含的意义，只是把右侧的树认定为生命树，因为上面似有蛇头探出，而且结合苏美尔语的故事，这棵树应是怪柳。另一鲜黄色的树，被笔者忽略了。上文已经点到，山普拉出土的这些毛毯所述的神话故事、史诗框架，是为了服务于尚未得到完全认知的宗教仪式，因此，清晰织绘在毛毯上的人物、树等，必然具有特殊的宗教意味，而不可能是为了简单表示复数的存在。恰恰是1、2号毯于D层织绘的这两棵树，揭示了古代伊朗的神话背景。

世界各种宗教的神话中，皆有对树的崇拜，例如佛教的菩提树。更加著名的应该是起源于古犹太的生命树。而在古美索不达米亚则有崇拜椰枣树的习俗。椰枣树被认为与女神伊什塔尔（Ishtar）有关联，因为伊什塔尔女神主司绵延子嗣，而椰枣是丰产的象征。[1] 阿卡德语中的伊什塔尔女神，正是苏美尔的伊楠娜女神。按照两幅毛毯的

---

[1] Barbara Nevling Porter, *Trees, Kings, and Politics*, Orbis Biblicus et Orientalis 197, Academic Press Fribourg, Vandenhoeck & Ruprecht Goettingen, 2003, p. 18.

图17　D层的伊楠娜与天树

叙述,当吉尔伽美什到达天庭的花园,所面对的女神正是伊楠娜,她位于D层的中间。这位伊楠娜女神,不是旁人,正是近年来随着粟特文化研究热而为读者所熟知的"娜娜女神",对她的供养礼拜最初起源于美索不达米亚,进而广泛盛行于伊朗高原、普遍流行于中亚地区,直至伊斯兰教兴起,她才终被遗忘。[1] 伊楠娜女神出现在毛毯之上,符合这一毛毯所叙述的情节,同时揭示了毛毯浓郁的古伊朗文化特色。

毛毯D层,明显描绘了两棵树。彩图上可以清楚看出,当年的织毯人分别使用了两种不同的颜色,以说明这是两棵不同的树。第一棵树是黄色的,而恰好有人这样描述:

---

[1] 参阅 G. Azarpay, "Nanâ, the Sumero-Akkadian Goddess of Transoxiana," *Journal of the American Oriental Society*, Vol. 96, No. 4 (Oct.-Dec., 1976), pp. 536-542。概述在 p. 536。

在伊朗，神圣的豪摩树生长在崇山峻岭之中，这是一种黄色的植物，在琐罗亚斯德教的《阿维斯塔》中，被视作永生的甘露，犹如印度吠陀的苏摩，被视作众天神的食物，为人类赋予健康、力量和勇气。[1]

据此可以认定，图中所显示的黄色树，即是豪摩树。但是，另一方面，中古伊朗语巴列维文的琐罗亚斯德教的注释文献，明确阐释了两棵神树：这两棵树生长在"幸福海"[2]的中央，一棵是长着各种植物种子的树，灵鸟将这棵树的种子混入水中，又经过雨水将种子撒向大地。在这棵万籽树的附近，就是白色（浅黄色）的"豪摩"树，喝下它的汁液可令人长生不老。[3]

这里需要说明，上述万籽树与白色豪摩树的组合之说，来自巴列维语的名著《班达希申》，其中关于琐罗亚斯德教的创世说，多源自萨珊波斯时代。但是，这部著作成书较晚，其中最古老的部分也是琐罗亚斯德教的牧师逃亡到印度之后才完成撰述的。而毛毯大约织成于5—7世纪的于阗王国，《班达希申》一书虽可作为古伊朗神话的补充说明，但对毛毯所含神话传说的探究，还要充分考察当地的因素。

另外，古代伊朗文化，似乎有多重对双树的崇拜。琐罗亚斯德教的双树，是豪摩树和万籽树。中国读者熟悉的摩尼教也诞生在古伊朗文化圈，而摩尼教有生命之树和死亡之树的说法。

正如《传说故事》所揭示，1号毯、2号毯所用叙述框架，来源于《冥界》的故事。出现在毛毯D层的两棵树之一，真正的生命之树，应是左起第一棵树，即织绘成鲜黄色的那一棵。而女神之右、似有蛇头

---

[1] E. O. James, "The Tree of Life," *Folklore*, Vol. 79, No. 4 (1968), pp. 241-249. 具体引文见 p. 245。

[2] "幸福海", zrēh ī Farroxkard, 原是专有名词，特指琐罗亚斯德教创世说概念的海洋。"幸福海"是笔者的译法。

[3] 关于双树的作用与运作方式，有不同的说法，这里参考 Zeke J. V. Kassock, *The Greater Iranian Bundahshn: A Pahlavi Student's 2013 Guide*, p. 219。

探出的那棵树，按照《冥界》神话的发展，应是最早起源于苏美尔神话的伊楠娜女神花园中的柽柳。

虽然本文使用了琐罗亚斯德教的注释文本，使用了大量琐罗亚斯德教义来揭示豪摩树的功能，但是如果由此而认为，这毛毯曾代表的古代宗教信仰，应归类到琐罗亚斯德教，或者拜火教，或者袄教，则是不恰当的。笔者认为，毛毯所宣传的宗教，非琐罗亚斯德教，而是古伊朗的一种民间宗教。这种宗教，如毛毯清晰所示，信奉的是天树和伊楠娜女神。

这毛毯以织画形式完成的叙述，是人类文学的一大奇迹。这一奇迹在于，古巴比伦的史诗英雄吉尔伽美什与希腊的神灵相遇，而且这一切发生在新疆的山普拉地区。实际上，早已有学者关注到吉尔伽美什的传说以及希腊文明的痕迹广泛存在于阿富汗、巴基斯坦的历史文化遗迹之中[1]，不过在新疆，这还是首次发现而已。

追溯到古巴比伦，吉尔伽美什则是民间宗教信仰的神灵之一，他曾是冥界之神，掌管着一去不复返的人类的亡灵。[2]而在新疆山普拉出土的这两幅毛毯上，我们却随着吉尔伽美什的求助之旅，先后见到了希腊神话中灵魂的引导者赫尔墨斯、冥府的王后和王，又结识了经历了大洪水的乌塔纳毗湿特，以及赫菲斯托斯与图阿湿斫的"组合体"，甚至目睹了阿芙洛狄忒情系战神阿瑞斯。这些大神均未能帮助吉尔伽美什获得成功，均未能让恩基都重返阳间。唯有天树和伊楠娜女神满足了吉尔伽美什的请求。按照毛毯的叙述逻辑，天树和伊楠娜女神的能量超过了所有神灵，是能够令人类战胜死亡、获得永生的唯一神灵。据此，我们可以得出结论，这两幅毛毯的画卷，正是天树之下伊楠娜女神的宣言。

目前发现的丰富的于阗语文献等资料，可证明古代于阗王国崇信天树。毛毯画卷的出现，将帮助解决新疆考古发现的一系列谜题。

---

[1] 例如 Victo Sarianidhi, *Die Kunst des Alten Afghanistan, Architektur, Keramik, Siegel, Kunstwerk aus Stein und Metall*, WEB E. A. Seemann Verlag, 1986, p. 235ff.

[2] 参阅 A. R. George, *The Babylonian Gilgamesh Epic: Introduction, Critical Edition and Cuneiform Texts*, p. 124。

第四章

神话的跨域性与地方性

1—2号氍毹上的图像解读(下)

织入氍毹的"神谱"
既有远古的苏美尔神话
又兼有古希腊的神话
生动反映了神话强大的"跨域"能力
有些甚至发展成浓烈的地方性文明

本章基于《神话的跨域性与地方性——以观察新疆洛浦博物馆氍毹为基础》(《民族艺术》2010年第4期)一文修订而成,原为2018年3月作者在北大中文系进行的讲座。内容虽与《天树下娜娜女神的宣言》一文有重合,但也有更多的思考和研究进展。

新疆山普拉地区出土的几块氍毹共同记载着被遗忘的一方文化，其中的意蕴非常丰富，其中沉淀的历史十分久远。原打算以三篇文章整理完这些氍毹所蕴含的内容，揭示其中所封存的文化秘密。但是，草草完成《新疆山普鲁古毛毯上的传说故事》[1]之后，随着更多于阗语文书、更多尼雅佉卢文书、更多丝路南道新发现的梵语文书的解读，一些久远的、已经消失的文化脉络变得日益清晰，而毛毯所蕴含的文化内涵才不过展露出冰山一角，其内涵之丰富，令人震撼。

于阗王国曾经坐落在新疆丝路南道，公元11世纪时彻底消亡。但依据古籍文献和出土材料基本可以确定，于阗王国所处的位置大抵与今天的新疆和田地区吻合。以于阗王国所处的地理位置为中心点，往东有汉民族文化圈，向西在古代则多是印欧语系民族的分布地。以语言的视角观察，便可感知古代于阗文明与印欧语系文明之间有不可分割的联系。山普拉氍毹上的图像亦与印欧语系各民族所传诵的神话有共性，可以在印欧语流行的神话中找到源头。排除了古代印度一脉的神话之后，我们的跨域探索范围扩展到西亚以及地中海沿岸，这一广袤的领域曾经孕育了人类文明，孕育了丰硕的神话。经过一番研究，氍毹的神灵果然来自耸立在那片神话世界的万神殿。

但是，体现在氍毹上的神话又具有浓郁的地方风格。"跨域性"和"地方性"鲜明地表现在两幅氍毹上，神话原型可以是共有的，但一定会因为地域的差异而主旨不同。共有神话的一些元素，可以因为地方信仰的不同，而得以突出。氍毹上的图像有着自己的叙述逻辑。本文旨在揭示氍毹图像中的词语，揭示氍毹图案的叙述逻辑，从而揭示氍毹图像所表达的含义、所反映的宗教信仰、所体现的宗教崇拜、所代表的宗教文化。揭示和田地区古代的文化历史和新疆地区的文化历史，才是研究山普拉出土氍毹的关键所在。

---

[1] 见本书第二章的内容，此文原刊《西域研究》2015年第1期，第38—47，138—139页。

一 揭开氍毹的真面目

关于这个消逝千年的古代文明中的"跨域性"和"地方性",我将从收藏于新疆洛浦县博物馆的五幅氍毹谈起。

这五幅氍毹实际出土的大致地点,位于今日的洛浦县山普拉乡【图1】。据说2007—2008年之间,找玉的人在一处河道支流的沙碛滩上无意间挖到了七块色彩鲜亮的地毯,其中有两块据传因挖玉人擅自兜售而流失,目前保存于洛浦县博物馆的即是剩下的五幅氍毹。2017年6月,北京大学考古文博学院对其进行了碳十四鉴定,明确这五幅氍毹应是420—565年间的产物。地毯上遗留有一些文字,比如古代于阗词spāvatā,深入分析该词,可知它应当是处于过渡阶段的词,早期应写作*spādapati,中期过渡成spāvata-,最后晚期定型为spāta-,古汉语将之译作"萨波",即将军之意。从语言的角度分析,可进一步判定这些地毯应当织成于560年前后。

我们首先来说说"氍毹"这个技术名词。"地毯""毛毯"是汉语对栽绒类毛织品的统称,之所以如此泛泛统称,是因为地毯不是汉民族日常生活不可或缺的用品。而在古代,尤其以新疆丝路南道

图1 俯看新疆洛浦县的氍毹发现地

第四章 神话的跨域性与地方性 151

A 马蹄扣

B 八字扣

C U字形扣

图2 新疆地区出土地毯的几种编织扣法示意图

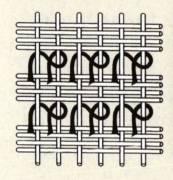

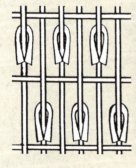

出土的胡语文书所揭示的，栽绒类地毯曾经是那里人民的日常生活用品。事实上，在古代新疆，栽绒类地毯以其结扣方式的不同，还有更明确的分类。例如尼雅出土的佉卢文木牍文书[1]中使用了三种专门术语，针对三种不同的栽绒类地毯。目前考古发现，新疆地区出土的地毯可识别出三种不同的结扣法，即"马蹄扣"、"八字扣"和"U字形扣"【图2】。而佉卢文献使用的三种术语，应正是基于地毯编织技术的不同而产生的，与考古发现可相吻合。其中U字形扣法编织出的地毯，又可称为"天鹅绒扣"，以此方式编织出来的地毯特别柔软、密实。[2]但是一旦破开，又很容易脱落。而洛浦县博物馆藏的这五块地毯，使用的正是U字形扣编织法，这种扣法编织加工的毯，叫作"氍毹"。佉卢文书多次提到，氍毹来自于阗。而玄奘在《大唐西域记》记述到瞿萨旦那国的特产时，首先提到的就是"氍毹"。[3]

佉卢文/犍陀罗语的"氍毹"写作kojava，即巴利语的kojava。这个巴利语词对应的英文翻译是：a rug or cover with long hair, a fleecy counterpane，即"长毛毯，长毛床单"。[4] 2017年5月，石河子大学人文艺术学院的郑亮教授与我一起前往洛浦县博物馆去看氍毹，发现除上面说到的U字形扣结扣法之外，毯子的背面还有约两寸的长毛，由此最终确定了什么是"氍毹"。氍毹实际上是两毯合一毯，正面使用栽绒技术编织而成，背面则是长毛毯。目前这种双毯编织技术似乎已经失传，而洛浦县博物馆的五幅氍毹正是来自古代的实物【图3】。

---

[1] 参阅段晴，《佉卢文契约文书所见酒、氍毹、氍毲与厩》，载段晴、才洛太，《青海省藏医药文化博物馆藏佉卢文尺牍》，中西书局，2016年，第53—68页。
[2] 贾应逸，《新疆古代毛织品研究》，上海古籍出版社，2015年，第186页。亦参见本书外编《关于氍毹》一文。
[3] 详见季羡林校注，《大唐西域记校注》，第1001页。
[4] 参阅段晴，《佉卢文契约文书所见酒、氍毹、氍毲与厩》，第59页。

图3 山普拉氍毹的正反面形态

二 非文字的表述传统

  针对洛浦县的这些氍毹，我已发表过一些文章，重点从氍毹图像的基本构成入手，解析画面呈现的神谱。在我之前，也有学者对氍毹所描绘的神做过探讨，例如认为1号氍毹底层织入的青色小人，是印度教的"黑天神"，进而认为整幅氍毹表现的是印度教"黑天"的功绩。[1] 我认为"印度教黑天"的解释，完全不能成立。公元6世纪时，即氍毹织成的年代，印度教已经是一种成熟的宗教了。公元1世纪时，印度教（早期称婆罗门教）已经发展完善。所谓完善，是指已经具备成熟的宗教伦理及仪式；印度教万神殿中的各个神灵已经拥有依据神话传说所建立的标配，即各有各的特征，各有各手持、胸配、头戴的标识，或各有各的坐骑。这些标识，清晰而不容混淆。以宗教神谱构成的基本原理而观，任何宗教信仰所尊奉的神灵必然具备特殊标识，必然具备区别于其他宗教的符号。印度教天神有其基本特点，例如众天神皆头戴高冠，而"黑天"是毗湿奴的化身，有特殊的表现方式，如脚踩巨蛇之上、拥有牧童的形象等。氍毹上的青色小人不符合"黑天"的这些特征。而且，青色小人的手脚特别用了肉色的线来织成，

---

[1] 即张禾的研究，参见本书第二章第一节。

表明他并不是皮肤黑，用青色来表现他，是因为他处在冥界。因此，基于上述基础知识，在2012年，我们刚开始关注氍毹上的图案时，就已经将表现印度教神灵的这种可能排除在外了。当然，氍毹上的形象也不来自佛教。那时我已经隐约感觉到，这几幅氍毹可能蕴藏着未曾被揭示的"古于阗信仰"。

这个从前未被获知的、古代于阗王国曾经流行的宗教到底是什么教呢？它既不属于佛教，也不属于古伊朗文明派系的所谓琐罗亚斯德教。当然也不属于拜火教，因为拜火的形式普遍存在于民间信仰，印欧语系各民族普遍有对火的崇拜，例如欧洲在冬至、夏至时都会举行以火为中心的仪式、聚会、狂欢。[1]而古代于阗王国曾经信奉的宗教，其起源应比琐罗亚斯德教更为古老，反映了古代已经消亡的民族的宗教，很可能是塞种人曾经信奉的宗教。1、2号两幅大氍毹，正是这一古老宗教所信奉的伊楠娜女神的宣言书。

两幅大氍毹，描述的是神话。神话属民间文学的范畴，而从文学的角度观察分析，可以深入到这些神话的深层意义。特别是把广泛流行的神话，与织入氍毹的情节加以对比，氍毹中所表达的核心精神以及神话的目的性，可以非常清晰地展现出来。为方便下文进一步分析，这里再次扼要地梳理一下两幅氍毹所描述的神话故事。而在讲故事之前，需要先阐明我的观察原理。

实际上，当文章使用"描述"这个词的时候，已经在提醒读者：虽然我们面对的是两幅织入氍毹的图画，但图画是在表现神话。图画表现需要运用图像元素、构图结构，一如语言需要运用词汇、语法。图像元素与语汇一样，具备"描述"的功能。读懂一部文学作品，需要有足够的词汇量；听懂一个故事，需要熟知语汇和语法。语法就是一种语言的逻辑。而读懂织入氍毹的神话图像，需要掌握图案所运用的表达元素，串联起图案的逻辑关系。

---

[1] James George Frazer, *The Golden Bough*, Macmillan Company, 1940.

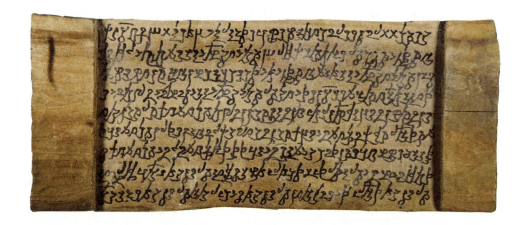

图4 新疆尼雅遗址出土的元孟八年佉卢文土地买卖契约（底牍内侧），国图BH5-3

中华民族中的汉族，是以书写见长的民族，拥有古老的书写文明。但世界上很多古老的文明不以书写文明见长，例如古印度文明，以口耳相传为特色，直到公元前4世纪左右的阿育王时期才有文字出现；与印度教有关的经典、文献，甚至皆是在开始接触中亚地区的书写文明之后，才不断被记录下来的。历史上，活跃在西域广袤土地上的有塞种人、大月氏人等。语言学家认为，从语言的角度看，粟特人、于阗人就是塞种人。以我熟悉的于阗人为例，他们曾经用佉卢文作为官方文字，用印度西北方言即犍陀罗语作为官方语言，后来他们的寺院会使用梵语。真正开始把于阗语落实到文字上，是在6世纪后半，即洛浦县博物馆氍毹织成的年代。但不能说塞种人的文明不发达，只是他们选择了以其他方式传承文明，比如以形象的方式。以新疆尼雅遗址出土的佉卢文木牍为例【图4】，这批木牍迄今已经出土了一千余件，而这一千余件，几乎全部是公文，或是契约文书，或是王的指令等，几乎没有文学作品（大约只有一首诗）。在和田地区出土的古代于阗王国的文书与之非常类似。当然，要除去寺院出土的佛经，佛经中是有文学作品的。但在此之前，曾经生活在尼雅遗址上的古人，或于阗塞种人，难道其生活中不曾拥有文学作品吗？事实不是这样。洛浦的氍毹证明，塞种人的精神生活十分丰富，他们拥有历史悠久的神话、文学，是以创造力见长的民族。传承文明的方式可以是多种多样的，不仅限于文字，在不以文字传承文明的民族中，或有这样的模式："文字—简单—生活性"和"非文字—复杂—精神性"。我认为，应该摆脱文化研究领域只关注文本、文字的局限。在古代，并非所有文明都与中华文明一样，以文字书写为特色。从氍毹上的图样可以看出，古代于阗人是用图像的方式来呈现神话、描述神的故事、表达复杂的精神性、实现在精神世界的追求的，这也是他们更擅长的模式。这就好比希腊的雕刻、绘画等，一样都是对信仰或文学情节的呈现。我在解读氍毹的图案时，试图将氍毹的图像元素翻译成对应的语言元素，尽管这些图像是非文字的。

三　起死复生：氍毹图像叙事解析

观察两幅大氍毹的构图，首先可以明确，两幅氍毹所讲述的故事是连贯完整的。以1号氍毹为例，故事从最底下的第一层（A层）开始，脸相对的两个人物形成核心轴，一个青色，一个黄色。黄色人物随后出现在第二层（B层）的左侧，又出现在第三层的右侧等，以不同的姿态穿梭在整幅图中。1号氍毹的第五层（E层），呈现了这个故事的大结局。

由此可知，整幅图案是连环的叙述结构，底层黄色的主人公和青色小人，是串联起故事的主干人物。黄色象征着生命，青色则象征着冥界。青色小人头上的横竖线条，是大地的象征，他的手脚拥有清晰可见的肉色，意味着该小人虽然身处冥界，却阳寿未尽，等待着"起死复生"。青色小人就是阿卡德语史诗《吉尔伽美什》第12块泥板中的恩基都，他为捡回落入冥界的球而自告奋勇下到冥界，被大地扣留。在阳间的吉尔伽美什于是遍求神灵，从而展开了这个"求助型"故事。有趣的是，1号氍毹上青色小人的右手，确实高擎着一个球状物，这与《吉尔伽美什》第12块泥板的故事框架相吻合。

这便是氍毹图样故事的叙事主线，但是虽然它采用了《吉尔伽美什》第12块泥板的故事结构，氍毹中主人公寻求帮助的神灵却与泥板所述完全不同。下面，我们会对氍毹图样的内容分层加以说明。[1]

A层："赫尔墨斯"，灵魂的引导者

1号氍毹、2号氍毹A层的右侧，描绘了一位坐在高台之上的大神。两条蛇紧紧依附着这位大神，其中一条花蛇代表生命，象征阳间，而黑蛇象征冥界。在遍寻希腊神话以及广泛流传在欧亚结合地域的神谱之后，可以发现，唯有赫尔墨斯符合拥有双蛇的特征。在《荷马史诗》中，赫尔墨斯是游走于阴间和阳间的神灵。

赫尔墨斯是众所熟知的希腊神话中的神，是灵魂的引导者：当世间人死去后，他负责将其灵魂引导到冥界。赫尔墨斯是唯一可以游走于阴阳两界的神灵。[2] 但是，在此要强调，在迄今为止所见到的赫尔墨斯形象中，只有这两幅氍毹，把他所具备的双蛇特征表现得如此生动：一条花蛇象征阳间，一条黑蛇象征阴间。双蛇象征了生命的周而复始。应当说，古于阗人在其保存的希腊神话中，将赫尔墨斯的形象呈现得更加具体而鲜明。这也说明，古于阗人十分熟悉希腊神话。

不过，依据求助型故事的逻辑，赫尔墨斯显然未能帮助吉尔伽美什达到其所求的目的，所以才有继续寻求帮助的下一步。

B层：冥后"佩尔塞弗涅"

1号氍毹的B层左起第二位是希腊神话中的冥后，佩尔塞弗涅。

---

[1] 在本书第二、三章中，我们已经进行过叙事主线的逐层说明，这里会提供一些更进一步的说明。

[2] 关于赫尔墨斯，我在《天树下娜娜女神的宣言——新疆洛浦县山普鲁出土毛毯系列研究之一》（《西域研究》2015年第4期，亦见本书第三章）一文中有详细论述，在此不多赘述。

她身边头戴王冠者则是她的丈夫冥王哈得斯。

关于佩尔塞弗涅,公元前7世纪的《荷马史诗》里便有关于她的记叙,而她在希腊神话中与德墨忒尔是不可分割的。所以在西方有关希腊神话的雕刻、绘画当中,佩尔塞弗涅的形象多与其母亲德墨忒尔一同出现。

弗雷泽《金枝》第44章对这对母女有专门的讲述[1],他认为公元前7世纪荷马写下的对德墨忒尔的赞歌,在于揭示曾流行于厄琉息斯的神秘宗教仪式[2]。但诗在更深的层次上揭示了一个隐蔽的秘密:在诗人笔下,当佩尔塞弗涅被冥王哈得斯掠走、德墨忒尔陷入悲伤时,大地上牛儿空犁地,下种不见苗;人类将因为饥馑而灭亡,天神再无供养。诗中继而描绘了女神德墨忒尔如何将厄琉息斯荒芜的平原,变成了长满金色麦穗的农田。所有神话最初都与一定的仪式相关,而献给德墨忒尔的赞歌,其核心在于揭示她是这一仪式的主角。德墨忒尔与佩尔塞弗涅在古代的厄琉息斯,是一出神戏的主角,构成古希腊一种神圣的宗教仪式的核心。《金枝》的作者认为,德墨忒尔及其女儿佩尔塞弗涅都是谷物的神化象征,尤其是佩尔塞弗涅。她停留在冥界三个月,另一版本说停留了半年,当她不在人间的时候,燕麦种子藏在地下;当她返回人间时,春天来临,万物方复苏,燕麦种子才能发芽。女儿代表了新生的谷物、植物,而母亲则代表了去年的收成。弗雷泽的理论可以得到证实:两个女神都头顶谷物做成的冠,手持麦秸和麦穗。在古希腊,在对德墨忒尔崇拜的流行地,其实还有另一位男性出现在传说中,他是厄琉息斯地方国王的儿子,曾受到德墨忒尔的养育,他受女神派遣,把发现谷物的秘密传给希腊人。[3]直到19世纪时,厄琉息斯的人们依然保留有对德墨忒尔的崇拜,尽管那时当地的居民早已是基督徒的后代了,但在打谷场上,一直保留着

---

[1] James George Frazer, *The Golden Bough*, p. 393.
[2] 参见本书第三章第三节的内容。
[3] James George Frazer, *The Golden Bough*, p. 396.

一尊德墨忒尔的雕像。在一般希腊人的信仰中，两个女神都是谷物的代表。

现在来看氍毹B层：其中的佩尔塞弗涅，手持一束麦，头上戴着谷穗冠，这是与希腊神话一致的地方。由此可知，古于阗人熟知来自公元前7世纪古希腊的关于德墨忒尔和佩尔塞弗涅的神话。但是，我们在这一排人中，并未见到她的妈妈德墨忒尔。这是因为，这时的佩尔塞弗涅处在地下，这里突出的是佩尔塞弗涅地母的身份。佩尔塞弗涅的地母身份，在古希腊并不流行。我曾经前往德国柏林的博物馆，那里有大量的古希腊的艺术品，还有专门的展厅展出古希腊人的石制棺材，其上雕刻着各种古希腊神话。但在所有陈列的展品中，没有呈现佩尔塞弗涅作为地母的形象的。《金枝》虽然对这对神灵母女做了深入的分析，但丝毫没有提及佩尔塞弗涅作为地母的其他意义。我想叙述至此，希腊神话的跨域性已经体现出来了，曾经居住在和田绿洲的古代人民是熟悉希腊神话的，但希腊神话在古代于阗王国，也披上了浓烈的地方色彩。至少在氍毹上，佩尔塞弗涅的地母身份是更加突出的。在此，我们也可以点一下题：所谓地方性，更多是目的性。

神话的地方性，以及古代于阗人之于神话的创造性，突出体现在氍毹此层吉尔伽美什手中举起的青色花朵。在希腊神话中，佩尔塞弗涅是因为下凡采摘水仙花而被冥王哈得斯掠走的。在这里，水仙花则被作为觐见地母佩尔塞弗涅的敲门砖。原本希腊神话中的一个元素，在这里得到了创造性的升华。尤其是，这里这朵水仙花是青色的，用的是代表冥界的色彩。

这一层对于希腊神话的跨域性以及地方性的展现，可谓淋漓尽致。一方面，对佩尔塞弗涅的描绘完全符合其在希腊神话中的形象；另一方面，希腊神话的元素得到了扩大、延伸，体现了为地方性仪式服务的特点，这一点以后还会再做说明。

然而，依据求助型叙事发展的逻辑，冥后佩尔塞弗涅也未能帮助吉尔伽美什从冥界救走恩基都，于是故事进入了C层。

C层：大工匠神"赫菲斯托斯"，下过冥界的爱神"阿芙洛狄忒"

这一层比较特殊，1号甗錪呈现为左右两组构图，而2号甗錪的C层即是1号甗錪左侧构图的展开状。我在此主要阐释这一组神灵的身份。

撰写《天树下娜娜女神的宣言》一文时，我认定这组神灵必然以希腊工匠神赫菲斯托斯为中心：一方面，画面显示吉尔伽美什是来学艺的，因为在此他获得了工具。在这组吉尔伽美什与希腊神话人物的构图中，有苏美尔以及巴比伦神话的影子。苏美尔神话曾讲到，吉尔伽美什使用斧子等工具帮助伊楠娜女神赶走了盘踞在桎柳上的魔鬼、打造了宝座等。史诗《吉尔伽美什》开篇也提到，吉尔伽美什拥有两种宝具，皆是从天上落下来的，其中一件是斧子。另一方面，1号甗錪这组图右下角人物的面部有条纹状图样，这里明显是运用了赫菲斯托斯制网捕获与战神阿瑞斯私通的妻子爱神阿芙洛狄忒的情节，借此以凸显赫菲斯托斯的身份。因此，我当时认为，这一组的中心神灵就是赫菲斯托斯。但前面两层出现的赫尔墨斯及佩尔塞弗涅，皆是与冥界有联系的神灵，相比之下，赫菲斯托斯与冥界并无直接关联。直到最近我才发现，这一组的核心神灵或许还有赫菲斯托斯的妻子阿芙洛狄忒，因为从与她相关的神话可知，她与冥界、"起死复生"亦有联系。

根据弗雷泽的研究，在古代的地中海东岸、埃及、西亚等地，有一位共同的神，虽然各地对他的称呼不同，但这位神灵在各地都做着相同的事情，即每年皆会"死而复生"。弗雷泽也讲到阿芙洛狄忒和植物之神阿多尼斯（Adonis）的关系：在古巴比伦神话的记载中，阿多尼斯是个漂亮的少年，阿芙洛狄忒曾将他藏在箱子里，并交给冥界的佩尔塞弗涅看管。佩尔塞弗涅打开箱子，看见美丽的少年，便打算不再将他归还给阿芙洛狄忒。于是阿芙洛狄忒气急败坏地跑到冥界，希望从佩尔塞弗涅那里要回阿多尼斯。最后，天神宙斯仲裁，让阿多尼斯和佩尔塞弗涅在一起四个月，和阿芙洛狄忒在一起四个月，另外四个月则自己独自生活。或许，氍毹在这里表现阿芙洛狄忒，是因为阿芙洛狄忒具有前往冥界的能力。

那么，氍毹的这组神灵中，赫菲斯托斯能够制造永生的灵药，即葡萄酒，而阿芙洛狄忒的经历也与冥界相关。由此可知，这组神灵虽然都是纯粹的希腊神，却因为"起死回生"的主题而被织入氍毹之中。

不过，对氍毹上的吉尔伽美什来说，他们仍然是求助过程中的过客，由此进入到D层。

D层：天树下的"伊楠娜"，源自远古苏美尔的长生女神

这一层是整幅氍毹图样的重点。《天树下娜娜女神的宣言》那篇文章，正是从这一层图样出发的。求助型叙事的逻辑在于，那个帮助求助者实现愿望者，一定是最伟大的。两幅氍毹的主题在于起死回生、救人出冥界。古代于阗人相信，世间虽然有冥后佩尔塞弗涅掌管冥界，虽然有赫尔墨斯往返阴阳两界，还有大工匠神赫菲斯托斯可以制造长生的灵液，但他们面对已经下到冥界的生灵，却束手无策。将这些神灵织入氍毹，其根本作用在于烘托出现在D层的女神，因为她，才是最终帮助吉尔伽美什实现起死复生的那个神灵，是她将恩基都从冥界拯救了出来。换句话说，两幅氍毹是以织入氍毹的画卷而创作出的长生女神伊楠娜的宣言。

所谓天树，是指出现在这一层的两棵树，体现了古伊朗宗教的信仰：一棵是生命树，传说喝了树上的汁液，可以超越生死；另一棵是万籽树，据说世间所有植物的生长，其种子最初都来源于万籽树。[1]但需要明确指出，没有迹象显示两幅氍毹传承的是古代伊朗文明部分

---

[1] 关于伊朗宗教对于双树的信仰，更详细的说明请参阅段晴，《天树下娜娜女神的宣言——新疆洛浦县山普鲁出土毛毯系列研究之一》，《西域研究》2015年第4期，第159页。亦参本书第三章第五节的内容。

族群曾经普遍信仰的琐罗亚斯德教,氍毹所描绘的情景与巴列维语琐罗亚斯德教的宗教百科全书《班达希申》所记载的神话,也并非一般无二。[1]虽然我认为,织入氍毹D层的两棵树图案,反映了伊朗古代信仰中的双树。但于阗故地的双树,并非如琐罗亚斯德巴列维语文献所描绘的那样,生长在海的中央;而且,琐罗亚斯德教的双树下也并没有女神。这里,我需要再重复先前强调的观点。我认为:两幅大氍毹揭示了从前未能被现代人获知的、古代于阗王国曾经流行的宗教;这一古代宗教,既不属于佛教,不属于所谓伊朗派系的马兹达教,也不属于琐罗亚斯德教;氍毹显示的宗教传统非常古老,直接起源于苏美尔文明。

依赖于氍毹的提示,我们可以认为,站在天树之间的,正是苏美尔神话中的伊楠娜[2]。1号氍毹的E层显示,这是个皆大欢喜的结局。原本出现在氍毹底层呈青色的小人,现在恢复了象征在阳间的黄色,他面朝一位女性打扮的人,两腿前后分开,膝盖呈向前弯曲状,脚掌未着地,这一切都是奔跑的表现。迎接她的女性明显在笑,伸出了双臂。小人身后是贯穿整个情节的主人公吉尔伽美什。此时的主人公,双手正握住一根曲棍棒。结合1号氍毹底层小人手中的圆形物,我们可以将这一图像映射到苏美尔的神话,即《吉尔伽美什与桲柳之树》的神话[3],因为只有在这则神话中,才能追踪到"棒和球"诞生的来龙去脉,而这一源头与苏美尔神话中的女神伊楠娜有直接的联系。但

---

[1] 简单地说,伊朗语分为东西两个语支,使用楔形文字的古波斯语属于西支现存最古老的伊朗语,相对早于所谓《阿维斯塔》文献使用的属于东支的伊朗语。到了中古伊朗语阶段,例如巴列维语属于西支,而粟特语、于阗语属于东支。巴列维语的《班达希申》有多种版本,可参阅 Zeke J. V. Kassock, *The Greater Iranian Bundahshn: A Pahlavi Student's 2013 Guide*。

[2]《天树下娜娜女神的宣言》之"娜娜女神",是指最初苏美尔神话中的伊楠娜女神。"娜娜女神"是粟特人曾经信仰崇拜的女神,但"娜娜"之名未曾出现在于阗语当中。所以,称出现在氍毹上天树下的女神为"娜娜",也是谬失。

[3] 参见本书第二章第80页的注释[1],以及 Samuel Noah Kramer, *Gilgamesh and the Huluppu-Tree: A Reconstructed Sumerian Text*。

 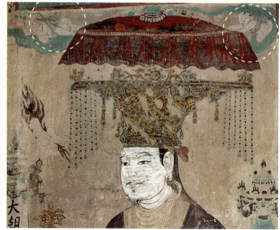

图5　1号氍毹D层的无性双神　　　　图6　敦煌莫高窟第98窟于阗王供养像左右上角的飞天孩童的形象

是，氍毹的描述，似乎与原始版的苏美尔神话存在一定的差异。按照氍毹的描述，似乎是先有"木球"的故事，然后才有"曲棍棒"的故事，主人公获得曲棍棒是在伊楠娜帮忙搭救了小青人之后。但无论怎样，正是因为有了"曲棍棒"，才牵引出伊楠娜的存在。

更为重要的，是被织入1号氍毹D层的两个小神【图5】。这两个形象，看不出性别。洛浦县博物馆的氍毹问世之前，在敦煌出土的于阗文献中，以及藏文的《于阗国授记》当中，几次出现过这两个小神，一叫Ttaśa，另一叫Ttara；在敦煌第98窟于阗国王李圣天的头上，也能见到两个飞天孩童的形象【图6】。一直以来，小神Ttaśa和Ttara被认为是一对小龙王。[1] 凡是神，皆有关于他们起源的神话。但在氍毹发现之前，一直弄不清楚二者的起源以及所司掌的范围。两幅大号氍毹起死复生的主题背景，清晰衬托出两个小神的身世。他们起源于伊楠娜下冥界的神话。

---

[1] 有关两个小神的文章，可参阅段晴，《新疆洛浦县地名"山普鲁"的传说》，尤其是第6页。亦参本书第一章第三节。

20世纪40年代，德国一位图书馆管理员最终破译了苏美尔语，传世的苏美尔语泥板上的故事得到逐一解析。苏美尔人留下的神话中有《伊楠娜下冥界》的故事，描述伊楠娜下冥界参加姐夫金牛的葬礼。伊楠娜的姐姐是司掌冥界的女神，住在暗无天日的地下，所以抱怨颇多。伊楠娜下冥界，在见到姐姐之前，必须经过七道门，在每道门前被要求卸下一件身上的物品。按照描述，经过第一道门时，伊楠娜被要求卸下头上的冠；第二道门时，卸下颈上戴着的青金石项链；第三道门时，卸下胸前的双璎珞；第四道门时，卸下胸前佩饰；第五道门时，卸下腕上的金镯子；第六道门时，卸下青金石的丈量绳和丈量杖；第七道门时，伊楠娜被要求脱去裙装。赤身裸体的伊楠娜，在姐姐投射来的死亡的目光下，变成了一具死尸，被挂在墙上。三天后，伊楠娜的仆人按照她临走前的嘱咐，向天神求救，于是天神从左右手的指甲盖里抠出两坨泥，制成两个无性神，让他们进入冥界，先去安抚伊楠娜的姐姐，然后将生命水和生命食物撒在伊楠娜的身上，伊楠娜才站了起来。我有个学生罗鸿，现在是四川大学的著名教授了，他曾经自问自答："为什么伊楠娜可以起死复生？因为伊楠娜是唯一经历过死而复生的神。"我认为他的判断是符合逻辑的。

两尊小神起源于苏美尔神话，这也就"定性"了氍毹D层位于双树间的女神是苏美尔神话中的伊楠娜。所谓"定性"，还有另一层意思，苏美尔版的《伊楠娜下冥界》，还对应有另一阿卡德语版本的《伊什塔尔下冥界》，但这一版中，大神在帮助她起死复生时，仅创造了一尊小神。

要断定两幅氍毹D层两树之间的女神是苏美尔神话的伊楠娜，当然要以女神的所谓"标配"为最终依据。《伊楠娜下冥界》过七道门的描述，一方面是为了显示冥府的深不可及，但另一方面，其关键目的在于描述属于女神伊楠娜的标配，描述唯有她才能拥有的神的标识——她的饰品与服饰等。对比那些描述，我们竟然发现，洛浦县博物馆的氍毹是世间绝无仅有的、唯一表现了远古苏美尔女神伊楠娜形

图7 莫高窟第98窟于阗王李圣天脚下的女神

象的物件。伊楠娜过七道门时卸下的那些"标配",基本可以在织入氍毹的她的形象中找到。其中最为显著者有三:一是她颈上环绕的蓝白相间的项链,那应该是对青金石项链的呈现;二是她手腕上的黄金镯子;第三项最为重要,因为那是女神的标识,即女神握在手中的青金石的丈量绳和丈量杖。

必须说明,在于阗语文献中,来自苏美尔神话的伊楠娜并不叫作"伊楠娜",而是另有其名。[1] 简单说来,在敦煌藏经洞出土的于阗语文献当中,尤其在呼唤众神的祈愿文中,常见到一位女神的名字,这个名字出现在上文提到的两小神 Ttaśa 和 Ttara 之前,于阗语名为 būjsaṃjā-,或 būjsyajā-。从于阗语的文献中也能看出来,这位女神司掌生命,她的形象应该是出现在敦煌第98窟于阗王李圣天脚下的女神的样子【图7】,作为地母的她,保佑着于阗王李圣天的长生。但是,关于她于阗语名的来源,还有待探讨。在此,我称她作"长生女神",因为在古代于阗人的信仰中,她司掌生命,可以令人起死复生。她在于阗语故地不被叫作伊楠娜,或许也是神话元素发生地方性变异的结果吧。

---

[1] 对此的相关探讨,我曾经发表过一篇英语的文章,这里不再赘述。参见 Duan Qing, "Greek Gods and Traces of the Sumerian Mythology in Carpets from the 6th Century",《丝绸之路研究》第1辑,生活·读书·新知三联书店,2017年,尤其是第12—13页。

四 结语

新疆洛浦县博物馆的两幅大氍毹，十分珍贵。这种"珍贵"的含义是多方面的，既源自物质层面，更多则源自精神层面——它们保留了古代于阗文明的传统宗教信仰。织入氍毹的"神谱"，蕴含着丰富的神话信息，既有来自远古的苏美尔神话，又兼有古希腊的神话，生动体现了神话在古代民间的流通，反映了神话拥有的强大的"跨域"能力。但是，所有的神话，不会是一成不变的。神话的一些元素，或许会因为所服务对象的不同而得到引申、夸大、衍生，显示出地方特色，甚至发展成浓烈的地方性文明。

至于为什么会有这两幅氍毹的诞生？这两幅大氍毹与三幅方形氍毹之间有什么必然联系，更多揭秘，将在下一章完成。

第五章

神话与仪式

探秘古代于阗的原始宗教信仰

"苏摩献给萨波梅里"
正是这句话被织入了三幅方毯
挑明了两幅氍毹神坛
以及三幅方毯所服务的仪式
萨波梅里正是
玄奘《大唐西域记》中挺身而出
献身于人祭祈雨仪式的大臣

本章基于《神话与仪式——以观察新疆洛浦博物馆氍毹为基础》(《民族艺术》,2010年第5期)一文修订而成,原为2018年3月14日作者在北京大学中文系"民间文学前沿讲坛"进行的同题讲座。

今天探讨神话与仪式，主要是因为洛浦县博物馆的氍毹上隐含了令人称奇的神话，而种种迹象显示，这些神话曾经服务于某种真实的宗教仪式。揭示这些神话及其所服务的仪式、民俗，最终目的在于揭示古代于阗的原始宗教信仰。

关于古代于阗故地的宗教信仰，众所周知的是，于阗王国庇护佛教，大乘佛教曾经在于阗王国盛行。但是，于阗王室及其所代表的传统，在信奉佛教之前是否崇信过其他宗教？在崇信佛教的同时，是否仍然有其他宗教信仰并行？由于历史材料的匮乏，这些问题并未得到明晰的答案。一般认为，从语言学的范畴出发，于阗语是中古伊朗语的一支，而古伊朗文化圈的民族多信仰拜火教/琐罗亚斯德教，以拜火教/琐罗亚斯德教的神话与仪式主导其宗教生活，所以古代于阗或也曾流行过拜火教/琐罗亚斯德教。

而洛浦县博物馆的氍毹，显然处于上述已知判断之外，展现了令人惊异的、前所未闻的宗教民俗之源。在聆听了关于氍毹的神话阐释之后，有人或许会发出这样的疑问：那氍毹上怎么囊括了那么多的神啊？你又是怎么追溯到希腊神话，甚至两河流域文明、苏美尔文明的？针对我的阐释，历史学家认为，必须先找到文明传播从西亚到和田绿洲的各个点，并在各个点上找到遗落在沿线的相同的文明痕迹，由此，宣称氍毹上有苏美尔文明之遗存的理论方可成立。

探索人类文明，应兼顾多种方法。氍毹上呈现了丰富的神话，并且给出了神话与仪式结合的清晰线索。如果从诠释神话的理论方法出发，反而可以发现隐藏在氍毹背后的真实历史。神话代表了虚构的世界，而仪式则是现实。本章将以神话的虚拟世界为一条线索，以其所服务的真实世界为另一条线索，以达到揭示古代于阗宗教信仰以及民俗之源的目的。

谈及神话，就涉及一些令人纠结的基本问题，例如什么是神话，为什么历史上会有那么多神话，以及今天为什么还要研究神话。记得最初接触印度神话时，有些摸不着头绪。以印度教三大神之一的因陀罗为例，在《梨俱吠陀》中，因陀罗是最大的神。如果按照人类的道德标准衡量，大神因陀罗之坏，十恶不赦。他是大地与天空结合而生的，寄养在工匠大神家中，工匠大神为他打造了棒子，从此他拥有了金刚杵。工匠大神家里有长生不老的灵药，不传外人，因陀罗偷喝灵药，养父的儿子发现并试图制止他，他遂用工匠大神赐予的棒子打死了养父的亲生儿子。因陀罗因偷喝灵药，获得长生，力气增长，之后又打死了父亲老天爷。[1]当然，这只是神话，关乎神之间发生的事情。大约是《梨俱吠陀》时代的古人相信，是因陀罗用手中的金刚杵击打老天，所以才有雷电，所以才下雨。因此，因陀罗被尊为雨神，享受人间的供奉。由此看来，弗雷泽的理论是有道理的。他认为，所有神话原本皆服务于宗教仪式，只不过因为年代久远，我们往往无从知晓神话与仪式之间曾经发生过什么样的联系。

神话反映的是人和自然的关系。按照弗雷泽的观点，人类最初发展出巫术，由巫术上升到宗教，再从宗教过渡到科学。这样的发展进步，是基于人类对自然的认识。在巫术阶段，"愚蠢人类"中的某些人认为自己有能力左右自然界的现象。[2]当那些巫师发现，他们其实根本没有能力控制自然现象时，人们才转而相信，在强大的、不受控制的自然界背后，有强大的神灵，这便是宗教的诞生。现在看来，弗雷泽关于神话、宗教的解释是经典的，但仍不免片面。任何从现象出发得出的理论，正如产生理论的现象，皆可能是片面的。对于希腊神话、希腊宗教，弗雷泽了如指掌。因此，他对于神话和宗教的观察、阐释，多从此出发。如果进一步概括弗雷泽的逻辑，可知在他的理论中，神话以及宗教更多体现的是人与自然的关系。显然，弗雷泽并未接触到佛教，他完全不了解佛教，由此来看，他的观点是具有片面性

---

[1] 参阅 Thomas Oberlies, *Die Religion des Ṛgveda*, 详见 p. 247 及以下。
[2] 关于"人类愚蠢的错误"等观点，见 James George Frazer, *The Golden Bough*, p. 711。

的。佛教更关注人类社会，认为只有人可以成佛。但本文不是为了评论弗雷泽，而是要回顾他的经典理论：神话与特定的仪式相关，神话体现了人与自然的关系。凡是神话，例如上述《梨俱吠陀》的神话，尽管讲的是神灵之间发生的故事，但其真实目的在于服务人类。

以下将试图把握神话以及真实世界这两条线索，从而展开对洛浦氍毹的神话及相关仪式的探讨。首先回答上文提及的问题——那些来自希腊神话以及两河流域文明的众神，为什么会集中出现在氍毹之上？首先，还是让我们梳理一下出现在氍毹上的神谱。

氍毹第一层（A层）有可以来往于阴阳两界的神，如希腊神赫尔墨斯。

第二层（B层）有冥界王后佩尔塞弗涅。而这一层，出现了一个希腊词与于阗词组合而成的复合词，其前词是希腊的"冥界"，其后词原本借自梵语，表示"洲、岛"，所以可知，织入氍毹这一层的尽是冥界的神灵。佩尔塞弗涅身旁头戴王冠者，应是冥王哈得斯。

第三层（C层），来到赫菲斯托斯这一组，可以将赫菲斯托斯看作协助吉尔伽美什敲开伊楠娜大门的人，吉尔伽美什最终见到了伊楠娜。

第四层（D层），这层展现了氍毹真正要崇敬颂扬的女神，即长生女神伊楠娜。她站在双树之下，黄色的是生命之树，另一棵应是万籽树。

除此之外，1号氍毹上伊楠娜旁边吹横笛的，也应是一位广泛流行于西亚地区的女神。她应该是伊什塔尔【图1】。按照弗雷泽的描述，希腊神话中的阿多尼斯，即阿芙洛狄忒喜欢的那个少年，在西亚的神话中其实叫作塔穆兹（Tammuz）。在巴比伦阿卡德语文献中，塔穆兹是女神伊什塔尔的情人。而伊什塔尔是巴比伦神话的母神（the great mother goddess），她是自然界再生能量的化身【图2】。虽然在巴比伦泥板上未能找到她与情人塔穆兹结缘的故事。但塔穆兹死去，伊什塔尔追随他下了冥界，进入暗无天日的房屋，屋子的门和门闩上布

图1　1号氍毹D层手持横笛者，即伊什塔尔　　图2　古巴比伦时期的"夜女王"浮雕版，反映了伊什塔尔的形象。约公元前1830—前1531年，现藏大英博物馆

满灰尘。当女神进入冥界时，所有的爱情都停止了，人和牲畜都停止了交配，不再延续后代，一切生物面临灭绝。她下冥界的故事，犹如伊楠娜下冥界的简写本。所不同的是，为救伊什塔尔，大神仅造化出了一个小神，让他为伊什塔尔洒上生命之水，令女神重返阳间，自然万物乃恢复生长。巴比伦的神话保留了多首伊什塔尔对塔穆兹唱的挽歌，其中最著名的一首叫作《长笛悲悼塔穆兹》（*Lament of the Flutes for Tammuz*）。她的笛声是哀乐，哀怨的笛声一起，万物便不再生长。[1]

经过梳理，线索便凸显了出来：氍毹上的神谱确实繁杂，来自多个文明，若以时间顺序排列，最古老的是伊楠娜，或许还有双树；

---

[1] James George Frazer, *The Golden Bough*, p. 326.

然后是伊什塔尔,以及希腊的诸神。这些神的聚集,必然体现了一个古老民族的民间信仰,体现了尚未被认知的古代于阗的宗教。崇信这一宗教的民族显然不排斥来自古希腊万神殿的神灵,但这并不意味着该民族放弃了自己的原始宗教而改宗信奉了古希腊的诸神。正如上一章所分析的,两幅氍毹以营救进入了冥界的小人为线索,串联起一个个神灵,展现了求助型的故事结构,而最终帮助主人公实现愿望的神是主神。所以整部氍毹画卷,就是一部宣言书,是具备起死复生之神力的长生女神的宣言书。这说明,古代于阗的原始宗教中,长生女神是被崇信的主神。

但是显然,氍毹上的神灵经过了选择。为什么偏偏选择聚集这些神呢?以古希腊的万神殿为论,其中供奉的神灵众多,脍炙人口者有宙斯、波塞冬等。为什么舍弃其他希腊的神灵,而仅仅挑选了如赫尔墨斯、佩尔塞弗涅等与冥界、长生相关联的神呢?尤其是,如上一章已经点到的,在希腊神话中,佩尔塞弗涅总是与其母德墨忒尔一道出现,而两幅氍毹为何偏偏选中佩尔塞弗涅,却没有提到她的母亲呢?放之四海而皆准的一条规则认为,凡是经过特殊制作的东西,必然是为了服务于某一个特定目标。氍毹上的神话必然服务于特定的仪式。而在所服务的仪式中,这块氍毹应是作为神坛而存在的。

一 氍毹神坛:格里芬隔开神俗两界

神的聚集处便是神坛。我们所习惯见到的神坛,多在楼堂庙宇之中。庙宇才是神聚集的地方、接受供奉的地方。但在古代,对天神献祭并不一定在庙宇中举行。以印度古代宗教为例,其核心文献是四吠陀,而其中最为古老而著名的是《梨俱吠陀》。那是一部合集,包含了仪式所用的赞颂天神的歌、祭天神仪式的祝词。《梨俱吠陀》反映了古代印度乃至古代伊朗文明中曾经实行过的宗教仪式,这些仪式供奉的天神可谓纷繁多样,涉及天地日月星辰以及雷神、雨神、水神,等等。有学者甚至认为，可以吠陀赞歌为线索来了解某些仪式的细节。[1] 不过，这赞歌的合集却反映了一项重要的"不存在"，这就是庙宇建筑的不存在。"针对吠陀仪式，没有庙宇或者持久性建筑。更多情况下是针对每一次的仪轨，按照其自然性质的特殊要求而重新选择一处圣地。"[2] 这里提及《梨俱吠陀》以及古代的宗教仪式，目的在于阐明，对天神的祭拜可以不在庙宇而在露天举行，只要选择适合献祭牺牲的地方即可。使用氍毹表现众神的聚集，提示了这两幅氍毹原本应是为了露天的祠祭而准备的祭坛。若非露天进行的宗教仪式，何必要使用经过特殊织造的坛场？庙宇内更适合树立单体造像，因为庙就是按照一定规格而建立的、为宗教仪式服务的道场。

《梨俱吠陀》的时代毕竟太遥远，似乎缺乏直观的形象对比。若将两幅氍毹与仍可在藏区佛教寺院观察到的道场做一番类比，其道场功能便似更清晰了。佛教道场，又叫作曼陀罗，或者坛城，按照英译，可叫作 Magic Circle（魔力圈）。曼陀罗呈几何图形，在方形或者大圆形中画出圆形【图3】。它象征着神居住的地方，受到祈请的神居于曼陀罗的中央。举行宗教仪式时，人们按照仪式的规则，供养、焚香、念咒语，呼唤神赋予神力。[3] 举行重大仪式时，藏传佛教的僧侣常常要重新画曼陀罗。

当然，《梨俱吠陀》所反映的宗教仪式，属于早期印度教。曼陀罗、坛城以及画有曼陀罗的唐卡是藏传佛教的习俗。形式的不同反映了宗教归属的差异。实际上，洛浦县博物馆几幅氍毹所表现的神坛十

---

[1] 参阅 Thomas Oberlies, *Die Religion des Ṛgveda*, pp. 270-271。

[2] 原文："There were no temples or permanent structures devoted to Vedic ritual. Rather, a sacrificial ground was chosen anew for each performance according to certain characteristics required of its natural features." 引自 S.W. Jamison and M. Witzel, "Vedic Hinduism," *The Study of Hinduism*, ed. Arvind Sharma, The University of South Carolina Press, 2003, p. 33。婆罗门教没有庙宇，这是共识。

[3] 关于藏区佛教曼陀罗道场的参阅文献较多，例如 Antoinette K. Gordon, *Tibetan Religious Art*, Columbia University Press, 1952, p. 24。

图3 15世纪西藏的喜金刚曼陀罗,藏美国大都会艺术博物馆

分直观,构成神坛的关键,在于环绕在氍毹周边的图案。而正是这些图案,表征了氍毹神话的宗教归属。那正是我们迄今为止尚未揭晓、尚未认知的古代于阗人的宗教。在本书引子《最后的斯基泰人》一章中,已经介绍过新疆山普拉1号墓出土的、具备浓郁希腊风格的文物,以及王睦教授具有突破性的见解。古希腊与斯基泰文明的交融,更加具体、多样地出现在洛浦县博物馆的氍毹上。依据2017年6月北大考古文博学院吴小红教授对氍毹做的碳十四分析结果,洛浦氍毹应织成于公元420—565年之间。而依据出现在氍毹上的于阗文用字分析[1],这些氍毹应织成于公元560年前后。从山普拉公元前1世纪的希腊武士、绦裙,到洛浦氍毹,这中间居然相隔了几百年,证明于阗故地的传统

---

[1] Duan Qing, "Greek Gods and Traces of the Sumerian Mythology in Carpets from the 6th Century",《丝绸之路研究》第1辑,第2页。

图4　A　山普拉1号墓出土绦裙上的纹样
　　　B　洛浦氍毹周边图案

在几百年内都未曾根本改变。

　　洛浦氍毹周边所用图案，与山普拉绦裙的图案是一脉相承的，只是更加抽象【图4】。如果没有山普拉的绦裙图案做比对，已经很难看出其格里芬扑咬偶蹄兽的主题。洛浦氍毹其实也补足了山普拉希腊—

斯基泰文物的遗憾，因为有议论认为，绦裙未与裤子缀合出现，或许绦裙是另加入墓葬中的。而洛浦氍毹上，格里芬扑咬偶蹄兽的图案就围绕在希腊神灵的周边。

洛浦氍毹的意义重大。其意义并非在于显示了希腊与斯基泰风格的融合，而是相反。关于谁是斯基泰人，谁是塞种人，一般的观点认为，黑海以北、以东，是斯基泰人的故乡，斯基泰是古希腊人对所谓"野蛮部落"的称呼。而中国古代汉籍文献中的塞种人，即古代波斯铭文中的sakas，指散布在阿姆河与锡尔河之间的和生活在中亚地区乃至新疆丝路南道各个绿洲的部族。不过，无论是古希腊史籍中所谓斯基泰人，还是汉文史籍的塞种人，他们的特征虽然明显，例如头戴尖帽子、以格里芬为共同的神物等，但迄今为止，没有人知道他们的原始信仰。有人甚至认为斯基泰人的原始信仰与萨满教相差无几。[1]而洛浦氍毹则鲜明表现了其原始信仰，至少苏美尔的伊楠娜，于阗故地记载中的长生女神，是他们崇敬的神灵。如果说，王睦睿智地分析并揭示了公元前1世纪于阗故地的居民或许是所谓"希腊—斯基泰人"，那么，现在凭借洛浦氍毹可以进一步修正王睦的观点。留下这些图案的，并非接受了斯基泰人或者塞种人文化的希腊人，而应将主次颠倒，他们是真正的斯基泰人，是他们吸纳、接受了希腊多神教的众多神灵。

洛浦氍毹的意义不是狭隘的，不是地域性的。洛浦县博物馆的五幅氍毹皆采用了格里芬扑咬偶蹄兽的抽象纹样作为周边图案。而1号、2号氍毹的中心画作表现的是各个神灵，既有来自两河流域文明的，也有来自希腊万神殿的。这说明，格里芬扑咬偶蹄兽的图案具有特殊的意义。图案的作用，在于隔离开神界与人间。这就是为什么，同样题材的绦裙在山普拉的各个古墓葬中出土了很多。现在，又发现了五

---

[1] Ellis Hovell Minns, *Scythians and Greeks: A Survey of Ancient History and Archaeology on the North Coast of the Euxine from the Danube to the Caucasus*, Cambridge University Press, 1913, p. 26.

件洛浦氍毹,格里芬扑咬偶蹄兽之图案围绕着众神,其图案的真正意义皎然明朗。使用这一图案,目的在于区分开人界与天界,圈内是神灵,圈外是世俗,而人死后的灵魂归属于神界。这就是传统的斯基泰人的信仰,存留在古代于阗斯基泰人的习俗中。

格里芬扑咬偶蹄兽的图案,经过了从生动具体到抽象的演变过程。在出土于乌克兰的托尔斯塔娅·莫及拉斯基泰人大墓的黄金护心配饰上,可以看到生动的描绘:两个格里芬正抱住一匹马撕咬。从这件首饰的层次看,马匹似乎代表了试图闯入神界的世俗界。而在山普拉的绦裙上,那图案已经抽象化,但仍多少可辨认出鹿角以及翅膀的形象。到了洛浦氍毹的阶段,那已经是公元560年前后了,原始的模样几乎不可辨认,唯剩下红、黄、蓝织成的图案。然其威力依旧在,依然环绕着神圣不可侵犯的神的住地,组成神坛【图5】。

以形式而观,1号、2号氍毹是独特的神坛设计。织入氍毹的是古人的神话,反映了斯基泰人源远流长的宗教信仰。神坛,是接受崇拜的客体,是人吐露愿望的地方。神坛上的神总是因专门的祈请仪式而受到召唤。上文通过梳理氍毹的神谱,发现聚集在氍毹神坛上的神,或者与冥界相关联,如赫尔墨斯;或者司掌冥界,如佩尔塞弗涅;或者拥有长生的灵汁,如大工匠神赫菲斯托斯/图阿湿斫;而主神长生女神,则具备起死复生的神力。如果说,氍毹神坛,是用于古代于阗丧葬仪式的,是为已经死去的人举行的某种仪式,这样的假设似与氍毹主司起死复生并不违背,更何况那些格里芬扑咬偶蹄兽的图案本就多见于墓葬之中。但是,如果认为这样的氍毹神坛就是用于普通民间的丧葬仪式,似乎不恰当。原因在于,假若如此,那么画有长生女神形象的文物应该更多些,至少在于阗斯基泰人的墓葬里应有类似发现。目前洛浦县博物馆的氍毹,却是唯一的发现。现在看来,虽然可以认为氍毹反映的神话在古于阗民间拥有绵长的历史,又有山普拉出土的斯基泰人裤子/挂毯、绦裙为佐证,但那几幅氍毹的织造,应是为了特殊的事件,而且并非为了丧葬仪式。上文已说到,几幅氍毹织

第五章 神话与仪式

A 乌克兰斯基泰人大墓的黄金护心配饰局部

B 新疆山普拉古墓绦裙上的图案

C 洛浦氍毹外层上的图案

图5 格里芬扑咬偶蹄兽的图案，从具体到抽象的过程

成的时间，如果按照碳十四的测年，应在公元420—565年之间，而从语言文字来分析，织成的年代应在560年前后。那些年，究竟发生了什么，需要织出如此豪华的氍毹神坛呢？

二 "苏摩献给萨波梅里"

与1、2号氍毹一同出土的，还有三块方形毯。三幅方毯同样使用了红、蓝、黄三种色，那是山普拉墓葬绦裙的传统用色。三幅方毯都织入了两小人的图案，与1号氍毹第四层（D层）右侧的一双小人一样，皆有无性的特征，看不出他们是男还是女。他们手中握着象征吉祥的飘带[1]，做供奉的姿态。环绕于方毯四周的，依然是格里芬扑咬偶蹄兽的图案。由此判断，他们只能是那一双小神，拥有恢复生命的神奇力量。

三幅方毯上皆有一行婆罗谜字，表达同样一句于阗语，如下：

spāvatä meri sūmä hoḍä

这一行于阗语，尽管每一个词都清晰可辨，但其实整体句义初看时却不甚明了。如果仅从句子的语法形式出发，确实可以有多种解释的可能性。所以，当我在2012年发表英语文章解读这一行字时，选择了遵循词序来做的翻译，并在2014年发表的汉语文章中沿用了当初的选择。[2] 我当初给的译文是"萨波梅里供养给Sūma"。现在看来，2014年的译文是错误的。对于这一句话的意义需要重新考察。

令我犹豫并导致错误翻译的，是第三个词sūmä。在现存于阗语

---

[1] 参阅本书《飘带来自吉祥——反映在古代于阗画中的祆教信仰符号》一篇。
[2] 英语文章：Duan Qing, "The Inscriptions on the Carpets Found at Shanpula, Luopu (Lop) County, Xinjiang"。汉语文章是《新疆洛浦县地名"山普鲁"的传说》。相关内容见本书第一章。

文献中，该词只是作为"月曜"出现在敦煌藏经洞出土的于阗语发愿文，排列在日月星辰的神化形象当中。在撰写《新疆洛浦县地名"山普鲁"的传说》一文时，我曾恍惚认为sūmä是圣僧的名号，是于阗语Sūmapauña的缩写。但那时还是心存疑惑，如果三幅方毯皆是为了献给一个叫sūmä的人，为什么没有给出他的各种光辉名分呢？这似乎不符合供养的礼仪。尤其两幅大型氍毹的神话讲述了起死复生，讲述了灵汁的起源，用此神话的诸神所构成的神坛，服务于三幅方毯所献之人，如此大的礼仪，怎能不给出受益之人的名分呢？

Sūmapauña一词，是复合词。拆分之后，可得到前词sūma，后词pauña。先说后词。该词相当于梵语的puṇya，词义为"福德"。按照逻辑，当复合词作为人名时，拆分之后，作为限定词的前词名词，不可能与复合词所指是同一人。比如，那位化作龙沉入地下的圣僧叫Sūmapauña，即"Sūma的福德"，这个圣僧本人必然不是"Sūma"，因为没有人用自己的本名来限定另一名词而作为自己的名字。作为前词的sūma只能是表示"月"或者"苏摩"的那个词。以神名作为名字的前词，这种现象在粟特人名中十分常见。类似者如xwmδ't/Xōmδat，意思是"豪摩所赐"，或者"灵汁所赐"[1]，粟特语的xōm等于sūma。这里需要说明，粟特语与于阗语同属中古伊朗语，粟特人也是所谓塞种人之一支。

sūmä出自古印度语，相应梵语为soma。从词源出发，soma的词义首先是"苏摩"，即古代伊朗语的haoma（豪摩）。"苏摩"或者"豪摩"是古印度、伊朗神话中的神奇植物，这种植物的汁液可以令人长生。《梨俱吠陀》大量的颂歌是用于榨取苏摩汁的仪式，而伊朗神话也多有篇章讲述"豪摩"树。伊朗神话特有的双树，一棵是"豪摩"树，即生命树；另一棵是万籽树，世界上的植物均起源

---

[1] Pavel B. Lurje, *Personal Names in Sogdian Texts,* Iranisches Personennamenbuch Band II, Mitteliranische Personennamen Faszikel 8, Verlag der Österreichischen Akademie der Wissenschaften, 2010, p. 440.

图6 唐龙朔二年(662)联珠对鸟纹锦,藏新疆博物馆

图7 于阗语世俗契约封泥上的神鸟,藏国图,编号BH5-2

于这棵树。传说只有神鸟可以飞到万籽树上,将树上的万籽抖落在地,又经过天狼星的一番作为,万籽树的种子才得以在大地上生长。中国古代艺术文物中常见的所谓"联珠纹",正起源于神鸟传播万籽的传说【图6】。这鸟的形象就出现在公元8世纪上半叶的一件于阗语世俗契约的封泥上【图7】。[1]而双树的形象,就出现在两幅大氍毹上,长生女神便站立在双树之间。[2]种种迹象显示,于阗的斯基泰人熟知什么是"苏摩"。在此背景之下,再观察三幅方毯,其上所描绘的双神明显在做供养,他们是拥有生命之水的双神。那么,他们在供养什么?什么是他们的生命之水?

结合两幅大氍毹所描绘的神话,现在看来,应将 spāvatä meri sūmä hoḍä 的 sūmä 理解为"苏摩",即能令人起死复生、获得永生的灵液,那是双神拥有的灵汁。sūmä 是第一格单数,是句子的主语,而后面的动词 hoḍä 是动词 hor-(赐,给予)的被动过去分词,也是第一格单数。sūmä hoḍä = "苏摩被献了""灵汁被赐予了"。

梳理于阗语的句型,发现于阗语用于祝祷的句型似乎有特殊的词序规则。用于祝祷的句子,受益者的名字要出现在句首,但不是语法概念上的"主语",词干附加上为/属格的格尾。这样的句型目前已经发现三例。

第一例见于斯坦因当年在和田哈达里克发现

---

[1] 原图见段晴,《中国国家图书馆藏西域文书·于阗语卷》(一),图版38。
[2] 见本书第三章的内容。

第五章 神话与仪式　183

 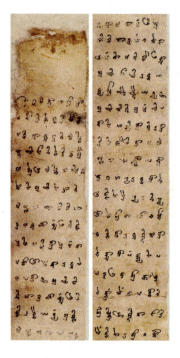

图8 和田哈达里克发现的一件长条形纸质护身符（KHA.I.50），选自 A. Stein, *Serindia*, XCI

图9 国图藏《对治十五鬼护身符》（BH1-18）局部

的一件长条形纸质护身符【图8】。护身符背面书有这样一句于阗语：sūrade rakṣa sarvakālya ṣīvi haḍāya āysdai yanāte，"唯愿此护身符于一切时，（无论）黑夜白天，护佑苏洛德（Sūrade）"。此护身符是为了一个名叫苏洛德的人而量身定制的，苏洛德（Sūrade）出现在句首，却是为/属格，句中第二个词rakṣa（护身符）是句子的主语，āysdai yanāte是动词词组，即"唯愿护佑"。[1]

第二例见于珍藏在国图的《对治十五鬼护身符》【图9】。那是一件接近2米的长卷，为一于阗贵妇而量身定制，保佑她美丽、多子

---

[1] 因为未能正确判断这一类句型的首词非主语，恩默瑞克曾经对词句有过错误理解，详见段晴，《对治十五鬼护身符》，《于阗·佛教·古卷》，第219页。

多福。卷末题记有这样一句话：mijṣe säväkä rakṣa sarvakālya āysdai yanāte ṣṣīvi haḍāya tta tta khu mara hvaṣṭa pūrānī pyālya himāte，"唯愿赛飞（Säväkä）夫人的护身符于一切时，（无论）黑夜白天护佑于她，令她此世儿郎繁多昌盛"。[1]这一句的关键句型同上例。

第三例便是织入三幅方毯的这句于阗语：spāvatä meri sūmä hoḍä，"苏摩献给萨波梅里"。位于句首的萨波梅里，其语法形式是为/属格单数。meri的词干必然是mera-，因为-i是以-a为末音的词的标准为/属格，早期于阗语的变化尤其会遵从这一规则。spāvatä是早期于阗语词，进入唐代文书，所见拼写皆是spāta，古代音译为"萨波"。在于阗的官僚体制中，萨波是高官，相当于部族首领，地位仅在王之下。可以将这萨波的名字音译作"梅里"，"梅里"似乎是丝路南道绿洲较为流行的人名。公元3世纪末有鄯善王叫Mairi，或者Mahiri，应与"梅里"同源。在句子当中，spāvatä meri才真正是动词hor-的间接宾语，"苏摩被献了"，正是被赐予给了这位萨波梅里。

三　苏摩（sūma）与山普拉（Sūmapauña）传说

spāvatä meri sūmä hoḍä，"苏摩献给萨波梅里"或者"灵汁献给萨波梅里"，正是这句话被织入了三幅方毯，挑明了两幅氍毹神坛以及这三幅方毯所服务的仪式。这仪式不是为了丧葬，而是为了制造"苏摩"，是为了萨波梅里而量身定制的。

先要问，什么是"苏摩"？这一问题将我们带入充满神秘的核心境界。要追溯"苏摩"一词，可上溯到印欧语系中说印度、伊朗语的各个部族尚未分庭抗礼的时代。在公元前1200年时已经成形的印度文化，在其最古老的口头赞歌的集成《梨俱吠陀》当中，"苏摩"是个高频词。如上文点到的，《梨俱吠陀》中大部分的赞歌皆是伴随苏摩

---

[1] 参阅段晴，《对治十五鬼护身符》，《于阗·佛教·古卷》，第207页。

的制作仪式而吟唱的。探讨"苏摩"与《梨俱吠陀》的宗教,甚至可以构成大部头的学术专著。[1]而在伊朗文明方面,在代表了古伊朗文化的《阿维斯塔》及其相应的诠释文献中,haoma(豪摩)依然是大量神话必然涉及的内容。似乎所有祠祭天神的仪式均有"苏摩"/"豪摩"的参与。

时间进入19世纪,一些西方学者悟到,古代印度、伊朗神圣仪式离不了的所谓"苏摩"/"豪摩",其实就是一种植物,从这种植物榨出的汁液可以令人高度兴奋、欣喜若狂,从而达到人神合一的境界。[2]从那时起,有西方学者开始研究,究竟哪种植物是制造"苏摩"/"豪摩"的原材料,以及如何制造方能获得。迄今为止,许多植物被认为有可能是制作"苏摩"/"豪摩"的原料。以德国柏林大学原印度学系法尔科(Harry Falk)教授的批评为观察,可以分为三类:第一类是其汁液可以令人产生幻觉的植物,例如大麻,以及蘑菇类。但是,法尔科教授认为,此类推测依据不足。第二类是可以经过发酵而制成酒精类饮品的植物,例如大黄、粟类,或者干脆就是葡萄。这一类也被法尔科否定了,因为无论是《梨俱吠陀》,还是琐罗亚斯德教的文献,在描述如何制作"苏摩"/"豪摩"时,根本没有提到发酵的时间。第三类便是兴奋剂类,例如麻黄。主张麻黄就是"苏摩"/"豪摩"制作原料的学者,有法尔科本人,他给出了十多种理由。择其要者,例如生活在印度的帕尔西人,他们是拜火教的继承者,直到今天仍以麻黄为"豪摩"仪式的原料。又例如,在卑路支、普什图语中,麻黄属植物的名称就是hum或者hom,而到了吉尔吉特地区,就是som或者soma,依然承袭了古代的名称。尤其是,法尔科注意到,在新疆罗布

---

[1] 例如Thomas Oberlies, *Die Religion des Rgveda*,其中探讨苏摩与《梨俱吠陀》宗教的篇章长达近200页。
[2] 探索"苏摩"/"豪摩"是何物质的文章汗牛充栋,可重点参阅Harry Falk, "Soma I and II," *Bulletin of School of Oriental and African Studies*, Vol. 52, No.1 (1989), pp. 77-90。

图10 新疆罗布泊小河墓地出土的麻黄草

泊地区大约三千年前的墓葬中,出现了大量麻黄【图10】,有的墓中有大量麻黄枝,有的尸体腹部被塞满了麻黄枝。[1]

以上对于何谓"苏摩"的讨论,仅是略作绍介,因为三幅方毯的于阗语句指明,氍毹神坛的建立,是为了把"苏摩"献给萨波梅里。

那么,谁是萨波梅里?为什么要为他举行献"苏摩"仪式?在《梨俱吠陀》的神话中,天神因陀罗喝了"苏摩",威力猛增,打败了魔鬼。而在现实世界中,传说第一次世界大战时曾实验过让士兵吃从麻黄提炼的精华,以让他们保持警醒、增强战斗力。虽然如此,却不能认为将"苏摩"献给梅里,是为了增加他的力量,让他去参加一场战斗。因陀罗服用"苏摩"的神话,提示了时间的先后顺序,即他喝下"苏摩"时,人至少是活着的。这也是为什么发现氍毹的地方,并不在传统的山普拉墓地。代表了古代于阗文明的山普拉墓地并没有发现过类似的氍毹神坛,这些氍毹不是服务于丧葬仪式的。

此刻我们讲述"苏摩",仍然不能偏离几幅氍毹的语境,不宜大量引用古印度、古伊朗的文献来说明"苏摩"/"豪摩"的功能。回到氍毹的语境当中,其实可以发现两幅大氍毹神坛与三幅方毯之间的关联是清晰的。氍毹神坛代表了神话,而三幅方

---

[1] 这段的观点多摘录自 Harry Falk, "Soma I and II" 一文。关于罗布泊古墓葬出土麻黄的情况,可参阅夏雷鸣,《古楼兰人对生态环境的适应》,《中国社会科学》1997年第3期,第115—129页。

毯则指向人间，体现了神话为人间所用。展现在五幅氍毹上的语言、神灵、神话的细节，看似兼容了多种文明的元素，却是烘云托月，衬托出斯基泰人信仰的主脉。

三幅方毯给出的sūmä（苏摩）一词，发音上似与印度语中的soma一脉相承。氍毹上展示了生命树，隐含了"苏摩"源自生命树的信息，这又与伊朗神话"豪摩"源自生命树的神话吻合。但是，古伊朗神话的生命树在海中，而斯基泰人的生命树生长在苏美尔神话中伊楠娜的花园。曾经让伊楠娜复生，救女神出冥界的一双小神握有生命之水，这生命之水才是能令人起死复生的灵汁。而这生命之水，就是三幅方毯上的sūmä，由一双无性小神献给了萨波梅里。氍毹神话所传达的意旨是：献给萨波梅里"苏摩"，是希望他永生。

自然界有暗物质之说，它们的存在只能从可见物质无缘无故发生位置移动而得知。在语言的世界里，也有一种逻辑：当特别强调一件事情时，实际上会有其他不同的物质或者相反的事情发生。氍毹神坛上，有受到召唤的长生女神，她体现了斯基泰人的原始信仰。三幅方毯，也是神坛，是一双小神Ttaśa与Ttara把充分体现了神力、能永生的"苏摩"献给梅里的神坛。这些聚集众神、启用一双小神的神坛，表达了强大的愿望，他们希望梅里永生。

氍毹神坛的制作，是为了一场仪式。求其永生的意愿的镜像是生离死别，萨波梅里即将赴死。那么，这是什么规格的一场仪式？是梅里的家族行为，还是有国王出面的国家行为？从氍毹神坛的规格看，似乎是国家行为。洛浦的五幅氍毹，大者长2.65米、宽1.5米，三幅方毯的尺寸皆是1.18米×1.18米【图11】。而且所谓氍毹皆是双毯制，二毯上下合一而成。如此巨大而厚重的地毯，即使拿到现代，其制作周期也会很长，造价也必然不菲，何况是在古代。似应是倾国力而织造的。萨波梅里究竟要做什么，而使神人齐心合力来制作"苏摩"，令其永生？

第一章提到，藏文《于阗国授记》中记载了一位名叫Sum-pon

图11 洛浦县博物馆的氍毹，以人为对照，可见其规格

的高僧，为了让干旱而断流的河水续流，他发愿放弃即将修成的正果，而变成一条龙，沉入地下。这位高僧为续流舍身的故事，体现了古代于阗人关于人与自然之关系的理念。在于阗王国，这一事迹必然曾影响深远，因为他的名字，即于阗语的 Sūmapauña，永驻于于阗语的神谱当中，至今地名"山普鲁"，还在诉说这一事迹。但是，《于阗国授记》的记载也有几分蹊跷。其一，藏文的记载具有浓烈的佛教色彩，但 Sūmapauña 却绝非佛僧应有的名字，而显然是外道的。《梨俱吠陀》是最典型的外道经典，一个佛僧如何能用《梨俱吠陀》中的高频词 sūmä 做自己的名字呢？按照常识，加入僧团的信徒，没有不重新起名以突出佛教色彩的，更何况是即将修成阿罗汉果的高僧。其二，依照藏文的记载，高僧 Sūmapauña 原本是人，从人变成龙，甚至进入了于阗的神谱，这么重要的人怎么会在其他文献里没有记载呢？

第五章 神话与仪式　189

《于阗国授记》关于高僧变龙的传说，提醒我们再去翻阅古代汉文的记载。中国古代，多有西行求法高僧前仆后继，有些曾经逗留在于阗王国，留下关于于阗王国的记载。这些记载大多得到了印证：或被印证为历史事实，或被印证确实曾是来自于阗故地的传说。

例如法显。他三岁出家，于东晋隆安三年（399）从长安出发，经河西走廊、敦煌等地，大概顺和田河穿越塔克拉玛干沙漠，于5世纪初到达于阗王国。停留数月后，法显取道今印度河流域，经今巴基斯坦入阿富汗境，再返巴基斯坦境内，后东入恒河流域。在摩竭提国（即摩揭陀）留住三年，学梵书佛律。与他同行的僧人或死，或留在天竺，而法显后来则从海路回国。《高僧法显传》记载，当法显到达于阗国后：

> 国主安顿供给法显等于僧伽蓝。僧伽蓝名瞿摩帝，是大乘寺。三千僧共揵搥食，入食堂时威仪齐肃，次第而坐，一切寂然，器钵无声。净人益食，不得相唤，但以手指麾。[1]

法显记载的瞿摩帝寺被证实确实存在，持续的时间长达数百年。近年来发现一部《无垢净光大陀罗尼经》的完整于阗语本，正是为了瞿摩帝寺去世的僧人而书写的，并作为随葬法舍利而埋入塔中。[2]

《洛阳伽蓝记》中有宋云入五天竺记，其中有对于阗国王装束的描写："王头着金冠，似鸡帻，头后垂二尺生绢，广五寸，以为饰。"所谓"头后垂二尺生绢，广五寸，以为饰"，是古代伊朗文化圈王者的特殊装饰。飘在头后的两条飘带表征着王者的荣耀。[3]敦煌第98窟于阗王李圣天的身后，还可以依稀看到两条垂下的飘带。

但是，无论法显还是宋云，皆未记载因为天旱有人自愿变为龙的

---

[1] CBETA, T51, p. 857.
[2] 段晴，《于阗语〈无垢净光大陀罗尼经〉》，中西书局，2019年。
[3] 详阅本书第二章的附文《飘带来自吉祥——反映在古代于阗画中的祆教信仰符号》。

事迹。玄奘在于阗停留的时间相对较长。玄奘到达于阗时,有于阗王室亲自迎接,并被安置在小乘的一所庙中住下,居住时间长达七八个月。尤其是,他所记载的于阗王国的风土人情、传说故事,许多得到了考古发现或于阗语、藏文记载的相应印证。例如关于于阗的特产,玄奘记载为:

> 瞿萨旦那国周四千余里,沙碛太半,壤土隘狭。宜谷稼,多众果。出氍毹细毡,工纺绩绝纫,又产白玉、䃁玉。[1]

这些于阗的特产全部得到了印证。其中"绝纫"是一种特殊的丝织品,根据玄奘讲述的桑蚕西传的故事,于阗故地是等到蚕破茧之后才收集蚕茧,先得丝绵,从丝绵纺线,再织成布。因此"绝纫"不如绢等平滑。于阗语缴纳税收的文书,多提到这种丝绸。[2]

翻阅玄奘的《大唐西域记》,可以发现玄奘擅于记载各地民间的传说故事,而对于于阗故地的传说和故事,其记载最为丰富,超过其他各地。这大约是因为他在于阗居住的时间最长久。其中也有些蹊跷的现象,例如瞿摩帝寺在法显笔下是最为恢宏的于阗佛寺,但是玄奘却只字未提。玄奘本人应是大乘佛教的拥趸,却被安排住在一所小乘寺院。于阗曾流传的传说故事,玄奘记录了十条之多,这些传说多与王室相关联。或许是因为,玄奘与于阗王室有更多的接触。在被记载下来的传说中,有一则文字十分生动。依循玄奘几乎是如实的描述,那事件所有的场面仿佛历历在目。这则传说便是"龙鼓传说"。

---

[1] 季羡林等校注,《大唐西域记校注》,第1001页。
[2] 可参阅的文献较多,例如 Duan Qing and Helen Wang, "Were Textiles used as Money in Khotan in the Seventh and Eighth Centuries?" *Journal of the Royal Asiatic Society*, Vol. 23, No. 2 (Apr. 2013), pp. 307-325。

四　玄奘《大唐西域记》中的"龙鼓传说"

《大唐西域记·龙鼓传说》:[1]

> 城东南百余里有大河,西北流,国人利之,以用溉田。其后断流,王深怪异。于是命驾问罗汉僧曰:"大河之水,国人取给,今忽断流,其咎安在?为政有不平,德有不洽乎?不然,垂谴何重也!"
>
> 罗汉曰:"大王治国,政化清和。河水断流,龙所为耳。宜速祠求,当复昔利。"
>
> 王因回驾,祠祭河龙。
>
> 忽有一女凌波而至,曰:"我夫早丧,主命无从。所以河水绝流,农人失利。王于国内选一贵臣,配我为夫,水流如昔。"
>
> 王曰:"敬闻,任所欲耳。"
>
> 龙遂目悦国之大臣。
>
> 王既回驾,谓群下曰:"大臣者,国之重镇。农务者,人之命食。国失镇则危,人绝食则死。危死之事,何所宜行?"
>
> 大臣越席跪而对曰:"久已虚薄,谬当重任。常思报国,未遇其时,今而预选,敢塞深责。苟利万姓,何吝一臣?臣者国之佐,人者国之本,愿大王不再思也!幸为修福,建僧伽蓝!"
>
> 王允所求,功成不日。其臣又请早入龙宫。
>
> 于是举国僚庶,鼓乐饮饯。其臣乃衣素服,乘白马,与王辞诀,敬谢国人。驱马入河,履水不溺,济乎中流,麾鞭画水,水为中开,自兹没矣。

---

[1] 季羡林等校注,《大唐西域记校注》,第1024—1025页。为方便阅读,笔者对这段话进行了重新分段。

顷之，白马浮出，负一栴檀大鼓，封一函书。其书大略曰："大王不遗细微，谬参神选，愿多营福，益国滋臣。以此大鼓，悬城东南。若有寇至，鼓先声震。"河水遂流，至今利用。岁月浸远，龙鼓久无。旧悬之处，今仍有鼓池侧伽蓝，荒圮无僧。

　　这一节文字，有几处值得细琢磨。当初，于阗国赖以生存的大河断流，于阗王向罗汉僧咨询。更多史实证明，于阗王室确实曾庇护佛教，所以有事找罗汉咨询，合情合理。于阗王先验地认为，自然界的阴晴圆缺与王室相关，以为天不下雨是因为国王执政出现问题。而佛教僧侣显然不具备干预自然的能力。众所周知，佛教是为反对婆罗门教而诞生的。婆罗门教信奉吠陀天启，尊崇似乎能够掌握自然的天神，比如他们会向因陀罗求雨。佛教则不同，佛教是针对人类社会而建立的宗教，宗旨以人为关怀。例如，原始佛教以十二因缘为核心，宣讲修行，摆脱贪欲，不做干预自然的事情。佛认为，只有人可以成佛。但是，人类活在世界上，除了人与人的关系之外，还有人与自然的关系。尤其在和田地区，自古以来，自然与人类社会的关系便很严峻。当大旱持续不退、河水断流之时，当佛僧束手无策之时，民间尚存的传统信仰会认为是龙在作怪，于阗王室便转而求助于自家的原始宗教。

　　玄奘记载的这一关键点涉及于阗国王室的宗教信仰，他们虽然是佛教的庇护者，但自身恐怕还保留了原初的宗教信仰。至少在早期当如此。这里应补充一条《后汉书》的记载，当年班超来到于阗，于阗王"广德礼意甚疏。且其俗信巫。巫言：'神怒何故欲向汉？汉使有䯄马，急求取以祠我。'"于是于阗王遣使到班超处索要那匹浅黑色的马。班超得知，遂让巫师自己来取。"有顷，巫至，超即斩其首以送广德。"[1]此一则记载说明，在于阗王室的原始信仰中，有杀生祠祭天

---

[1] 范晔，《后汉书》，中华书局，2003年，第1573页。

神的习俗。这种习俗,既不符合佛教传统,也不符合琐罗亚斯德教的传统,而与氍毹神坛所反映的宗教是一脉相承的。

杀生以祠祭天神的宗教认为,自然嗜血。当大旱持续,导致大河断流,于阗王认为继而要做的事情,是举行人祭。这场人祭,以龙女丧夫,欲择一名贵臣为托词。而斯基泰人的人祭,显然不同于汉文化的人祭,并非从平民家找年轻女子,如西门豹的传说所记载的那样,而是要选拔真正的贵族。人祭,必然是面临重大天灾时的选择,需要牺牲一名贵族。正当国王犹豫不决时,一位大臣挺身而出,情愿牺牲自己,以利万姓。

这则大臣献身的故事,与上文转述的藏文《于阗国授记》之高僧变龙的传说,在本质上是一致的,都是因天旱水断流,情愿自我牺牲。只是《大唐西域记》与《于阗国授记》之间相隔了二百年。玄奘是644年到达于阗,而《于阗国授记》的成书年代当在830年,且成书地点或在敦煌。[1]《于阗国授记》最初应是来自于阗的佛教僧侣所撰写的,后来被翻译成藏文。它讲述了于阗王对佛教的扶持,更像是于阗佛寺的历史。但《于阗国授记》的珍贵之处在于,它记下了牺牲者的名字,那人叫作Sum-pon,而这个名字,即于阗语Sūmapauña,曾作为神灵出现在于阗语的发愿文中。玄奘的记载以及藏文《于阗国授记》,串起了同一事件的线索,诉说了这样的史实:有人确实曾经为天旱牺牲,以祠祭河龙。而sūmä出现在三幅方毯之上,那是献给萨波梅里的"苏摩",来自神灵的灵汁,可以起死复生,令他获得永生。五幅氍毹显示,牺牲人以祠祭,要经过隆重的仪式,将人变为神的仪式,即喝下可以永生的"苏摩"。升格为神灵的Sūmapauña以及地名"山普鲁"则证明,那位牺牲的人确实获得了永生。"山普鲁"或"山普拉",一直在纪念这位为了万姓而牺牲了的人,尽管人们已经遗忘了他的伟大事迹。

---

[1] 这里引用了朱丽双的研究成果《有关于阗的藏文文献:翻译与研究》,北京大学博士后研究工作报告,2011年(尚未出版),第8、10页。

上文已提到，5世纪初年停留在于阗的法显以及519年前后到达于阗的宋云，均未记录大旱而用人祠祭的事情，也未记录龙女求贵臣的事情，而玄奘却写下了。玄奘的记载真实而生动，这是因为，当玄奘于644年到达于阗时，大旱而实行活人祠祭发生的年代并未浸远，还生动地活在当地人的口述中。氍毹与玄奘的记载显示，用人祠祭曾经真实发生过。其发生的年代就应该在宋云离开之后到6世纪中期之间的三十年之内，因为三幅方毯上"萨波"的于阗语拼写是古老的形式，那些氍毹必然是在于阗语升级为官方语言之后不久织就的；而有证据显示，于阗语成为于阗国的官方语言应该在6世纪中期。[1] 这一时期，距离玄奘到达于阗还有不到百年的时间，惊天动地的事件还在于阗国广泛传颂着，这大约是玄奘笔下的记载依然生动的原因所在。

五　人祭：祠祭河龙的仪式

以下让我们依据玄奘的生动记录，回顾那场惊心动魄的事件，并且把氍毹的记载带入其中。

首先是于阗王国出现了连年大旱。依据中国气象提供的数据，隋唐之前，中国普遍进入冰川期[2]，反映在新疆的是持续不断的大旱。著名的鄯善王国也应该是在这一阶段消失的。连年大旱，让于阗王城东南那条百余里长、西北流向的大河断流。还保持着斯基泰人古老信仰的于阗王室很慌张，国王求助于佛教高僧，但佛教高僧擅长的是内在修行，不以自然界的天神为大。于阗王室遂启用传统的宗教信仰，祭拜神灵。得到的结论是，如此之大的旱灾，必须实行用人祠祭，理由

---

［1］　Duan Qing, "Greek Gods and Traces of the Sumerian Mythology in Carpets from the 6th Century",《丝绸之路研究》第1辑，第2页。
［2］　葛全胜等，《中国过去2000年气候变化与社会发展》，《自然杂志》2013年第35卷第1期，第9—21页，例如第10页："魏晋南北朝期间（公元221—580年），东部季风区的气候总体偏干；隋唐期间（公元581—907年）围绕过去2000年的平均干湿水平上下波动。"

是河中的龙女丧夫。根据斯基泰人的风俗,祭拜自然神灵,需要用勇士贵族的血。于是,一位大臣挺身而出。这位所谓的"大臣",他的真正官位是"萨波",名叫梅里。

玄奘笔下一句"功成不日",道出于阗举国上下曾为萨波梅里祠祭河龙的仪式做了充分准备,因为人要变成神,就需要用"苏摩"来实现。为了这样的仪式,王室下令倾举国之力织造氍毹神坛。为了打造五幅作为神坛的氍毹,履行传统宗教仪式的牧师,将千百年来口头传诵下来的神话织入了氍毹,以期召唤长生女神和两位小神的到来,令所制造的"苏摩"真正具有神力。

不久,大功告成,牧师提炼出"苏摩"。终于到了祠祭河龙的日子。那一天,河岸上站满了来自于阗国的贵族和百姓,为的是目睹萨波梅里入河变为龙,实际上是为了目睹萨波梅里慷慨捐躯。鼓乐奏响,那应是仪式的组成部分。萨波梅里换上白色的衣衫,绝绌为质。他从牧师手中接过"苏摩",一饮而尽。然后与国王辞诀,敬谢国人。他翻身上马,纵马向河中奔去。初时河水没有淹没他,"济乎中流"。但梅里决意赴死,于是再次挥鞭,从马上滚入水中,从此沉入水中。后来,白马浮出了水面,那是因为白马的身上绑了鼓,而鼓是有浮力的。白马活了下来。

萨波梅里获得了永生。他变成了神,所以有了新的名字,叫作 Sūmapauña,意思是"苏摩的福德",音译作"山普鲁"。而我相信,玄奘记载的人祭真实换来了几年的水流复昔,因为依据气象学的统计,进入隋唐之后,气候转暖,雨水增多。

至此,关于洛浦氍毹所体现的神话,以及氍毹神话与现实之间或许存在的关联,已经阐述完毕。阐述过程中,难免运用了想象。但是,文物是真实的,氍毹织造的时间,按碳十四测定的结果并考虑到于阗语的发展,应在560年前后。古代于阗人对长生女神的崇拜必然自古有之,但将其织入氍毹应是特别事件的结果。

以上试图以神话以及仪式为线索，梳理氍毹神话的宗教归属，探讨于阗王国传统的宗教信仰。不管萨波梅里是否就是龙女索夫事件的大臣，无可争议的事实是，那个事件证实了于阗王国有不一样的宗教信仰，既非佛教，也非琐罗亚斯德教。洛浦县博物馆的氍毹是古代于阗文明留下的、反映斯基泰人宗教信仰的真实文物。鉴于苏美尔文明的遗存出现在氍毹之上，总有一天，人类文明的历史会因为这氍毹的存在而重新书写。

附文　答问与评议*

氍毹神话叙事的结构

陈泳超（北京大学中文系民间文学专业教授）　您如何解释氍毹上那两棵树？

段晴　印欧语系本身就有树的崇拜。这两棵树分别是伊朗古代信仰中的生命树和万籽树，传说生命树的汁液能够使人长生不老。而关于吉尔伽美什神话中的"球"及"棒"，都是女神赐给他的。传说幼发拉底河发大水，将一棵柽柳树冲到了海里，伊楠娜便将它种在自己的花园里，希望未来以此材料做一张床。没想到柽柳长成后却被魔鬼占据，于是伊楠娜就请来了吉尔伽美什，他用手里的斧头赶跑了魔鬼，并用柽柳给伊楠娜做了一张床。伊楠娜为了答谢他，就把树根及树冠给了吉尔伽美什，他把树冠和树根做成了球和棒子。

学者是先破解了阿卡德语版的神话，即第12块泥板（此故事在开始时，球已经被扔进冥界了），之后才发现苏美尔语的版本，因此如何判断孰先孰后？从文明发展次序看，苏美尔文明的时间是较前的，所以人们就认为这可能是一个故事的两半。但是，我们看到新疆出土的这两块毯子，其内容与阿卡德语版本是一样的，即是以球掉入冥界为展开点。它实际上和苏美尔神话是没有关系的，因为从整个《吉尔伽美什》11块泥板即可发现，其着重表达的核心是"人永远无法超越生死"，而第12块泥板讲的却是起死复生。这里其实也能更明显看出"地方性"就是"目的性"，任何神话都是为了实践"目的"。

---

*　本篇附文以第四、五两章的相关问答、评议与讨论为基础（原刊《民族艺术》2018年第4—5期，略有节选），即段晴在北京大学中文系民间文学专业的两场讲座后的现场讨论与评议的实录，并且节录一部分中文系民间文学专业的学生在之后进行的专题性讨论。

李梦（北京大学中文系民间文学专业2017级博士研究生） 您在文章中提到，曾经猜测那个工匠神赫菲斯托斯位置上的人物可能是《梨俱吠陀》中的图阿湿斫，因为他和起死回生有更直接的关联，为何您最后仍然将该人物认定为赫菲斯托斯呢？

段晴 主要是依据阿芙洛狄忒及那个网，这里实际上是巧妙地用了一个情节来表现出个人标配不明显的赫菲斯托斯。同时，我还认为，阿芙洛狄忒同样和冥界有关，因为她也可以进入冥界。

陈泳超 那么，氍毹为什么要表现赫菲斯托斯？赫菲斯托斯在这情节中有什么作用呢？

段晴 我今天更多地认为，这里表现赫菲斯托斯是为了表现阿芙洛狄忒，因为阿芙洛狄忒的形象无法通过标配来表现，故只能通过工匠。我们看到吉尔伽美什在经过那层之后，身上多了一些工具，而且赫菲斯托斯拿的就是神汁葡萄汁，他本身是长生不老药的发明者，他们俩都在为主线"起死复生"服务。

陈泳超 但是，如果要表现阿芙洛狄忒的话，可以像波提切利的名画那样画成一位站在贝壳上的女神，她是可以有标配特征的，为什么氍毹要用这么复杂的情节来指认阿芙洛狄忒呢？

段晴 说明在这里，赫菲斯托斯也是有用的。

陈泳超 但我觉得他有用的地方应该不在于其工匠的身份。您说《梨俱吠陀》里的工匠和这里的赫菲斯托斯有很大的关联，而《梨俱吠陀》里的工匠神图阿湿斫明确有使人长生不老的东西，可能这些连起来还更有说服力一些。

此外，为何前面我要问这两棵树呢？因为您前面的几篇文章我一直看不太明白，究竟是阿卡德语版的第12块泥板《吉尔伽美什》在前，还是苏美尔语版的《吉尔伽美什与柽柳之树》在前？如果按照原来《柽柳》故事在前的说法，那么吉尔伽美什那时已经把树给

第五章　神话与仪式　199

砍掉了，然后做了"球"和"棒"，"球"再掉到冥界去。所以氍毹上吉尔伽美什到伊楠娜边上时，应该已经没有两棵树了。

段晴　这个就是"地域性"的问题，我并不认为苏美尔的神话跟这个神话是有联系的，那个神话只是讲了"球"和"棒"的产生，和第12块泥板是没有关系的。而第12块泥板的核心，讲的就是起死复生。我把它认作《吉尔伽美什》史诗，并不是因为它们都有"吉尔伽美什"这个名字，而是前11块泥板解决了人"认命"这个问题，但人类一直没有承认起死复生，因此第12块泥板讲的，就是人还是有起死复生的渴望，所以才延续出这一系列的问题。这几块氍毹是很好的教科书，虽然神话已经离我们很远了，但是神话一定有它存在的意义，从神话中我们可以捕捉到"地方性"，或者说"民族性"，在此即说明，塞种人的文化仍旧存在。

在解析了1号毯和2号毯基本的神谱内容后，有同学提出了各种疑问，在此我归纳成三个问题来进行回答。

首先，为何会认为叙事结构是从底下开始的？因为我是印度语言文学专业的，在接受学科训练时明白印度传统的思维是从底下往上进行的。另外，你们看一下氍毹，会发现第一层比较聚焦，可以明显看出是以两个人物为中心，最后到了第五层，两个核心人物是散开的。相对来说，"聚焦"会让大家更加关注一些，这也是促使我们从底下开始分析的重要原因。

其次，还有一个比较具体的问题，即第三层的神灵（工匠神），其核心反映的究竟是赫菲斯托斯，还是阿芙洛狄忒？关于赫菲斯托斯和阿芙洛狄忒的故事，我们也提到一个说法，就是阿芙洛狄忒是和地狱/冥界有渊源的，因为她曾为了要回植物神阿多尼斯而进入过冥界。但是，因为这个内容在这里并没有特别明显的表现，所以我仍然倾向于认为，这层主要表现的是赫菲斯托斯。我们知道，吉尔伽美什先拜访了赫尔墨斯和佩尔塞弗涅，在他迟迟无法实现他的愿望时，他可能需要一些提示；或许即是在这里，他得到了提示，因为从他身后背的东西可猜测，那是一个表示智慧的行囊，可能赫菲斯托斯告诉他，你最终还得找那位苏美尔女神伊楠娜。

关于求助伊楠娜，我们上次还提到阿卡德语第12块泥板是讲球掉进冥界，恩基都因自告奋勇去捡球而受困，吉尔伽美什便由此开始了拯救恩基都的过程。根据苏美尔神话的描述，伊楠娜和吉尔伽美什是好朋友，在伊楠娜的怪柳被魔鬼占领时，是吉尔伽美什帮她把魔鬼赶跑，并且把树伐了。所以他得到了伊楠娜给他的奖赏——"球"和"棒"。但是，我觉得确实有一个故事——从球已经落入冥界开始——跟苏美尔神话是没有关系的。不过这一层，实际上还是和苏美尔神话有一些联系的，他如果要去找伊楠娜，他得有所准备，让伊楠娜愿意接见这位有求于她的人，所以吉尔伽美什必须要为她做些什么，对方才能给他什么。吉尔伽美什可能就是为了这个原因来找赫菲斯托斯的，因此我认为，这层的中心人物应当还是赫菲斯托斯。

最后，如何认定第四层的核心女神就是苏美尔女神伊楠娜呢？关键就是氍毹右侧那两个无性小人，他们的存在，让我锁定那个女神应该就是苏美尔的伊楠娜；而且这两个小人在于阗语里都有记载，他们也是起死复生的关键人物，即伊楠娜被姐姐杀死挂在冥界墙上时，是这两个小人将她救活的。为何伊楠娜能够起死复生？因为她自己曾经死过。另外，她身上的青金石丈量绳和丈量杖等各项装束，都和苏美尔神话中的描述是吻合的。

图像分析的多种可能性

陈姵瑄（北京大学中文系民间文学专业2016级博士研究生） 段老师为我们展现了另一种研究方式，跳脱过往只以文字文本为分析对象的方式，将探讨文化的视角置于非文字的载体中，用氍毹向我们具体呈现其操作过程与结果，并证实某些异域文明也曾经进入过西域，与之产生交流。由此，我产生了一个疑问：氍毹图样的神话内容实际上是运用阿卡德语版的《吉尔伽美什》第12块泥板为叙事架构，表现吉尔伽美什遍寻众神，以拯救自告奋勇去为他捡球而"丧命"的恩基都，并认为此内容与苏美尔语版的《吉尔伽美什与怪柳之树》没有关系，苏美尔语版只是说明"球"和"棒"的来源，而阿卡德语第12块泥板则通过拯救的过程，来着重传达人类对"起死复生"的追求。倘若认定这块氍毹上的神话和苏美尔语版故事无关，那么该如何解释“球”的来源？这颗球一定具有某种程度的重要性，才足以让恩基都冒着生命危险下去捡，也才可以引申出人类对“起死复生”的追求这样厚重的生命课题。因此，我认为可能还要思考“于阗人”究竟在多大程度上使用了这两则神话，对他们而言，最终目的或许只是想用一则简单的连续性故事，来表达对“重生”的追求，因此不一定那么严谨地考量氍毹整体的叙事连贯性，对每一层神灵各自特征的描述，反而更像是割裂式的。又或许，氍毹上所有的神灵反映的是一种“能量的叠加”，并不一定意味着前面几位神灵对吉尔伽美什没有发挥任何作用，而是一种对“重生”力量的积累，最终集中成为一幅被框定起来的神坛。因此，我认为或许可以罗列多种解释的可能性，用以窥测氍毹承载的文明秘密。

李梦 我想和大家讨论氍毹上的神话叙述结构。陈姵瑄在她的评议中提出氍毹上所有的神灵反映的可能是一种能量的叠加，即指他们都具有起死复生的能力。若是如此，段老师提出的“求助型”故事逻辑同样能够成立，只不过，所求的每一位神灵都可能发挥作用，并且没有特意突出对某位“主神”的崇拜，而是通过“求助”的过程，将所有具备相同能量的神灵汇集在一起。

陈姵瑄 除了氍毹上这些神灵之外，在印欧语系中是否还有与这些神灵、物件相类似的形象特征，这是值得再去探讨的。

周诗语（北京大学中文系民间文学专业2016级博士研究生） 在我们中国的民间祭祀里，一间寺庙中也会有同时供奉儒释道三教的现象，会不会氍毹上的神灵也类似，是各种信仰重合的体现。

刘雪琳（北京大学中文系民间文学专业2017级博士研究生） 这样各种神灵的功效叠加，也类似我们汉族祭拜的“天地全神”。

程雪（北京大学外国语学院亚非系东方民间文学专业2017级博士研究生） 我们再换个角度思考。在公元前三千纪，苏美尔神话中记载了“屠龙神话”的内容，而当前流传着三种神话版本，每版的主角都有所不同。第一个，苏美尔水神恩基，与其平行可以对应到古希腊的海王波塞冬；第二个，宁努尔塔，他是巴比伦主神马尔杜克的原型，他在巴比伦创世史诗中扮演诸神的英雄的角色；第三个，伊楠娜，她担当的是领导者的角色，并有伊楠娜下冥界的故事。从这些对照，我们可以猜测，古希腊神话和苏美尔神话或真有诸多关联，西方学界是否有一些与之相关的研究成果可以参照。可能两者之间的联系比我们想象中的还要密切，由此来理解，段老师将古希腊神话和苏美尔神话串联在一起或许是一种很自然的做法。

苏筱（北京大学中文系民间文学专业2016级博士研究生） 我来谈一谈氍毹记载的神话与汉文化的关系。段老师提出，氍毹保存了古代于阗人对于苏美尔文明、亚述文明以及古希腊文明的记忆，体现出了古代新疆和田地区的民族信仰和精神世界。题目"神话的跨域性与地方性"，实际上是指神话的传播与变异，采用的是比较文学的研究视角。一方面，既要考察多重文明在古代新疆和田地区传播与汇合之后，对于和田地区的神话产生了怎样的影响；另一方面，还要探究和田地区神话的独特性及其背后的深层原因。但由于年代的久远、证据链的缺环，以目前掌握的证据，是无法对其进行实证性的影响研究的。因此，只能采取逻辑推测的研究方法。

程雪 段晴老师在解析氍毹上的图像叙事时，提到里面一位人物的形象是被水仙花吸引的佩尔塞弗涅。于阗本地不产水仙花，故不知其真实样貌，因而在氍毹上水仙花呈现为一朵青色的小花。结合段晴老师所推测的，此氍毹的主神是伊楠娜女神，我有一个懵懂的想法，这朵小花会不会是粟特文明中常出现在女神周遭的郁金香呢？学界亦有观点认为，作为古代两河流域南部最古老神祇之一的"娜娜女神"，其源头最早可追溯到苏美尔阿卡德文明，这位女神也具有苏美尔神话中的性爱、丰产和战争女神伊楠娜的特征。[1] 故而，娜娜女神、伊楠娜（伊娜娜或印南娜）女神、伊什塔尔女神之间的对应关系就很微妙了，四臂狮子与青金石丈量绳，哪个才是这位女神的造型标配呢？随着波斯文明和粟特文明乃至伊朗、希腊文明的发展与交融，这都很难说得清，亦较难考证。同时，

---

[1] 该观点参见杨巨平，《娜娜女神的传播与演变》，《世界历史》2010年第5期。

sūmä 是否与月神或苏摩酒有关，从而能引申出"长生不死"的意象亦不好说，因为"娜娜女神"在上述几个文明中都与"月神"有着千丝万缕的联系。

周诗语 说到关于水仙花的话题，我也有一个困惑。在《吉尔伽美什》史诗中，有一段情节是他去找先祖乌塔纳毗湿特追问永生的秘密，但是没有得到答案。乌塔纳毗湿特的妻子同情他，给了他能够返老还童的仙草，结果在吉尔伽美什返程的途中，这株仙草被蛇偷走了。氍毹上的"水仙花"是否可能就是这棵仙草呢？在论证问题的时候，如果一个系统内的知识能够为我们提供答案，这个答案的说服力可能比系统外的知识说服力更高，就像我们在解释古文中某个字的含义时，会首先参考上下文的语境。

陈姵瑄 段老师目前认为氍毹接近顶层的两棵树，分别是万籽树和生命树，起源和伊朗的民间信仰有关，若是如此，伊朗的民间信仰与氍毹上的神灵是否有直接的联系？

程雪 当时，段老师表示于阗语是伊朗语支，但是伊朗语支又分为东西语支，两个语支的信仰不太一样。因此，我认为按照这个逻辑来说，可能是因为信仰的不同而导致它所表达的神话内容有所区别。

陈姵瑄 此外，还有一个疑惑。段老师认为这幅毛毯的神话架构是阿卡德语版的第12块泥板，与苏美尔语版的《怪柳》故事无关。若是如此，我们该如何解释恩基都一开始手上拿的那颗球呢？为什么要去捡那颗球？那颗球怎么来的？

程雪 段老师认为氍毹的故事叙述就是从这颗球掉入冥界开始的。此外，关于伊楠娜穿过七道门时脱下的各种标配，对其相关描述似乎不太统一。例如叶舒宪在《苏美尔青金石神话研究——文明探源的神话学视野》一文中说到"印南娜下冥府"的神话："女神的青金石饰品。印南娜是苏美尔神话中的天后，是光明、爱和生命之神，其地位相当于希腊神话中的天后赫拉，是所有女神中最尊贵的一位。作品描述她下阴间的经历，先是准备好化作圣物的七个天命，然后在冥府的七重鬼门关前一一被夺……青金石与金属照例作为大神恩利尔的标志而存在。对于女神来说，它们是代表神意和天命的符号物，进入地狱的七重门必须失去这些物品,因为阴间世界中的一切价值都和阳界是相反的。"[1] 由此可见,青金石既是大神恩利尔的标志,也是女神神意和天命的符号物。所以我觉得还可以再思考这种对应关系,会不会其他某些神都有这样的标配。伊楠娜最具代表性的形象究竟为何?以及如何演变?这是有待进一步讨论的。

"人祭祈雨仪式"与"龙鼓传说"

段晴 我现在对同学们关于"人祭祈雨仪式"的疑惑进行回应与解答。新疆洛浦的这几块氍毹是古代于阗文明留下的有关神话与仪式的直接凭证,是神话与仪式最好的教科书,令我们了解到牵动着古代斯基泰人/塞种人灵魂的人祭,这大约是于阗王国最后的一次人祭,根据后来的气象资料,我相信这场人祭的确换来了几年雨水如昔日。

在此,我也想提及一下陈泳超老师在新疆乌鲁木齐进行田野调查时所调查的"燕儿窝",我认为"燕儿窝"所体现出的精神和这几块氍毹所体现出的精神是一致的。在乌鲁木齐"燕儿窝"的传说中,勇士同水中恶龙斗争,后来勇士虽然打败了恶龙,但也因筋疲力尽而亡,这种精神同氍毹中以个人牺牲换取几年雨水如昔日的"人祭祈雨仪式"是一致的。所以,斯基泰人/塞种人的一些灵魂深处的东西还是有所留存的。斯基泰人/塞种人的这种人祭,同汉族人的人祭是不一样的。汉族人祭也是以人为牺牲,但多是以奴隶,尤其是以女孩子为牺牲,比如"西门豹治水"中河伯娶妻的桥段。汉民族是将女孩子投入水中,换取河水的平息;而斯基泰人/塞种人是英雄主动入水,同大自然进行斗争。

无论说服大家与否,我相信整幅氍毹就是一个"神坛",是众神汇集的地方,相当于佛教的"曼陀罗",就这一观点,大家同我应当是一致的。那三块小毯更是实实在在的人与神的结合,上面的文字题记就是最好的证明。大家最主要的疑惑可能集中在玄奘的记载是否对应的就是这场人祭祈雨仪式,但是有时是需要一点想象力的。既然这几块氍毹

---

[1] 叶舒宪,《苏美尔青金石神话研究——文明探源的神话学视野》,《中南民族大学学报》2011年第4期。

反映的是求得永生，那它背后的因素一定是有人要去赴死，而这种死是非常高贵的，所以才要为他求得永生。并且，根据伊朗波斯的宗教传统，神是不能着地的，所以这些氍毹还有另外一个功用：当这位英雄和诸神会合之时，他是不能踩地的，在他入水之前，一定是牵着白马站在这些氍毹上，然后才翻身上马、驱马入河。而玄奘记载的这个故事，在他之前去西域的法显和宋云都没有记载过，所以我认为玄奘《大唐西域记》里的这个故事，是发生在宋云和玄奘生活年代之间的一个真实事件。玄奘的记录可谓非常详细，这个故事是怎么发生的，那一天发生了什么，然后发生了什么，所以我们读起来才会觉得非常的顺畅。

荣新江（北京大学历史学系教授） 我们搞历史的，做法都特别实，在这场讲座之前我一直在不断地向段老师提问：从苏美尔阿卡德到希腊到于阗，你怎么将其落到地上？但是今天这场讲座给了我很大的启发，一个很重要的印象是，神话或文化，在传播中有两个因素是很重要的：一个是口头传播，一个是图像传播。这跟我们历史学所常见的文字传播是不一样的。所以，以这两种途径传播的东西，有很多形式，乃至产生的结果可能和我们从书本上一段段找出来的、特别实的结果是不一样的，这个就是段老师给我的很大的启发。我们在读唐代佛教史的时候，其实有两个人物特别有意思：一个是玄奘，他不辞劳苦去"白马驮经"，很辛苦也很成功；但是跟他在同一个庙的道宣，从来不取经。所以你看道宣的《感通记》，他所有的理论都是飞来的，他最终也是回到了南山，是为"南山律师"。段老师讲解的这些氍毹，也是飞来的，不知道是从哪里飞来的，反正最终是落在了新疆和田。

还有一个感受是：我们读《大唐西域记》，用的都是季羡林于1985年在中华书局出版的《大唐西域记校注》，我把这些段落都要翻烂了，总是去找相应的信息，去增加它的准确度。但段老师这种从一个多元文化到一个地域文化的分析，让我们通过佛教回到了于阗原始的东西，就是塞种人的或者说伊朗的文化，跳出了佛教的圈。玄奘是一个非常虔诚的佛教徒，所以他在《大唐西域记》中把所有的地名都拿梵语来拼读，好些都给读错了；但是他又很实，他把所有的民间传说都给记录了下来，这些民间传说的背后，实际上不一定是佛教。过去的研究者，由于受玄奘和《大唐西域记》的影响或暗示，将这一切都往佛教上靠。我听了讲座，觉得段老师在季羡林先生整理的基础上，对《大唐西域记》一书在使用方法论上进行了突破，我们要追溯到于阗最原始的文化里去，而这些毡毼就是非常好的一个突破口，尤其是跟《大唐西域记·龙鼓传说》做了一个非常好的嫁接。

程雪 段晴老师认为这五块毡毼表达了一个共同的主题：死而复生，而于阗国很有可能发生过一场"人祭祈雨仪式"。于阗国王室的原始信仰中，有以人为牺牲祠祭天神的习俗。这种习俗，既不符合佛教，亦不符合拜火教/琐罗亚斯德教传统，而与毡毼神坛所反映的宗教相合，其背后透露出的是佛教信仰在自然灾害面前的式微，是原始信仰以"人祭"化解灾害的复现，是于阗原始民俗，即斯基泰人宗教信仰的复兴。上述推理逻辑自洽，但仍有几个问题可以详细讨论：那些来自不同文明的神灵何以汇聚在五块毡毼之上？对不同文明神话的解析是否全面？玄奘所写能否对应史实而非传说？以此能否复现出一场以"人祭"为主题的原始宗教仪式？

段晴老师分析，虽于阗王国在11世纪前后已彻底消亡，但根据各种古籍文献和出土材料可以断定其所处位置即在今天的新疆和田地区，这是一处开放性的地理位置：东邻汉民族文化圈，西接广袤的印欧语系民族。于阗语恰属中古伊朗语支，古代于阗文明可能和印欧语系民族有不可分割的关系。因而希腊神话中的神祇出现在此毡毼之中似乎顺理成章，但非印欧民族产物的苏美尔神话，如何从两河流域跨越三千多年传播到6世纪的和田地区，已无从得知。此外，主要依据弗雷泽《金枝》中对希腊神话的解析进行神话文本分析是否足够充分可信呢？

虽然玄奘法师的《大唐西域记》内容详实，常被作为可靠的参考资料，但其所载的"龙鼓传说"是玄奘法师亲历的历史事件还是耳闻的传说，抑或说是多个流传文本（异文）中的一篇呢？是作为史实进行参照还是作为传说文本进行分析，似乎值得进一步探讨。而且神话与仪式之间的关系十分微妙，正如美国民族学家克拉克洪所述："神话和仪式有着密切的关系，但究竟孰为因孰为果就不能一概而言了。"因而在这五块毡毼当中，其神话与仪式以及与所谓历史事件的对照关系也可进一步思考。虽有种种疑问，但似乎没有必要拘泥太多,诚如段晴老师所言"如果你没有别的确凿的证据来推翻我的逻辑,那你就只能接受它",这也正是此类研究的魅力所在。

赖婷(北京大学中文系民间文学专业2016级博士研究生) 第二场讲座涉及的内容,尤其引《大唐西域记》这则记载进行解读,我觉得还有值得商榷的地方。有同学提到了将"龙鼓传说"视为这类传说的一个异文,并且还提到了它是与河神搏斗的一个故事类型,至今仍然流传于安徽、山西、陕西、四川一带。不过,考虑到这则"龙鼓传说"有具体的时空背景,提供了非常宝贵的时间与空间线索,所以我们或许可以将故事类型视角转换为具体时空中的传说研究视角。从与于阗"龙鼓传说"同一背景的材料入手,也就是从《大唐西域记》中记载的大量龙传说中寻找线索,会发现这一带的龙崇拜应该是一个较为普遍的文化现象。比如,在敦煌壁画中也有关于古代于阗的龙传说。于阗本有一条恶龙,后改恶从善,化沧海为良田,民受其利,当地人便世代祭祀神龙。佛教传入,百姓的祭祀停止,神龙发怒,将良田复化为湖泊。佛施法使于阗复为陆地,人们便建寺以庆佛法普度于阗。可见龙传说在于阗有较早的起源背景。我们是否可以把这类传说理解为当地的民间信仰与佛教扩张势力互相博弈的一种隐喻呢?例如,在《大唐西域记》的十几处龙传说的记载中,有如来、佛僧、罗汉降龙、治龙、使龙皈依佛法,并且建起伽蓝、佛塔的故事。这其中似乎隐含了一种指向,即不管是龙王还是龙女,不管它们带来了干旱还是水患,都给百姓带来了危害,不利于百姓的农业生产,而能降龙为百姓除害者,也就能获得百姓的信赖和拥护。所以,如来、佛僧、佛法制伏了有害的龙,也就巩固或抬升了佛法的地位。当地建起寺院佛塔,接受百姓的供奉也顺理成章。虽然玄奘对西行之路中所见所闻的方方面面都有记载,但他的记载也并非没有倾向性。至少客观上,玄奘选择记录在《大唐西域记》中的龙传说,对佛法的宣扬应该是有利的。

苏筱 通过氍毹上的神话与于阗国"人祭"仪式的关联,段老师进一步指出,氍毹上的神话体现出了该地区希腊—斯基泰民族的灵魂,与中原地区的汉民族的精神截然不同。对此,如果从民间文学的视角进行切入,则会得到不同的结论。如果从故事类型的角度来看,骑白马入河的勇士,与河伯娶妻在本质上并无区别,性别因素在人祭求雨的故事中究竟发挥多大的效用,还有待斟酌。再比如"燕儿窝"的龙的故事,和我们山东、东北地区广为流传的秃尾巴老李的故事几乎一致。因此，完全排除新疆和田地区受中原文化的影响，理由是不够充分的。何况玄奘也是中原人士，在记录"龙鼓传说"的故事时，是否也会受到汉民族思维模式的影响呢？正如季羡林所说，敦煌和新疆地区是中国、印度、希腊、伊斯兰四个文化体系汇流的地方。因此，不管是作为正面参照还是反面示范，都有必要将汉民族的文化影响纳入研究当中。

周诗语 有个问题，赖婷说到玄奘在《大唐西域记》中选取材料的偏向性。《大唐西域记》算是一个佛教的文献，那么我们用佛教的、可能经过僧人选择加工的、并不是非常客观的文献资料，去佐证一个很明显完全属于另一套宗教系统的氍毹故事，有效性会有多少呢？这是我想的系统内外的问题。而且白马的故事中也没有很明确的宗教因素。

关于白马，这是一则很符合类型化特征的传说，传说是否可以完全当作史实，来证明我们的观点呢？我觉得是存疑的。考察这篇文章在《大唐西域记》中的位置，在它的前后，玄奘记载的都是当地的传说，他也没有亲眼见过。白马的传说并没有非常特别的、能够被挑选出来的特质。既然说氍毹是在乞求这位贵臣的复生，为什么不选择前面关于古战场的传说，认为氍毹是在乞求死亡的战士的复生呢？我觉得也可以说得通。

程雪 我想对诗语关于《大唐西域记》的疑虑进行一个回应。《大唐西域记》虽然是玄奘法师所著，但里面较为真实地记载了玄奘法师前往印度求法过程中经过毗邻国家地区的详细信息，以至于在现当代对相关古国乃至古印度的研究当中，《大唐西域记》都发挥了巨大的作用。玄奘是虔诚的佛教信徒与得道高僧，他用梵语发音记录一些国家名称而造成讹误，如把于阗国按梵语发音记成了瞿萨旦那国，但法师对信仰的执着同其所记录的内容，是两套话语体系，要分开来看。段晴老师之所以觉得玄奘法师的记载可靠：一是基于《大唐西域记》上述被当作信史或可靠记录而用以研究的学界背景，二是在此之前的法显、宋云都未曾有过相关的"人祭祈雨"记载。但关于后一点，从我们民间文学的学科视角出发，是有一些争议的。

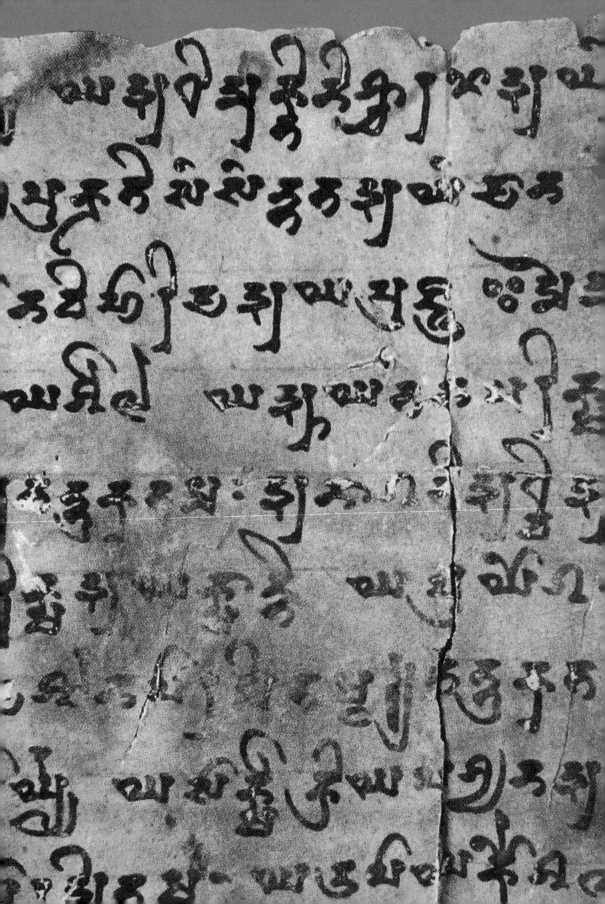

外 编

于阗丛考

于阗王国之名新考[*]

探讨古代于阗王国的国名,并非学术界崭新的话题。自上世纪初敦煌、和田地区出土的于阗语写本、文书进入学术研究范畴以来,国际上不少著名学者都展开了对于阗王国国名的各种探讨,例如法国的伯希和、英国剑桥的贝利,以及德国汉堡大学的恩默瑞克等。[1]但是,近年来,包括佉卢文、梵语、于阗语等在内的更多新的文书被发现了。其中新发现的于阗语文书,年代早于斯坦因等所获文书。以新材料为佐证,似可重新考察于阗王国所谓"雅言""俗谓"背后的语言现象,以及之间的关联。

一

于阗王国,历史悠久。能够证明其存在的最早的文字是佉卢文。20世纪初期,英籍匈牙利人斯坦因四入新疆,曾经在距离民丰县城180公里处的安得悦古城遗址找到一件佉卢文尺牍,后编号为KI661[2]。尺牍的纪年显示,当时所谓"于阗"写作Khotana。这里说的佉卢文,是一种拼音文字。古印度曾使用过两种书写体系,佉卢文书写体系以及婆罗谜字母书写体系。佉卢文曾主要流行于巴基斯坦北部、阿富汗东部,即所谓大犍陀罗地区。佉卢文是一种文字,使用佉卢文作为书写载体的语言叫作犍陀罗语,是印度西北方言。简而述之,佉卢文作为贵霜王朝的官方文字曾盛行于公元1—3世纪,而犍陀罗语曾经是贵霜王朝的官方语言。公元3世纪,贵霜王朝覆灭,佉卢文/犍陀罗语退出历史大舞台。在我国新疆,丝路南道沿线的绿洲王国鄯善、于阗等,也曾使用佉卢文作为官方

---

[*] 本文原载《西域研究》2020年第1期,第79—89页。
[1] 与本文涉及问题部分吻合,并且讨论详尽者,首推英国剑桥大学贝利教授的研究,见H. W. Bailey, "Saka Studies: The Ancient Kingdom of Khotan," *Iran*, Vol. 8 (1970), pp. 65-72。
[2] A. M. Boyer, E. J. Rapson, E. Senart & P. S. Noble, *Kharoṣṭhī Inscriptions Discovered by Sir Aurel Stein in Chinese Turkestan*, Cosmo Publications, reprint in 1997, p. 249. 图片可参见本书第36页图8。

文字，用犍陀罗语作为官方语言。[1]因此在尼雅遗址等处，有大量佉卢文木简出土。

Khotana是佉卢文木牍上的"于阗"拼写，其实发音与今天的"和田"一致。换句话说，和田之称谓，虽几经换代，却始终未变。但在古代的汉文记载中，却多写作"于阗"。这是唐之前的故事。

二

时光来到唐初。取经回国的玄奘带来了不一样的于阗王国的称谓。在《大唐西域记》中，于阗被称为"瞿萨旦那"。《大慈恩寺三藏法师传》则似乎提供了有关"瞿萨旦那"更多的说法：

> 瞿萨旦那国（唐曰地乳，即其俗之雅言也。俗谓涣那国，凶奴谓之于遁，诸胡谓之豁旦，印度谓之屈丹。旧曰于阗，讹也）。[2]

古人的点评，更多是基于真实的观察，提供了线索之端，可以抽绎出更为丰富的内容。短短一行字，从"雅言"到"俗语"，又点出匈奴（凶奴）以及"诸胡"、"印度"。这些提示，牵引出一系列问题，看似头绪纷繁，但依据和田地区出土的各种胡语文书，可以梳理得很明白。

讨论语言，必然有时代、地域的差异。《大唐西域记》所指"雅言"，属玄奘所熟悉的于阗王国的时代，即公元644年。那时，玄奘从西天取经返回大唐，在于阗王国逗留了数月之久。玄奘显然具备敏锐的语言感知能力，所以他能区分出"雅言"以及与之不同的其他语言。

但是，问题也随之而来。今天的人类文明已经进入了信息化的时代，站在今天去回看那一段历史，已知当时当地通用的语言至少有两种：佛教寺院使用梵语，梵语属印欧语系的印度语支；于阗国百姓说于阗语，于阗语属印欧语系的中古伊朗语支。现代语言

---

[1] 详见段晴、侯世新、李达，《于阗语大案牍》，《唐研究》第22卷，北京大学出版社，2016年，第371—400页。

[2] CBETA, T51, no. 2087, p. 943, a11-13.

学认为,任何语言都可以在语法结构上进行等相比较,在此意义上,任何语言皆平等,那么又何谓"雅",何谓"俗"呢?

玄奘毕竟不是现代意义上的语言学家,他对于"雅言"的判断标准,必然基于其本人的教育背景。玄奘是佛教高僧,在他那个时代,佛教正流行于中亚等地,而他所见到的于阗王国,也正是笃信佛教的王国。佛教诞生于古代摩揭陀,即现在印度比哈尔地区,恒河之畔。虽然当年佛陀从未使用纯梵语传法,但是到了玄奘留学印度的时代,距离佛涅槃已经过去千年。千年之间,沧海桑田。玄奘在那烂陀学习佛经,所用的却是纯正梵语。所谓纯梵语,有正字、语法的详细规则。现今世界上各大学印度学系教授的梵语,就是纯梵语。以玄奘留学那烂陀寺的经历以及佛教的背景而观,玄奘笔下的"雅言",应指纯梵语。所以,当季羡林等在上世纪80年代为《大唐西域记》做注释时,判断出于阗王国的雅言"瞿萨旦那",便是梵语词Gostana。[1] 由此而言,在佛教背景下,是否使用了纯梵语的正字,便是玄奘判断"雅"与"俗"的依据。

有些判断,因为学养丰厚可自然而然地得出,但其实季羡林的判断仍然需要真凭实据的佐证。敦煌藏经洞保存下来的写本中,有一件收藏在法国国家图书馆的梵语、于阗语词表(Pelliot 5538),写明了于阗王国的雅言以及其俗国号【图1—2】:

梵语	于阗语
gaustana-deśa agatta	hvanya kṣīra ānaka vāṃ āvūṃ [2]

依据于阗语翻译,其句义如下:

我来到了您的于阗国。

---

[1] 季羡林等校注,《大唐西域记校注》,第1003页。
[2] 参见H.W. Bailey, "Hvatanica Ⅲ," *Bulletin of the School of Oriental Studies*, Vol. 9, No. 3 (1938), p. 522。我的译文却刚好与贝利的相反。贝利译作"我来自于阗国"(贝利的翻译见该文p. 528),我译作"我来到于阗国",这是因为如果从某地来,梵语用第五格。而所列梵语,显然不是第五格而可以是第七格。还有更多上下文的问题,将另写文章讨论。

图1 敦煌藏经洞保存下来的梵语、于阗语词表写本之局部,藏法国国家图书馆,编号 Pelliot 5538

图2 写本中写明于阗王国的雅言以及其俗国号的一行

梵语 gaustana 与季羡林等恢复的几近一致,正是玄奘笔下雅言"瞿萨旦那"的梵语词。而玄奘所谓"俗谓涣那国",可以是 hvanya kṣīra 的翻译。"涣那"是音译。gaustana 对应于阗语的 hvanya。在玄奘看来,雅言是梵语,而于阗语是俗说。雅俗之说,反映出古人对汉语以外的语言的判断。无论是属于中古伊朗语一支的于阗语,还是属于古代印度语一支的梵语,都属印欧语系,除了很多词有共同的源头之外,其鲜明特征还在于语词的屈折变化。时态、情态、人称,以及参与行为的单双复数等,皆体现在词的变化中。在玄奘看来,于阗语是当地世俗人所说的语言,而梵语是专门接受过教育的人才能懂得的语言,所以是雅言。玄奘那时并不知道有语系的区分。

虽然明确了玄奘雅俗的所指,但这一阶段性的解题,似乎又成为一系列谜题的起点。

三

hvanya-kṣīra 隐含了哪些内容呢? hvanya,单数依格,词基 hvania-,形容词,意为"于阗的"。如果直译于阗语 hvanya-kṣīra,则可译作"于阗之国"。于阗语有早、晚期之分,hvanya-kṣīra 是晚期于阗语的词形。上文引用的出自敦煌藏经洞的梵语、于阗语对照表,其年代大约为 9—10 世纪,所书写的于阗语,纯粹是晚期的。而早期于阗语中的"于阗"写作 hvatana-。那么,依据玄奘的音译"涣那",其相应的于阗语也是早期的吗?语音不是判断的唯一标准。

一般来说,文字是语言的载体。但文字的创造与发展,不同步于语音。于阗语的文字是拼音文字。经过官方厘定的于阗字,有相对稳定的发展期。而语音的变化则更加活跃,尤其是在方言的干扰下,不同地域的语音自然有差异。综合观察来自公元7世纪中期的现存于阗语世俗文献的存留文字,可以判断,玄奘在于阗王国逗留时代的于阗语,尚属早期阶段。

那是公元644年(贞观十八年),玄奘来到于阗王国。此时的于阗王是《新唐书》《旧唐书》里都提到的伏阇信。伏阇信给了玄奘很好的礼遇。《大慈恩寺三藏法师传》记载,玄奘法师未到于阗时,"于阗王闻法师到其境,躬来迎谒。后日发引,王先还都,留儿侍奉";在于阗逗留期间,玄奘曾为王室宣教佛法。听过玄奘讲经的于阗王,正是伏阇信。当玄奘收到唐太宗的敕书,终于要踏上回归大唐之路时,伏阇信给了玄奘丰厚的"资钱"[1],以备路上使用。648年(贞观二十二年),伏阇信曾动身前往长安,入见唐太宗。伏阇信的寿命比唐太宗更长。650年,唐太宗崩逝,年仅二十二岁的高宗继位。恰逢伏阇信在唐,这一年,他的形象被雕刻成石:伏阇信正是《旧唐书》所谓"太宗葬昭陵,刻石像其形,列于玄阙之下"者。目前已知,伏阇信继位于7世纪初,至少统治了于阗四十九年。

---

[1] CBETA, T50, no. 2053, pp. 251-252.

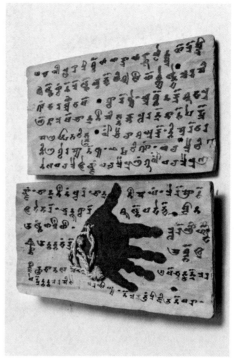

图3　于阗王伏阇信时代的于阗语契约文书，藏新疆博物馆，编号XB17333

　　乌鲁木齐的新疆博物馆收藏有伏阇信时代的于阗语案牍，皆是涉及人口买卖的契约。老百姓之间买卖，使用于阗语做契约。其中一件记载了来自中亚古国的一队人马，他们路过于阗，将出生后不久的婴孩交与于阗的一家富户收养【图3】。这队人马，来自石汗那。提起石汗那古国，恐怕没有多少现代人知晓。但是，如果说石汗那正是图兰朵的故乡，则鲜有人不知晓。这队人马里的人，互相是亲戚，他们大约是不愿意让出生不久的婴孩经受长途跋涉的辛苦吧，所以把婴孩留在了于阗，并立下于阗语的契约，明确此孩是被收养的，而非卖出或典押。每一件契约上都写有于何时、于某个国王时的明确记录。石汗那人的婴儿就是在伏阇信四十九年时被交付收养的。在这件契约的纪年中，"于阗"写作hvaṃnä。[1] 如此拼写，

---

[1] 段晴、侯世新、李达，《石汗那的婴儿——新疆博物馆藏一件新出于阗语案牍》，《敦煌吐鲁番研究》第18卷，上海古籍出版社，2019年，第266页。

图4　伏阇信与伏阇雄时代的于阗语双重案牍，藏新疆博物馆，编号XB17336

则恰如汉译"涣那"之音也。

但是，伏阇信四十九年，并非玄奘在于阗的时间，那时玄奘早已经离开。[1] 好在新疆博物馆还有一件伏阇信时代的案牍，那是件双重案牍，其中一件写于伏阇信三十八年，另一件写于伏阇信的继任者于阗王伏阇雄的十二年【图4】。两件契约，书写年代相差了二十年以上。而伏阇信三十八年那一件，买方是于阗王子封地的住户。由此判断，此件契约呈现了于阗贵族的书写习惯。这作为语言的对比材料，真是再好不过了。

在同一块案牍上，伏阇信三十八年的那件契约，虽经过刮擦，内容却仍可辨认。这件上的"于阗"写作hvatana。而大约二十年后，写在同一块木牍上的、伏阇雄十二年的契约，其上的"于阗"则写作hvaṃnä。以时间为量，玄奘在于阗的时间，与伏阇信三十八年更近。那么，玄奘的"涣那"应该是hvatana的对音。这一对比揭示出，当年于阗国将于阗语转变为书写文字时，有正字的考量，其中包括对字中间的-t-音的处理。

对于阗语-t-音的观察，原汉堡大学伊朗学教授恩默瑞克有真知灼见，他发现：首先，t是[d]，"因为元音间的[d]发展成为[ð]，所以不能再用d来表现[d]。但是当元音间的[t]变成[d]时，t合适替代"[2]。其次，同一个词"会有t/g/y/v不同的拼写，已可见于早期于阗语，这意味着位于元音间的[t]和[g]早已经消失，所以当只需要喉音的停顿时，t和g可以填充在连续元音之间。y和v相应出现在颚音或者唇音后，所以表现的是一种滑

---

[1] 关于伏阇信的在位年代，详细参阅段晴、侯世新、李达，《于阗语大案牍》，《唐研究》第22卷，第386页。
[2] R. E. Emmerick, "The Consonant Phonemes of Khotanese," *Monumentum Georg Morgenstierne* I, Brill, 1981, p. 187.

音现象"[1]。第三，以t起始的词非常罕见。[2]这里还应补充前辈学者未能见到的新材料。在早期，当于阗王国的官方语言还是梵语时，于阗人已经意识到于阗语位于元音间的-t-与梵语的t有明显的语音差异。在Śata'王十年的梵语契约上，可以读出王的名字，其中ta'拼写作 ᪧ，下面的笔画，是在于阗语写本中转写作'的原始写法，强调了这里的-t-是个浊音，应读作[d]。[3]

回到上文的探讨。以恩默瑞克对-t-音的洞见为依据，可以发现，玄奘来到于阗国，听到的是hvaṃnä，所以照发音写入汉语的是"涣那"，而在于阗语的书写正字，则是hvatana。语言落实到文字上后，各自有独立的发展空间。

正字与发音不同的例子，还有"萨波"。公元8世纪最后三十年，于阗王国杰谢地区有位著名的首领[4]，汉文文书记下了他的名字，他就是"萨波思略"，即于阗语spāta Sīḍaka。[5]其中spāta-有个故事。于阗语研究的前辈，原英国剑桥大学教授贝利曾经探讨过该词的词源，认为其源自*spādapati（军队首领）。[6]而从*spādapati到spāta-之间，还应有类似spāvata-作为过渡，这个过渡阶段的spāvata-最终在洛浦博物馆藏的古代氍毹上得到了验证。制作于公元560年前后的三件方形氍毹上有织入的字：spāvatä meri sūmä hoḍä，"苏摩被献给萨波梅里"。[7]这是迄今为止人们能见到的最古老的于阗文。同一个词，在8世纪中唐时期可见的更普遍的拼写是spāta-，但其末音节的-t-在实际口语中并不发音，而spāta-的-ā-与末音节的-a-之间应该有短暂的喉音的停顿。所以在于阗王国的唐人听到的，仅仅是spā的音，因而仅以"萨波"音译之。但于阗语的正字，至少是在思略的时代，即公元8世纪最后三十年，仍然写作spāta-。

---

[1] R. E. Emmerick, "The Consonant Phonemes of Khotanese," *Monumentum Georg Morgenstierne* I, p. 188.
[2] R. E. Emmerick, "The Consonant Phonemes of Khotanese," *Monumentum Georg Morgenstierne* I, p. 187.
[3] 关于这件契约，见Duan Qing, "Deed, Coins and King's Title as Revealed in a Sanskrit Cloth Document from the 6th Century," *Eurasian Studies* Ⅳ, 2016, pp. 265-283。
[4] 古之杰谢，今之丹丹乌里克。
[5] 例如俄藏Dx.1891《贞元四年（788年）五月杰谢百姓瑟诺牒为伊鲁欠付钱事》，其中出现"萨波思略"。详见张广达、荣新江，《圣彼得堡藏和田出土汉文文书考释》，《敦煌吐鲁番研究》第6卷，北京大学出版社，2002年，第272页。于阗语例可见段晴、和田博物馆，《和田博物馆藏于阗语租赁契约研究》，《于阗·佛教·古卷》，第268页。
[6] H. W. Bailey. "Adversaria Indoiranica," *Bulletin of the School of Oriental and African Studies*, Vol.19, No.1 (1957), pp. 49-57. 具体引文见p. 52。
[7] 参见本书第一章和第五章的相关内容，这里在前文的基础上有所推进。

四

现在我们回到玄奘的"瞿萨旦那",即敦煌卷子里的gaustana,以及众学者笔下的纯梵语gostana。玄奘说,此国名之义,"地乳"也。关于"地乳"背后的故事,也记载于《大唐西域记》中。《大慈恩寺三藏法师传》有大略的复述:

> 王之先祖即无忧王之太子,在怛叉始罗国,后被谴出雪山北,养牧逐水草,至此建都,久而无子,因祷毗沙门天庙,庙神额上剖出一男,复于庙前地生奇味,甘香如乳,取而养子,遂至成长。王崩,后嗣立,威德遐被,力并诸国,今王即其后也。先祖本因地乳资成,故于阗正音称地乳国焉。[1]

玄奘记载的于阗相关传说,总是能得到其他版本的印证。例如关于地乳的传说,又见于藏文《于阗国授记》。藏汉材料互为印证,说明于阗国建国的传说,至少在玄奘的时代已经开始流传。

在我之前,有不少讨论过gaustana/gostana的学者,他们都极具洞见,但不知为何,他们会怀疑"地乳"之译名的正确性,因为该梵语复合词的前词go第一层词义是"牛"。实际上,怎么可以忽略梵语的go是多义词呢? go其中一个义项正是"大地"。在这一点上,唯有贝利与我的见解一致。[2] 古典梵语的艺术诗,常用go表示"大地",尤其是针对国王而言,国王征收大地上的税,好比从牛身上挤奶,所以go有"牛""大地"等义项。这些在任何一部梵语词典中都可以找到。而stana即"乳房",所以玄奘将此词翻译作"地乳",或者所谓"正音称地乳国",并无不妥。

尽管玄奘认为,gaustana/gostana,"瞿萨旦那"或者"地乳"才应该是于阗国的正经国名,因为这才是雅言。但问题在于,这样的雅言国名,从未出现在任何一件于阗语的社会契约文书或官方文书中。而且,新的材料证明,这一国名出现的时间最早没有早过《大唐西域记》。

---

[1] CBETA, T50, no. 2053, p. 251, a14-21.
[2] H.W. Bailey, "Saka Studies: The Ancient Kingdom of Khotan," *Iran*, Vol. 8 (1970), p. 68.

我曾经见到过两件民间收藏的、书于帛的梵语契约文书。[1] 两件契约文书属于同一时代，其中一件有明确的纪年：

saṃvatsare daśame 10 māse ekadaśe 11 divase viṅśe 20 asmiṃ kṣuṇe khottana mahārājño rājādhirājño humero-deva-vijita-śata'sya

十年，十一月，二十天。逢此于阗大王，王中王休谟天，尉迟厦德之朝。

首先，这一梵语的纪年所表现的于阗国王的尊号，其传统与佉卢文时代的一脉相承。所谓佉卢文时代的，是指上文所言斯坦因在安得悦遗址所获编号为KI661的佉卢文尺牍。[2] 本文重点关注的于阗王国的国号，佉卢文尺牍上拼写作khotana。而这件梵语契约上，拼写作khottana。这件写于尉迟厦德在位时的梵语契约，也是一件买卖人口的契约。书写者，是宫廷的御医。无论以正字还是语法判断，这位御医撰述所用的梵语，是地道的纯梵语。因此，没有理由怀疑御医会独独在于阗国名处使用俗语。换句话说，出现在御医所撰的梵语契约上的于阗国国名，其实正是所谓"雅言"的于阗国名。但是，此处khottana显示了与佉卢文尺牍上所用国名的一致性，不同之处在于-tt-的拼写。而这一处恰好反映出于阗王国厘定文字时的正字理念。恩默瑞克教授曾经针对于阗语的辅音tt，做过分析。他认为："tt的发明是为了表示[t]，因为元音间的t已经发展为[d]，用来再现俗语的d。例如pata-是俗语形式，即梵语的pada-（句）；praysāta-来自俗语，即梵语的prasāda-（净信）。tt表现梵语词的[t]，例如ttathāgatta-，即梵语的tathāgata（佛的称号），但是也能见到用t的情况，例如pratyeka-，也见写作prattyeka-。"[3]

---

[1] 两件帛书梵文契约，其中一件见 Duan Qing, "A Sanskrit Buddhist Document on Cloth of the Earlier 7th Century," *Eurasian Studies* Ⅲ, 2015, pp. 171-185；段晴，《一件来自公元6世纪的梵语世俗文书》，载西藏社会科学院贝叶经研究所编，《西藏贝叶经研究》，西藏藏文古籍出版社，2015年。另一件参见 Duan Qing, "Deed, Coins and King's Title as Revealed in a Sanskrit Cloth Document from the 6th Century," *Eurasian Studies* Ⅳ 2016, pp. 265-283。第一件的图片可见本书"引子"部分的图9。

[2] 关于这件文书国王尊号的细节，已经在相应文章中做了讨论分析，详见 Duan Qing, "Deed, Coins and King's Title as Revealed in a Sanskrit Cloth Document from the 6th Century," *Eurasian Studies* Ⅳ, 2016, pp. 276-277。KI661的图片，可见本书"引子"部分的图8。

[3] R. E. Emmerick, "The Consonant Phonemes of Khotanese," *Monumentum Georg Morgenstierne* I, p. 186.

tt表现梵语词的[t]，恰好可以对梵语契约文书上出现的khottana做权威阐释。撰写梵语契约的御医特别使用-tt-书写于阗王国的国名，这说明御医通晓于阗语，并且了解于阗国厘定语言文字时的规则：-tt-用来表示清音的齿音。

依据已知于阗王在位年代的推测，厦德王应是公元6世纪前半到中期在位。而于阗语从语言到文字的厘定，就应该发生在他在位的时期，或是紧接在他的时代之后。这是因为，目前发现的六件帛书契约，都属于同一个家族的文件，其中两件是用梵语撰写的，全部在厦德王时代；其他四件，是用于阗语撰写的。也就是说，距离玄奘到来的一百年前，那时的国名雅言是khottana，而并非gostana。

五

现在看来，至少在玄奘之前，有两个厘定了的国名：于阗语的hvatana，以及梵语的khottana。二者同指一国，必然源自同一词，不过有于阗人发音与印度人发音的不同罢了。但是，从汉语保存的资料分析，这里面仍有孰前孰后的历史顺序。

于阗国的国名，正如玄奘所言，在他之前，"旧曰于阗"。自《史记》起[1]，中国史籍称于阗国便用"于阗"或"于窴"。玄奘认为，"凶奴谓之于遁"，即于阗之发音，来自匈奴。这也是现代学界普遍接受的。问题在于，玄奘在于阗时，匈奴早已无踪影了，如果说其他于阗国名的口音，曾经他亲耳判断，这匈奴"于遁"之说，却不应是玄奘现场听到的吧？但必须承认的是，玄奘之于于阗国名的论述，至少帮助我们理清了历史的以及于阗之内外的差异。这些差异，反映了历史的变迁，反映了于阗周边族群的变迁。

所有于阗国的国名中，最古老的说法，是保存在汉语史籍中的，即《史记》的"于窴"和《汉书》的"于阗"。这古老的译名，甚至凝固了古代于阗国名的发音，至少在那个时代，hvatana的[ta]还是发音的，而不似唐代，只剩下"涣那"。

但是，"于阗"或者"于窴"是否可以归属为匈奴的遗产？我认为不是。主要依据是，汉文化很早就进入了丝路南道，西域三十六国之一的精绝国，其王室会使用汉简。考古发

---

[1]《史记·大宛列传》写作"于窴"，见司马迁，《史记》，中华书局，1982年，第3160页。

现证明，丝路南道绿洲最早使用的官方文字，是汉文字。[1]《汉书》作者班固的兄弟班超，曾治理西域长达三十一年。班超在于阗，与于阗王等打过面对面的交道。[2] 熟悉西域诸国的班超等，怎么会从敌人匈奴的语言转述于阗的国名呢？另外，如果"于阗"之名是借道匈奴而进入汉语地区的，则其他的西域国名也应如此。但实际情形并非如此，例如"精绝"音译caḍota，"楼兰"对应krorayina，等等，这些地名、国名，皆显示了直接的对译。

既然汉语"于阗"或者"于寘"之名最为古老，那么"于阗"反映的正是于阗国最初的国名。这就是说，后来见于佉卢文木牍的拼写khotana，6世纪梵语的khottana，以及玄奘时代的hvatana（涣那），全部源自与汉语的"于阗"所对音的那个词。焦点在"于"字。加拿大籍著名汉学家蒲立本（E. G. Pulleyblank）曾经将早期中古汉语的"于"发音构拟作[wuǎ]。[3] 而中国音韵学家的构拟似乎更接近真实发音，北京大学中文系在读博士生向筱路指出：郭锡良把"于"的上古音拟作 *ɣĭwɑ。[4] 显然，[ɣĭwɑ]的构拟与于阗语hvatana最为接近。由此可以认为，至少于阗的"于"在《史记》《汉书》的时代，发音应作[ɣĭwɑ]。除此之外，还有其他的佐证。

这里先要讨论尼雅出土的佉卢文书当中的kh音，这是佉卢文/犍陀罗语khotan的起始音。kh音在纯梵语中，是送气舌根塞音。但是，布洛（Thomas Burrow）在比较了khotan与hvatana之后，得出结论，认为尼雅出土佉卢文书的kh，不是纯梵语的kh，而在当地方言读作x，即相当于现代波斯语的x。[5] 布洛所言x，是国际音标中的[x]，即舌根摩擦清音。这个[x]音，是粟特语用来称呼"于阗"的起始辅音。粟特语的"于阗"，拼写作xwδn'，或者'xwδ'n。[6] 这个词，应是玄奘笔下所谓"诸胡谓之瞿旦"之"瞿旦"的来源。

实际上，khotan并非孤例。另有一词，反映了相同的语音现象，就是汉语史籍记

---

〔1〕尼雅14号遗址出土的汉简，是西汉时代的。参见林梅村，《尼雅汉简与汉文化在西域的初传》，《中国学术》第6辑，商务印书馆，2001年，第240—258页，详见其第249—250页。

〔2〕关于班超与于阗王的交往，详见段晴，《精绝、鄯善古史钩沉》，《欧亚学刊》新7辑，商务印书馆，2018年，第21—34页。

〔3〕E. G. Pulleyblank, *Lexicon of Reconstructed Pronunciation in Early Middle Chinese, Late Middle Chinese, and Early Mandarin*, Vancouver, 1991, p. 381.

〔4〕郭锡良，《汉字古音手册》，北京大学出版社，1986年，第111页。

〔5〕Thomas Burrow, *The Language of the Kharoṣṭhi Document from Chinese Turkestan*, Cambridge University Press, 1937, p. 87.

〔6〕特别感谢中国人民大学西域历史语言研究所的毕波教授，她告知了我粟特语的"于阗"拼写。

载的"扜泥城"。《汉书·西域传》在鄯善国之下写道:"鄯善国,本名楼兰,王治扜泥城。"[1]其中的"扜泥",是音译佉卢文/犍陀罗语的khvani,该名词又写作kuhani,而形容词作khuvaneṃci。[2]该词的起始辅音,和khotan一样,也是kh。这两个以kh起始的词说明,尽管犍陀罗语是印度西北方言,属于印欧语系的印度一支,鄯善国人却拥有地方发音特色。《汉书》中"扜泥"的"扜"在当时也应读作[ɣĭwɑ],可以与尼雅佉卢文书上的khva-或者khu-互为佐证。

尼雅出土佉卢文/犍陀罗语之方言,还有一个特色:据布洛的观察,凡是梵语里带送气的辅音,在鄯善方言中有丢掉送气成分的趋势。[3]例如上文的khvani,其形容词形式为khuvaneṃci,但名词也写作kuhani;又例如saṃga = saṃgha,等等。这些现象,大概可以解释为什么玄奘会说"印度谓之屈丹",因为kh会被读作[k']。

还应指出的一点是,于阗语也有kh。但是,于阗语没有使用kh来拼写"于阗",其中也有一定的缘故。恩默瑞克曾经构拟了于阗语辅音字符的发音。他原以为,于阗文字的kh相当于国际音标的[x]。[4]但是后来,恩默瑞克与蒲立本合作,研究了出自敦煌藏经洞的于阗字母拼写的汉语《金刚般若波罗蜜经》,他们发现,其实于阗的kh应念作[k']。[5]这也就解释了,为什么于阗语不直接用kh字来拼写于阗的国名,而使用hvatana,因为于阗文字的kh是个舌根送气音,而hv才是[hw]。[6]

一路分析过来,终于发现,无论佉卢文书上书写的khotana,还是于阗语的hvatana,抑或是汉语的"于阗",三者使用的字虽然不同,但其实发音几近一致。

六

接着再论"瞿萨旦那"。上文以三种古老的语言证明,自古以来,于阗就是《史记》

---

[1] 班固,《汉书》,中华书局,1997年,第3875页。
[2] Thomas Burrow, *The Language of the Kharoṣṭhi Document from Chinese Turkestan*, p. 87.
[3] Thomas Burrow, *The Language of the Kharoṣṭhi Document from Chinese Turkestan*, p. 9 (§24).
[4] R. E. Emmerick & E. G. Pulleyblank, *A Chinese Text in Central Asian Brāhmī Script: New Evidence for the Pronunciation of Late Middle Chinese and Khotanese*, Serie Orientale Roma LXIX, Roma, 1993, p. 29.
[5] R. E. Emmerick & E. G. Pulleyblank, *A Chinese Text in Central Asian Brāhmī Script*, pp. 31-32.
[6] R. E. Emmerick & E. G. Pulleyblank, *A Chinese Text in Central Asian Brāhmī Script*, p. 32.

《汉书》中的"于阗"("于寘"),对应于阗语的 hvatana,对应佉卢文木牍上的 khotana。这一古老的国号,虽在于阗语中经历了语音的演变,从 hvatana 变成 hvaṃna 等,却一直延续下来,直到于阗王国灭亡。即使在玄奘之后,以现存 7 世纪后半、8 世纪时的于阗语契约为据,所有于阗语契约一致以 hvatana 或 hvaṃna 称呼自己的王国。那么,何来瞿萨旦那?何来 gostana 呢?

上文已说到,大约在玄奘到来的一百年前,于阗王国流行以纯梵语书写世俗契约。写纯梵语者,或来自佛寺,或来自宫廷。所以,梵语在当时绝对是高雅的语言。但即使在那个时候,御医书写梵语契约时,还是将"于阗"拼写作 khottana,而这或许是后来玄奘笔下"屈丹"的基础词,因为该词的起始辅音 kh,无论在梵语的语境下,还是在于阗的发音中,均应读作 [k'],即所谓送气舌根塞音。不过,在玄奘看来,"屈丹"没意思,拼写也不规范,非雅言也。

以目前发现的资料为判断的基础,"瞿萨旦那"滥觞于玄奘,而且是玄奘力挺的国名。这国名,之前不曾见,之后仅在敦煌藏经洞的梵语对于阗语的卷子上见到过。疑惑之下,再查阅关于玄奘在于阗逗留的记载,却看到有些值得回味的地方,例如《大慈恩寺三藏法师传》写道:

> 于阗王闻法师到其境,躬来迎谒。后日发引,王先还都,留儿侍奉。行二日,王又遣达官来迎,离城四十里宿。明日,王与道俗将音乐香花接于路左。既至,延入城,安置于小乘萨婆多寺。[1]

这里亲自来迎谒玄奘法师的于阗王,正是后来入唐,并留下石雕立像在唐太宗墓前的伏阇信。但是,当玄奘到来时,伏阇信还未躬逢唐王朝的盛世,还在安享自己的太平岁月。而玄奘此番到达于阗,正是他历尽艰危万重、前程未卜的时刻。玄奘甚至有些狼狈,用他自己的话说,那时"所将大象溺死,经本众多,未得鞍乘"[2]。此时的于阗王,一定不是因为大唐皇风之德泽而礼敬玄奘。另外还有蹊跷处,公元 400 年前后,当法显

---

〔1〕CBETA, T50, no. 2053, p. 251, b8-12.
〔2〕CBETA, T50, no. 2053, p. 251, c29.

来到于阗，住在瞿摩帝寺，深为那所大乘佛寺的威仪所感动，并留下了语句不多却充满感慨的记载。玄奘到来时，瞿摩帝寺依然存在。一般以为，玄奘是大乘佛教的拥趸，于阗王却把他安置在小乘萨婆多寺，其中缘故为何？

"萨婆多寺"是关键所在。"萨婆多"，梵语Sarvāstivāda，法显、真谛、玄奘采用了音译法。而在汉译佛经中，此词也有基于词义的翻译，叫作"说一切有部"[1]。简单说来，在佛教东渐的过程中，说一切有部在中亚曾经是最有影响的一支部派。至少在贵霜王朝时代，说一切有部在犍陀罗地区得到了蓬勃发展。例如巴基斯坦白沙瓦附近宏大的塔克提巴赫（Takhti-Bahi）佛寺遗址，便是属于说一切有部的。另外，白沙瓦博物馆收藏了一件著名的舍利盒，1908年出土于沙吉祁德利（Shah-ji-ki-Dheri）遗址。这处遗址，传说正是玄奘《大唐西域记》所记的迦腻色迦王建塔之处。[2]舍利盒铜制，镀金，并有点缀出几行佉卢文。德国柏林自由大学教授法尔科将这几行佉卢文翻译为："在此迦腻色迦城之城，此香函是大王迦腻色迦（所建）之精舍中火厅建筑师'大军''僧伽护'的法礼，为了一切众生的利益安乐。说一切有部法师接纳。"[3]这里明确提到了"说一切有部法师"。由此，于阗王国的萨婆多寺与犍陀罗地区说一切有部的传承是清晰的。

关于玄奘与佛教说一切有部的渊源，北京大学哲学系毕业的朱竞旻博士有精彩的评述。他说："玄奘自己是唯识宗的。但唯识宗的理论大多基于萨婆多部，所以学唯识的人也需要好好学习萨婆多部的论典。日本古代学问僧有个规矩叫'八年《俱舍》，三年《唯识》'。按照《大慈恩寺三藏法师传》，玄奘本人对部派佛教的理论也是很感兴趣的，尤其是有部，他花了大量的功夫去学习。现在全世界有部的学者，就靠玄奘翻译的这些文本了，因此全世界搞有部研究的学者都得学汉文。"[4]

说一切有部另有显著特点，就是以梵语作为著述的语言。一般认为，佛教传入中

---

[1] 参阅Charles Willemen, Bart Dessein, Collett Cox, *Sarvāstivāda Buddhist Scholasticism*, Brill, 1998, p. 16。这是一部论述说一切有部的专著。

[2] CBETA, T51, p. 879.

[3] 英语原文，见Elizabeth Errington, "Numismatic Evidence for Dating the 'Kaniṣka' Reliquary," *Silk Road Art and Archaeology* Ⅷ (2002); Harry Falk, "Appendix: The Inscription on the so-called Kaniṣka Casket," *Silk Road Art and Archaeology* Ⅷ (2002), p. 113。这件舍利盒的复制品在大英博物馆。一直以来，人们都把它误作迦腻色迦王奉献的佛舍利盒。

[4] 这是朱博士私信中提到的观点，特此说明。

亚,佛教弟子先是以当地俗语传教,所以在和田地区,曾经有佉卢文的《法句经》被发现。但是,当说一切有部在印度西北、犍陀罗,以及克什米尔地区发达起来之后,这一部派则开始使用梵语著述、传教。[1]这里只要举一例大家便可知晓:说一切有部最著名的存世梵语著作是《阿毗达摩俱舍论》,作者为世亲,按照玄奘的记载,"世亲菩萨于说一切有部出家受业,博闻强识,达学研机"[2],而这部《阿毗达摩俱舍论》有玄奘的全译本。

毋庸置疑,玄奘是精通梵语的。他不仅精通梵语,而且还可以用梵语进行口语交流。看来玄奘下榻于阗国萨婆多寺,一方面是于阗王的安排。那是以梵语论英雄的年代,梵语代表了知识界的用语,而在那时,高僧是知识的代表;于阗王安排玄奘入萨婆多寺,是为了方便玄奘与当地僧人交流。另一方面,大约也是玄奘自己的选择。玄奘熟悉说一切有部即萨婆多的理论,住在那里确实方便交流。《大慈恩寺三藏法师传》记载,玄奘曾在此寺开讲,"讲《瑜伽》《对法》《俱舍》《摄大乘论》,一日一夜,四论递宣"[3]。这些佛教著作,全部是梵语的。遥想当年,这些梵箧,是玄奘从佛教中心印度携带回来的。在到达中原之前,玄奘正是依据这些梵箧,为于阗的僧人日夜宣讲,"王与道俗归依听受,日有千数"。

翻看《大唐西域记》,发现里边对于阗国的记述十分详尽,记载有传说十几种。有些传说,例如"于阗建国传说""龙鼓传说"[4],写得相当生动,一切场景仿佛历历在目。那么,玄奘是以何种语言接受这些传说的呢?我们可以回到上文提到的出现了gaustana一词的梵语、于阗语写卷。这件出自敦煌藏经洞的双语文书,以互致问候的语句开始,然后问所到、所来、将往之处。其中有一句问道:您在于阗国住在哪里?答曰:住在佛寺。又问:是否见到国王?答曰:见到国王了。此类对话,展现了一个学习语言的过程,反映出古代于阗人有教授外来人通过梵语学习于阗语的传统。我甚至怀疑,这件文书正是玄奘在于阗寺庙居住时学习于阗语的记录。

那是梵语通行的年代。看来于阗国的建国传说,在萨婆多寺至少应该有梵语的版本。"瞿萨旦那"国名就藏在这梵语的版本中,玄奘给出了这一国名的词源:"地乳所

---

[1] Charles Willemen, Bart Dessein, Collett Cox, *Sarvāstivāda Buddhist Scholasticism*, p. 60.
[2] 季羡林等校注,《大唐西域记校注》,第452页。
[3] CBETA, T50, no. 2053, p. 252, a3-4.
[4] 季羡林等校注,《大唐西域记校注》,第1006,1024页。

育，因为国号。"[1] 幸运的是，这一于阗建国传宗立嗣的传说，有更为详尽的藏文本，记载在《于阗国授记》中。虽然传说几近一致，但是藏文本中获得"地乳"之名者，不是于阗国。藏文本于阗国建国之传说，也记载了于阗国开国国王的后嗣是饮吮地乳长大的神童，这个国王因此而获得了"地乳"之名。他的藏文译名为 sa-nu，如果较真的话，按照藏文传说的记载解释，敦煌那件梵语、于阗语写卷上出现的 gaustana-deśa，可以译作"瞿萨旦那之国"，复合词前词 gaustana 可以看作那位饮吮地乳长大的国王的名号。在藏文中，于阗国被称作 Li-yul，音译加意译可作"李域"。至于藏文为什么叫"李域"，本文不再讨论。[2] 但是藏文本于阗建国的传说、建国者后嗣的名字，以及藏文对"于阗国"的称谓，都可以从旁证明，所谓雅言"瞿萨旦那"的国名，并未得到广泛认可，未得流行。

综上所述，汉文史籍的"于阗""于寘"是于阗王国最古老的译名，佉卢文的 khotana 以及梵语的 khottana 继承了古老的发音。到了玄奘的时代，虽然正字保留了古老的国名 hvatana，但其实 -ta- 已经丢了原有的音质，成了玄奘听到的"涣那"。至于"瞿萨旦那"，我目前所能得出的结论是：该说起源自于阗建国传说，那应该是萨婆多寺的梵语版本，而这一版本并未被世俗、官方以及其他佛教派系所继承传播。

---

[1] 季羡林等校注，《大唐西域记校注》，第1008页。
[2] 关于藏文"Li-yul"之说，可参阅谢继胜，《藏地金铜造像琍玛 li-ma 专名形成路径考》，《美术研究》2017年第6期，第57—67页。

失落的文明:于阗故地的诉说[*]

古代于阗王国,相当于现在的新疆和田地区,处于丝绸之路南道,曾经是多元文明的枢纽。最早记录于阗王国存在的史料来自《史记》。至少在公元前1世纪于阗已经建国,它延续了千余年,最终毁于宗教战争,而后于阗王国的经济、文化中心,大部分湮没在沙漠之中。

20世纪初,以斯坦因为代表的所谓西方探险家闯入新疆丝路南道和田至于阗之间广袤沙海,在老达玛沟、喀拉墩、哈达里克、丹丹乌里克等古代遗址,发现了各种文字的写卷,有佛教经籍,有世俗文书。这些发现,仿佛拭去了一抹尘埃,令失落的于阗文明再次绽放出纷呈的异彩。依照《大唐西域记》,古代于阗"出氍毹细毡,工纺绩绝绰","俗知礼义,人性温恭"[1]。虽寥寥数语,却已烘托出古代于阗人民的勤劳聪慧和温文尔雅。近年来,入藏于策勒县文管所、乌鲁木齐新疆博物馆,以及中国国家图书馆的古代写卷、文书,以更加丰富的文字,辉映汉文史籍、藏文传说的记载,古代于阗文明展现出更加丰富的内容。本文将重点以近年来新出胡语类文书为依据,介绍古代于阗文明的一些侧面。

一

古代于阗文明,毕竟是失落的文明,反映在出土文献上,则以支离破碎为特征,犹如散落的璎珞。近年来,一批新出胡语文献陆续入藏各博物馆、图书馆,形成了一定规模。这些文书,大多数已经残破不堪,但是仍然能反映出古代于阗作为丝路绿洲之地的

---

[*] 文章原载上海博物馆编,《于阗六篇:丝绸之路上的考古学案例》,北京大学出版社,2014年,第97—121页。
[1] 季羡林等校注,《大唐西域记校注》,第1001页。

图1　国图藏编号BH4-11的佛教梵语《贤劫经》残片

图2　大英图书馆藏编号Or.8212/1695的梵文残片

特点。作为丝路南道重要枢纽的于阗国，曾经是多民族的聚集地，为往来于不同民族的商队提供了长期或短暂的居住地。因此，来自丝路南道、于阗故地的古代抄本文书，往往呈现多语言、多文字的特点。以入藏中国国家图书馆的来自于阗故地的古文书、写卷为例，以语言及数量的多少排序，有如下语言文字的藏品：

1. 于阗语写卷、文书，包括佛教典籍类写卷和世俗文书。
2. 婆罗谜字的梵文残片。
3. 佉卢文的犍陀罗语世俗文书。
4. 吐火罗语，存一纸世俗文书，并存一枚木简。
5. 据史德语，仅存一残破纸片，为世俗文书。
6. 犹太波斯语书信。仅存一纸，近乎完整。
7. 粟特语世俗文书。仅存一纸，文字不多。

以上各类语言的古写卷文书，以遗存物的数量而论，于阗语的抄本、文书数量最多，稍后将重点介绍。除了于阗语的抄本、文书之外，以婆罗谜字母为书写文字的佛教混合梵语的写本残片，数量虽少于于阗语的，但也颇具规模。所谓佛教混合梵语，是指具备俗语特征的梵语。梵语是南亚次大陆古代通行的书面语言，属于印欧语系。古典梵语的著名史诗《摩诃婆罗多》和《罗摩衍那》皆有汉译本发行，为中国读者所熟悉。简单说来，佛教混合梵语，使用梵语的正字，但屈折变化时所使用的词尾等，则不同于规范的古典梵语。和田地区发现的佛教混合梵语的残片，大多是大乘佛教著名经典的残存，原属《妙法莲华经》《小品般若波罗蜜多经》《大品般若波罗蜜多经》《金光明最胜王经》等。其中最值得称道的，是一片佛教梵语《贤劫经》的残片。《贤劫经》是大乘佛教的重要经典之一，梵文本早已失传，而出自竺法护的汉译本语义深奥，所以关注的人甚少。在国图的藏品中，居然能够发现这部经的佛教梵语原典的残存，不能不说是历史的馈赠。更令人称奇的是，北京大学目前在读博士生李灿在大英图书馆斯坦因的藏品中发现了可以和国图的《贤劫经》残片【图1】缀合的另一残片，这便是编号Or.8212/1695的梵文残片【图2】。这件残片，是斯坦因第三次来和田地区考察时，从古董

封牍正面

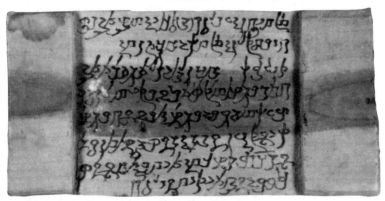

底牍内侧

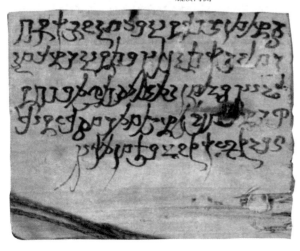

封牍内侧

图3 国图藏佉卢文信札，编号BH5-5。大约写于公元3世纪末或4世纪初期。这封信札是写给州长克罗那耶的

商巴德鲁丁汗（Badruddīn Khān）那里获得的。[1]此后近一百年，这件残片的内容无人知晓，直到中国学者着手解读这些文字，它的内容才得以破解。以上所述这些残破的梵文残片，是无言的陈述，证明了于阗故地曾经是大乘佛教积极的拥趸，最著名的大乘佛教经典，皆曾在此地得到传诵。

二

上文提到的国图收藏的佉卢文/犍陀罗语的遗存物，皆书写在木简之上，内容涉及契约以及信件。这些佉卢文木牍，上面书写的虽是异域文字，但木简之使用则实在是接受了汉文化的影响。大多佉卢文木简，还保留了印齿，封牍上有三道绳槽，象征三缄其口【图3】。考察这几件文物的语言文字，以及文书记载事件所涉及的人名，与斯坦因从尼雅地区所获佉卢文木牍无甚差异，由此可知，国图收藏的佉卢文/犍陀罗语的文书，原也应出自尼雅地区，那里是古代鄯善国的属地。

佉卢文，是一种拼音书写文字。古代印度使用过两种书写体系，即佉卢文的书写体系，以及婆罗谜字的书写体系。佉卢文曾主要流行于巴基斯坦北部、阿富汗东部，即所谓大犍陀罗地区。在我国新疆，坐落在丝路南道的王国楼兰、鄯善，也曾使用佉卢文/犍陀罗语作为官方的语言文字，所以才有大量佉卢文木简出土。关于这种文字的起源，众学者尚无统一的认识。一般认为，这种文字起源于古代阿拉米字母，并在其基础上经过了发展演变。所谓犍陀罗语，指的是古代印度西北的方言，与梵语、巴利语皆有很近的亲缘关系，都属于印欧语系的印度语支，是贵霜王朝时期的官方用语。正是这种语言，曾使用佉卢文作为书写文字，所以学术文章中常常并用"犍陀罗语、佉卢文"之概念。

作为地域名称，"犍陀罗"是中国读者所熟悉的。公元前4世纪，随着亚历山大东征，希腊人来到犍陀罗地区，建立起小的王国。在之后的几个世纪，犍陀罗的工匠，融汇了希腊、印度的造像风格，创造了著名的犍陀罗佛教造像艺术。而这一带的佛教团体

---

[1] 见Sir Aurel Stein, *Innermost Asia: Detailed Report of Explorations in Central Asia, Kan-su, and Eastern Īrān, Carried Out and Described Under the Orders of H.M. Indian Government*, Vol. II, The Clarendon Press, 1928, p. 1018. 对该残片的转写，也见*Innermost Asia*的汉译本，但与原版相比出现了印刷错误。奥雷尔·斯坦因著、巫新华等译，《亚洲腹地考古图记》第二卷，广西师范大学出版社，2004年，第1444页。

另一富有鲜明特色的风格，便是开始以佉卢文/犍陀罗语书写佛经，将佛教的经典誊写在桦树皮之上。而写在桦树皮上的佉卢文佛经曾经用作法舍利，与僧人的骨灰一起埋葬。这一习俗的影响广泛而久远，甚至经中华而流传到韩国、日本。

佉卢文/犍陀罗语在早期确实曾在于阗王国流行，据说佉卢文的《法句经》是在和田的库马尔石窟发现的。斯坦因在安得悦获得的一枚木简，上面有于阗王的统治年号，说明于阗王国官方也曾使用佉卢文/犍陀罗语。但是新疆和田地区以及敦煌藏经洞发现的大量文献证明，至少公元6世纪以降，于阗王国使用的官方语言，是于阗语。于阗王国的人民在诗上有天赋，创造了丰富的宗教、文学作品。古代于阗人民留下的、用文字书写的作品，是人类文明的瑰宝。

三

于阗语，属于印欧语系伊朗语支一脉。属于这一家族的，最古老的是古波斯语，即波斯帝国的建立者所使用的语言。这种语言曾使用楔形文字。伊朗波斯波利斯遗址出土的楔形文字铭文，以及镌刻在悬崖峭壁之上的贝希斯敦铭文，将古波斯语的基本结构存留至今。古波斯语，是西伊朗语支最古老的语言，与中古伊朗语的帕提亚语、巴列维语有一脉相承的亲缘关系，8、9世纪时，波斯语逐渐发展成熟。直到现代，波斯语仍然是伊朗、阿富汗、塔吉克斯坦等国家的官方语言。现代波斯语更多继承了西部伊朗语的元素。

东伊朗语支以存世的文献论，最古老的是《阿维斯塔》文献所使用的语言。"阿维斯塔"是伊朗拜火教宗教文献的统称，也用来指代这些文献所使用的语言。属于东伊朗语支中古伊朗语家族的，最著名的便是粟特语、于阗语。尤其是于阗语，存世文献相对丰富，现代学者的研究成果也相对丰富。以下重点介绍于阗语。

于阗语，曾经是丝路南道于阗绿洲王国的官方语言，经过几个世纪的传承发展，留下了丰富的宗教、文学作品。

具体说来，于阗语属于印欧语系的东伊朗语支，是中古伊朗语的一支，因此从发音到语法，皆可看到从古至今伊朗语的特征。与具有亲属关系的梵语相比较，于阗语在发音方面以较少颚化音为特点。以数词20为例：于阗语 bista，上可追溯到阿维斯塔语的vista，下可引证现代波斯语的bist。而梵语则是viṃśati，其中śa是颚化的丝音。数词100，于阗语sata，梵语śatam。于阗语发音体系的辅音，如ys[z]、tc[ts]、js[dz]（tc的浊音）、ts[tsj]等，也是梵语中不具备的。写作ä的元音也是于阗语独有的。

伊朗语族的发音系统里，原没有顶音组。顶音原本是以梵语为代表的南亚次大陆印欧语系之语族的特点。所谓顶音，是指纯正梵语的辅音组ṭ、ṭh、ḍ、ḍh，以及ṣ等。于阗语却有表示顶音的辅音。这些顶音辅音字母在于阗语的应用，固然是受到外来语影响的结果，但其音素仍不同于梵语的成分，而是从伊朗语演变而来的。例如，早期于阗语辅音ṣṣ，晚期写作ṣ，音标[ʃ]，是源自古代伊朗语的*xš，例词可举早期于阗语的ṣṣava-（晚期写作ṣava-），"夜"，源自古代伊朗语的*xšapā-，同源词在梵语是kṣapā-，而阿维斯塔语则有xšap-。又例如早期于阗语的动词huṣṣ-（晚期写作huṣ-），"增长"，源自古代伊朗语的*uxša-，阿维斯塔语有vaxš。[1] 而关于写作顶音的ḍ，音标[dj]的讨论则更加复杂。恩默瑞克认为，古代伊朗语的*rt发展成了ḍ，而古代伊朗语的*rd演变为l。前者的例词可举于阗语的sāḍa-（寒冷），可参照阿维斯塔语的sarəta；又例如于阗语ysāḍa-（年迈的），可参照阿维斯塔语的zarəta。但是于阗语的salīā-（年），相应阿维斯塔语为sarəd；于阗语的kamala-（头），相应阿维斯塔语作kamərəδa[2]。

于阗语的名词性词区分阳性、阴性，有单复数的差异，有主格、业格、属/为格、具/从格，以及依格的屈折变化。动词有时态、语态的变化。用于表示完成时等的动词语干，不同于现在时的。这些词的形态变化，皆是印欧语系尤其是印度伊朗语支的语言特点。而作为古代于阗王国官方语言的于阗语，伴随着王国的变迁，在于阗故地生存了数百年。随着时间的推移，语言也要发生一定变化。由此，依据已经发现的于阗语文献，于阗语有早期和晚期的明显差异。哈佛大学教授施杰我甚至认为，以语言学的眼光审视，于阗语应经历了早期、中期和晚期的阶段。早期约在5—6世纪之间，中期跨越7—8世纪，而9—10世纪直到于阗王国灭亡，于阗语已经发展到晚期阶段。[3] 早期于阗

---

[1] 关于于阗语顶音字符发音的讨论，详见R. E. Emmerick, "The Consonant Phonemes of Khotanese," *Monumentum Georg Morgenstierne* I, pp. 185-209. 所引见该文pp. 196-197。

[2] R. E. Emmerick, "The Consonant Phonemes of Khotanese," *Monumentum Georg Morgenstierne* I, p. 191.

[3] P. O. Skjærvø, *Khotanese Manuscripts from Chinese Turkestan in the British Library: A Complete Catalogue with Texts and Translations*, p. lxx.

语阶段的存世作品，当属《赞巴斯特之书》；而晚期较为典型的代表作品，有在敦煌藏经洞发现的于阗语《佛本生赞》。

从于阗语的一些词汇，可以看到古代伊朗人的信仰。于阗语urmaysdān-（太阳），来源于阿维斯塔语的ahura-mazdā，即来源于拜火教的大神"阿胡拉玛兹达"。甚至于阗语用来对译梵语"吉祥天女"的词śśandrāmatā-，也是来自阿维斯塔语的spəntā-Ārmaiti-（即圣洁的神灵）。但是，于阗语词汇中含有大量印度西北方言的语汇，甚至一些印度的语汇仅仅在于阗语汇中保留了下来，例如mahāyānaprabhasta，是个在梵语复合词后附加了于阗语词缀而构成的词，直译作"充满大乘舆光辉的"，实际上指"日曜"，如此用法，仅见于于阗文献。[1] 再举一例：笔者在私人藏品中见到一书写在出自于阗的麻布上的梵文契约，是一个人在离家出家前，将自己的女佣过户给其他人家的契约。[2] 契约签署于某王的第8年第9月。而"于第9月"写作sahottārake。sahas确实可以作为月仪名称使用，相当于公历的第11到第12月。但是如此表述应用在实际契约中，还是首次发现。于阗语中保存下来的印度语汇，对于解析古代印度西北方言的变化来说，是重要的资料来源。

当年玄奘取经回归时，曾在古代于阗国盘桓逗留，对于阗国的书写文字有如下评述："文字宪章，聿尊印度，微改体势，粗有沿革。"[3] 玄奘的观察记述真实无谬。于阗语采用了婆罗谜字母作为书写文字。但是，与其说是古代于阗人借用了印度的婆罗谜字母，不如说是古代于阗人使用婆罗谜字母而发展出自己独立的书写体系，并具有强烈的、维护独立书写传统的意识。[4] 古代于阗习字的人知道哪一种写法是于阗字，哪一种写法是梵语式的。比如起始元音写法的不同。梵语写卷中，当a、ā、i等位于字首

---

[1] 这个词出现在斯坦因于敦煌藏经洞所获的于阗语长卷之中，该卷收藏在大英图书馆，编号S.2471。贝利所完成的对此卷第92—98行的拉丁字母转写收在 *Khotanese Buddhist Texts*, pp. 94-100。于阗语"日曜"之词出现在该卷的第259行。但无论是贝利，还是后来重新转写此卷的施杰我（*Khotanese Manuscripts from Chinese Turkestan in the British Library: A Complete Catalogue with Texts and Translations*, p. 33），均未能正确识别出这一词语。笔者的翻译以及阐释，见段晴，《于阗文中的八曜》，《民族语文》1988年第4期，第36—40页，这里提到的例子在第39—40页。

[2] Duan Qing, "A Sanskrit Buddhist Document on Cloth of the Earlier 7th Century," *Eurasian Studies* Ⅲ, 2015, pp. 171-185.

[3] 季羡林等校注，《大唐西域记校注》，第1002页。

[4] 早在1916年，Hoernle已经指出，于阗人具备自己特殊的书写风格，于阗语婆罗谜字与梵语婆罗谜字就一些字符的书写有明显的差异。参阅A. F. Rudolf Hoernle, *Manuscripts Remains of Buddhist Literature Found in Eastern Turkestan*, Oxford, 1916, pp. xiv-xvii。

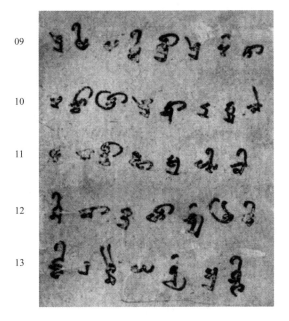 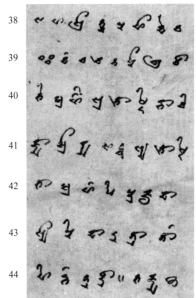

图4 于阗语长卷《对治十五鬼护身符》局部一，藏国图，编号 BH1-18

图5 于阗语长卷《对治十五鬼护身符》局部二，藏国图，编号 BH1-18

时，会分别写作不同的字母；而于阗语则以 a 为基础，来表现这些起始元音。国图收藏有一于阗语长卷，题为《对治十五鬼护身符》，我们可以此长卷为例[1]：此护身符上书有陀罗尼咒语，传说是观自在菩萨于佛前所说的，具有禳灾祈福的功效。护身符全文是于阗语的，唯陀罗尼部分用不标准的梵语撰写。在这两种语言兼具的写卷中，书写者刻意体现了两种文字的差异。该长卷于阗语的一段文字【图4】，文中起始元音 i，写作 。

    9. cu rri satvi ī cu maṃ nā-

    10. ma hvāñī cu tvā rakṣa be-

    11. da barī ttū aysi bi-

---

[1] 参阅段晴，《对治十五鬼护身符》，《于阗·佛教·古卷》，第203—224页。

12. śi bāḍa hīvyamñe di-

13. jsi rakṣai yanūṃ aśti

不论是谁,只要他呼唤我的名字,持有此护身符,我将于一切时护持他。

在同一写卷中,在不规则梵语的陀罗尼部分,可以看到起始元音 i 写作 ༄. 下面这段文字摘录自《对治十五鬼护身符》的陀罗尼【图5】,使用不规则的梵语写成。

38. sahasrākṣa mahādeva

39. idaṃ vacanam ābrravī-

40. ti ahau subhāṣi'tā vi-

41. dyā āryasatvasya bhāṣṭi-

42. tā ahaṃ pi mudrra dā-

43. syāmi dārakānāṃ

44. hittaṃkārī || tatyathā

千眼大天(因陀罗的绰号)说了这番话:"此番妙语知识,为圣人所说。我也给予印契,为了给孩童们造福。"譬如……

这件写卷说明,古代于阗人创造了独立的书写体系。虽然所使用的婆罗谜字,也是用来书写梵语的文字,但于阗人在书写时,会刻意区分两种不同语言的书写方式。于阗语书写系统本身,又可区分出两种书写模式,即正体字和草体字。现在看来,于阗寺院誊写佛经时惯常使用正体字。古代于阗语使用的正体字,在现代又被称作丝路南道婆罗谜字体。如于阗语《金光明最胜王经》之一叶【图6】,原件收藏在国图(编号BH2-24)。《金光明最胜王经》是大乘佛教的重要经典之一,抄写这部经所用的字体,正是丝路南道婆罗谜字。这一叶纸呈贝叶形状,是印度书的形式。这一叶纸保存基本完整,双面书写,每面六行。穿经线孔在左侧。其内容更接近义净译出的《金光明最胜王经》之第十九品《僧慎尔耶药叉大将》,又相当于昙无谶所出译本第十品《散脂鬼神品》。但值得注意的是,昙本中没有药叉王散脂的咒语以及相关的法事。

于阗语的世俗文书,通常使用草体字。【图7】展示的便是一件世俗文书,是典型的

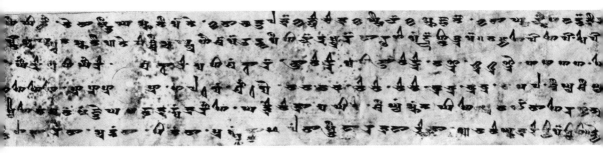

图6 于阗语《金光明最胜王经》之一叶（正面），藏国图，编号BH2-24

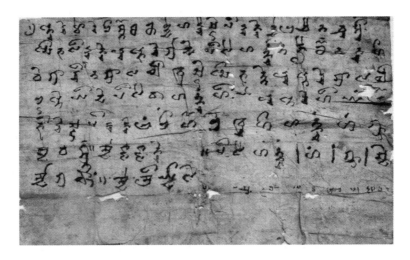

图7 使用草体字书写的于阗语租赁契约文书，藏和田博物馆，编号HTB000397

用草体字书写的。这件文物收藏在和田博物馆，馆藏编号为HTB000397。其内容是租赁契约。签订这件契约的主要人物叫思略，他生活在8世纪末9世纪初期。虽然距今已有一千二百余年，年代久远，但这件契约所用的纸张保存完好，墨迹清晰，如此完整的于阗语文书，在迄今和田周边出土的文献中甚为少见，属于新疆考古发现的珍品之一。其内容尤为重要，涉及桑树的租赁，涉及"锦"字。这件文书的出现，令一个困惑了于阗语界几十年的问题得以破解。一直以来，人们虽然知道古代于阗是丝绸之乡，但是始终未能在存世的于阗语文献中找到"桑"字。笔者在解读这件契约的过程中，重新审视了反复出现的rrustari一词，而且比较了收藏在俄罗斯圣彼得堡的两件内容相似的契约，终于发现，一直被误译作"牛角瓜"的rrustari，正是于阗语的"桑"字。[1]这件以及其他众多于阗语文书证明，现在被称为丹丹乌里克的地方，现在被塔克拉玛干黄沙覆盖的地方，在古代曾是桑树成荫的富庶之地，那里曾经机杼声不绝于耳，古代智慧、勤劳的于阗人在此织出了五彩斑斓的于阗锦。

四

20世纪的于阗语研究领域，有两位学术泰斗做出了最伟大的贡献：一位是剑桥大学的贝利教授，他曾经破解了无数于阗语词，留下丰厚的著作；另一位是德国汉堡大学的教授恩默瑞克。后者曾经是贝利教授的学生，是剑桥三一学院的优等生。恩默瑞克著述丰厚，一部《于阗文献指南》(*A Guide to the Literature of Khotan*)[2]虽篇幅有限，却全面而富有层次地概括了存世的于阗语文献。因此，欲知有何种于阗著作存世，当首推这部著作。这部小书的修订版出版于1992年，从那时至今，毕竟已过二十年。这期间，新的发现层出不穷，一方面是指对已知于阗语文献的重新认识，例如《赞巴斯特之书》第三章，相当于提云般若所译《大方广佛花严经修慈分》。[3]这一发现，归功于现在中国社会科学院梵文研究中心的常蕾博士。依据汉文译本，陈怀宇成功比定出三件于阗语佛经，即《东方最胜灯王如来经》、《大方广佛华严经不思议佛境界分》，以及《佛说象腋经》。[4]日本学者吉田豊则比对出几件《无垢净光大陀罗尼经》的残片。[5]这些发现，

---

[1] 这件文书曾以《和田博物馆藏于阗语租赁契约研究》为题，由段晴、和田博物馆联名发表，载于《敦煌吐鲁番研究》第11卷，上海古籍出版社，2009年，第29—44页。后经过修改，收入段晴，《于阗·佛教·古卷》，第267—284页。

[2] R. E. Emmerick, *A Guide to the Literature of Khotan*, second Edition, The International Institute for Buddhist Studies, 1992.

[3] 参阅CBETA, T10, no. 306, p. 959a。

[4] 参阅陈怀宇，《英国图书馆藏三件于阗文文书的比定》，载樊锦诗、荣新江、林世田主编，《敦煌文献·考古·艺术综合研究——纪念向达先生诞辰110周年国际学术研讨会论文集》，中华书局，2011年，第330—338页。

[5] 参阅吉田豊，『コータン出土8-9世紀のコータン語世俗文書に関する覚え書き』，神户市外国语大学外国学研究所研究丛书第38册，2006年，第15—16页。

丰富了我们对于阗佛教文献的认识。

上文已经提及，本世纪以来，不断有新的于阗语文献被发现，以至国图、新疆博物馆等已经形成了一定规模的胡语文书收藏。新出的佛教类文献，一些品名甚至前所未知，不但扩大了于阗语文献的总量，而且增加了新的名目。新疆博物馆收藏的于阗语佛经残片中，有五片残纸是《佛说一切功德庄严王经》的片段。[1] 这部经有汉译本。其梵文本，是义净从印度带回的。当义净于神龙元年（705）将这部经及《大孔雀咒王经》、《胜光天子》、《香王菩萨咒》、《一切庄严王经》一并翻译完成后，唐中宗李显特于洛阳西门向他的臣子展示新译出的经文。[2] 现在又发现了于阗文本，说明至少在义净译经的年代，于阗故地流行的佛经已与中原趋同。

新出于阗语文献，除带来了崭新的经籍，也为丰富其他已知文献做出了贡献。以收藏在国图的于阗语文书为例，目前已经发现了以下各个经目的残片。

1. 《智炬陀罗尼经》（Jñānolka-dhāraṇī），存有一纸叶。
2. 《金光明最胜王经》（Suvarṇabhāsottama-sūtra）之《诸天药叉护持品》一纸叶，以及《僧慎尔耶药叉大将品》一纸叶。
3. 《百五十般若波罗蜜多经》（Adhyardhaśatikā Prajñāpāramitā），仅有残纸数片。
4. 《出生无边门陀罗尼经》（Anantamukhanirhāra-dhāraṇī），仅有残纸一片。
5. 《无垢净光大陀罗尼经》（Raśmivimalaviśuddhaprabhā-nāma-dhāraṇī），仅有残纸数片。

于阗语佛经，一般书写在纸上，纸裁成印度书形，即贝叶形。每张贝叶纸双面书写，留有穿绳孔。一部经籍抄写完毕后，纸叶叠落在一起，用绳穿起预留的孔洞，书便形成了。新疆和田地区出土的于阗语写本，绝大部分残破不堪。但因为书写佛经的纸有固定的格式，所以很容易从书写的字体、用纸的形状中区分出写本的僧俗归属。

---

[1] 参阅段晴，《于阗语〈佛说一切功德庄严王经〉残叶》，载中国文化遗产研究院、新疆维吾尔自治区博物馆编，《新疆博物馆新获文书研究》，中华书局，2013年，第60—72页。
[2] 《宋高僧传》卷一："帝深崇释典，特抽叡思制《大唐龙兴三藏圣教序》，又御洛阳西门宣示群官新翻之经。" CBETA, T50, no. 2061, p. 710c.

图8 于阗语文书"伏阇达五年蠲除契约",藏国图,编号BH5-1

  除了佛教的经籍,近年来还出现了数量颇丰的世俗文书,有寺院的日常破历,有买卖土地、房产的契约,有买卖人口的契约,还涉及典押制度等。这些文书,从各个侧面真实再现了于阗社会的生活、习俗等。中国古代的汉文书,有所谓"表状笺启牒辞"之分。于阗语世俗文书,也有一些分类,关于这些分类,尚待仔细分别。从外观形制而言,有一类文书独显特色,这便是案牍文书。所谓"案牍",是对于阗语 pāḍa- 一词的翻译,特指形状如小木匣者,由上下两层较厚实的木板组成,底板三边高起,形成槽状,而槽底平滑,利于书写。底板上钻有两个孔,为穿绳用。上面的盖子嵌入槽内,盖子上有印齿,绳从底板穿过,进入印齿后系牢,上面再加入封泥,封泥上盖印。从内容看,案牍的功用较为统一。截至目前,已经发现此类案牍近二十件,大多数收藏在新疆地区的博物馆。国图收藏有三件。以笔者所见,这些案牍全部是民间契约,涉及人口买卖、抵押,以及数额颇高的交易。由此可知,此类形制的文书,曾经是于阗国民间最为珍贵的法律文书,曾为各家各户妥善收藏。为了突出于阗王国特有的风俗,我们将 pāḍā- 译作"案牍",以体现此种文书书于木板的形制,以及其所具法律功用。用案牍作为契约的最高形式,此种传统在于阗国至少延续了二百年。目前所见,最早的一件收藏在新疆博物馆,当生成于7世纪中期,最晚的一件收藏在新疆策勒县文管所,是于阗王尉迟曜十一年(777)所书。国图藏编号BH5-1的案牍文书【图8】,涉及一桩悲惨的典押事件。一个名叫亨举的年轻人,被他的父亲典押给另一族落,只为借到两千文钱。这个年轻人未能等到父亲来赎身,便死在了那里。于阗Ṣṣau官出面判案,Ṣṣau官是于阗王之下的一等高官,又被尊称为宰臣。这位宰臣,派出探子去查验尸体,未能发现任何外伤。最后宰臣判当事双方共分那两千文钱。由是而写下这契约。这件案子,发生在于阗王伏阇达五年,即公元732年前后。一些词语,如 drraṃmāja-tsū(出作典押),parramaa-(探子),śūjenasamau……(业格),yan-(两共平分……),等等,其含义皆是首次被解析出来。这件文书,不仅为我们解析未知于阗语词提供了足够的语境,而且真实再现了古代于阗社会生活之一隅。

五

位于丝路南道的于阗王国,尤其是在公元第一个千年,巍然矗立了数百年之久,成为中西物质文化交流的重要枢纽。于阗文明的消亡是悲惨的,然而沙漠边缘地带的特殊位置又将幸运赋予了于阗文明。一些用于阗语记录下来的各类文献保存了下来,真正实现了时空穿越。现代史学家,不仅能够依赖汉文史籍、藏文传说的记载,同时还可利用存世于阗文献,梳理出于阗王国的历史脉络,以及王室更迭的谱系。尤其值得大书特书的,是藏文传说《于阗国授记》与存世之于阗文献间的互证关系。

藏文献 *Li Yul Lung-Bstan-pa*,翻译入汉语作《于阗国授记》,初读时很容易认为这是一部记述传说、神话、故事类的文献。而揭示历史的真实,似乎不是这部文献的主旨所在。但是,这部文献记载的传说、故事等,能与存世于阗文献相互呼应的例证却越来越多。除了众所熟悉的蚕丝东传的故事以外,还有一些比定十分有意义。例如笔者曾发现,被贝利、施杰我转写作 ttaśattara 的于阗语[1],正是《于阗国授记》提到的龙王 Da-ci

---

[1] 见 P. O. Skjærvø, *Khotanese Manuscripts from Chinese Turkestan in the British Library: A Complete Catalogue with Texts and Translations*, p. 34. 即 S.2471 的第 270 行。

和 Da-ra。[1] 荣新江、朱丽双发现，绘制于敦煌莫高窟一些洞窟甬道顶部的于阗八大守护神，其排列顺序、名称等，竟然与《于阗国授记》的记载是一致的。这些一致性，为恩默瑞克当年的预言提供了充分的证据。他曾经说：太多的例证得到同时代的或者于阗出土文献的印证，令我们越来越相信这些藏文的记述保留了原始风貌，且信息来源可靠。[2] 用《于阗国授记》的记载与于阗文献互考，将是笔者未来的课题之一。

截至目前，已经有更多《于阗国授记》提到的于阗王名得到了于阗文书的印证。

首先是 gyasti viśita balä（天王伏阇巴罗），这个王名出现在两件于阗语文书中[3]，一件是在该王的第二年，另一件是在该王的第八年。笔者未能在汉文史籍中找到与此王名相应的记载。《于阗国授记》却多次提及名叫 Ba-la 的王，并记载此王曾娶 Cu-gun-pan（朱俱波）国王的公主为妻[4]，特为其已出家的姐姐建造了一所比丘尼寺。而一件梵语世俗文书真实记载了有一座比丘尼寺院依附于王宫[5]，出现在这件文书中的相应语词为 rājakula-naivāsina-bhikṣuṇī-saṅgasya，即"驻于王宫的比丘尼僧团"。

还是依据《于阗国授记》，于阗王伏阇巴罗有儿子 Vijaya Saṅgrāma[6] 继他之后成为新的于阗王。在存世于阗文书中，至少可以找到两位名字相同但时代不相同的于阗王。新疆博物馆共藏有四件案牍，这四件全部属于一个名叫 Śudapuñä 的于阗百姓，找到这四件案牍的地方，必然曾经是这个人的家园。其中一件，写在于阗王 Viśya Saṃgrrāmä 治下第十二年，涉及女子和儿童的买卖。又有民间收藏家收藏有六件书写在麻布上的契约，其中一件发生在 Viśita Saṃgrāmi 的第十五年。可以确定的是，这两个名字几近一致的于阗王不是一个时代的，后者的拼写字样显然更加古老。

再依据《于阗国授记》，曾经有于阗王 Vijaya Siṃha，他的父亲是 Vijaya Saṅgrāma[7]。上文刚提到属于于阗百姓 Śudapuñä 的四件案牍，其中一件书写于 Viśya Sīhä 纪年的第

---

[1] 藏文原文，参阅 R. E. Emmerick, *Tibetan Texts Concerning Khotan*, pp. 64-65。笔者的论述，参阅 Duan Qing, *Das Khotanische Aparimitāyuḥsūtra*, p. 42。

[2] 见 R. E. Emmerick, *Tibetan Texts Concerning Khotan*, p. xii。

[3] 此件目前尚属民间私人藏品，未有编号。

[4] R. E. Emmerick, *Tibetan Texts Concerning Khotan*, pp. 70-71.

[5] Duan Qing, "A Sanskrit Buddhist Document on Cloth of the Earlier 7th Century," *Eurasian Studies* III, 2015, pp. 171-185.

[6] R. E. Emmerick, *Tibetan Texts Concerning Khotan*, pp. 54-55.

[7] R. E. Emmerick, *Tibetan Texts Concerning Khotan*, pp. 53-54.

四十九年。如此一来，于阗王世系在公元7世纪前后的脉络便清晰了。这段历史还有两《唐书》为佐证。Viśya Sīhä 即于贞观二十二年（648）入朝的伏阇信。[1] 此伏阇信的"信"字，正是 siṃha（狮子）的音译。其子伏阇雄，即新疆博物馆藏案牍上出现的 Viśya Saṃgrrāmä。伏阇雄是于阗历史上传奇性的人物，两《唐书》有对其事迹的记载。674年，伏阇雄打败吐蕃，被授予毗沙都督。[2] 天授三年（692），伏阇雄卒，武则天封其子璥为于阗国王。[3] 依据两《唐书》的明确记载，可推断出伏阇信的生活年代。既然他的儿子于674年已经继位，说明此时伏阇信已经故去。而新疆博物馆藏案牍显示，伏阇信在位至少有四十九年。综合于阗语文献与两《唐书》，便可知伏阇信约莫在公元7世纪初已经继承了于阗王位。由此又可知，他的父亲 Viśita Saṃgrāmi 的生存年代已经进入6世纪，而他的祖父，即上文提及的伏阇巴罗已经可确定是6世纪中期的人了。伏阇巴罗的在位时间最少是八年，至少在他统治的时期，王宫周边有比丘尼寺院的存在。

六

以上各节，简略介绍了于阗语的基本特点以及新近发现的于阗语文献为揭开古代于阗文明所做出的贡献。解读着那些古代于阗语的文献，通过那些涉及买卖、租赁、典押事件的文字，我常常一面试图领悟文字传达的古代于阗社会尊崇的凭信、勤奋和恩爱，同时也为这样一脉传承久远而发达的文明之消亡而遗憾。我常常会追问一个问题：传承了数百年的于阗文明在今天还有痕迹可寻吗？

在和田地区周边，古代于阗的地望名称依稀可辨，例如策勒，似乎沿用了古代地名 Cira，古译"质逻"，这是古代于阗著名的六城之一。最近洛浦县周边的山普拉乡出土了5—6世纪时织就的毛毯，上面织有于阗语句，由此学者将于阗语 Sūmapauña 与相应的藏文 Sum-pon 联系到一起，这个词到了维吾尔语则变成 Sampul。维吾尔语之所以用辅音 l 模拟于阗语的 ñ 音，是因为维吾尔语不使用颚音化的鼻音。而作为末音的维吾尔语 l 音的

---

[1]《旧唐书》之《地理志三·陇右道条》记载，于阗王伏阇信于贞观二十二年入朝。见刘昫等，《旧唐书》，中华书局，2002年，第1648页。
[2]《旧唐书·本纪》第五，《高宗下》，第99页。
[3]《旧唐书·西戎传·于阗国传》，第5305页。

发音位置，确实与ñ音的最为接近。最终，从维吾尔语而翻入汉语，则有了两种汉字写法，"山普鲁"或者"山普拉"。现在发现毛毯的地方已是戈壁滩，当地人已经不记得古于阗的往事，但这些往事却在地名中得到了传承。[1]

从和田追溯到中原，当人们来到洛阳龙门石窟，必然要瞻仰武则天施脂粉钱而营造的卢舍那大佛。当人们仰望那尊历经上千年而依然殊美端庄的佛像时，可否会想到，当年武则天的周围，确有于阗高僧的存在。于阗故地流行的佛教思想，曾经影响了武则天。唐朝时，中原与于阗国交往频繁。于阗僧人提云般若不远万里来到洛阳，将一部《造像功德经》从梵语翻入汉语，以彰显武则天修造佛立像的功德伟业。这部经，没有梵语原本，没有藏译本，唯有汉译的全本以及于阗语的部分经文存世。提云般若在中原生活的时间十分短暂，留下的译著也不多，共有六部，而且篇幅都不长。但这六部当中，有四部已经在现存的于阗文献中找到了对应版本。这说明他所译经籍，真实反映了7世纪末期，于阗所兴的佛教经典。

武则天当年十分崇信华严，常常命高僧为她宣讲《华严经》。但这些高僧宣讲所依据的文本，是东晋时代的译本，即所谓六十卷本。大约是经过了提云般若的提示，武则天确信于阗有大本《华严经》，特发使者往于阗请来高僧实叉难陀。武则天对实叉难陀的译经事业关爱有加，译《华严经》之初，她令整个翻译班子进驻洛阳大内的大遍空寺，而且亲自为之作序。《华严经》翻译完成后，她令实叉难陀随驾而行，又命其翻译其他于阗流行的经典，如《入楞伽经》。与实叉难陀同一年来洛阳的高僧义净，所传应是正宗的、印度佛教正流行的经籍，他却没有得到武则天的优渥赏识。[2]在《大乘入楞伽经》的序言中，武则天高度赞扬了来自于阗的高僧实叉难陀以及与他一同译经者：

> 三藏沙门于阗国僧实叉难陀大德、大福先寺僧复礼等，并名追安、远，德契腾、兰，袭龙树之芳猷，探马鸣之秘府，戒香与觉花齐馥，意珠共性月同圆，故能了达冲微，发挥奥赜，以长安四年正月十五日缮写云毕。[3]

---

[1] 参见本书第一章的内容。
[2] 参阅段晴，《义净与实叉难陀》，《于阗·佛教·古卷》，第167—184页。
[3] CBETA, T16, no. 672, p. 587a.

武则天时代曾经兴盛的译经事业对于中原的僧俗界，甚至对于于阗的僧俗界皆应产生过影响。实叉难陀在洛阳翻译《华严经》时，义净大师也参与其中。695—699年，《华严经》翻译完成。那时，来自于阗的高僧实叉难陀曾与义净大师朝夕相处，同住在洛阳佛授记寺。后来，实叉难陀思念在于阗的母亲，武则天派特使护送他回到了于阗。中原佛教所兴所倡之佛教经籍，通过实叉难陀而又传播到了于阗。而于阗僧人译出的经籍也对中原文化产生了波及至今的影响。

"作茧自缚"之成语流传的源头[1]，似能追溯到武则天所兴译经的影响。最早在诗中引用这一成语的，是唐代诗人白居易。他曾写道："烛蛾谁救护？蚕茧自缠萦。"[2]现代研究唐代文人与佛教的学者，皆关注白居易的诗歌创作与佛教的关系。依据学者们的发掘，已知白居易从青年时代起，便礼佛、敬僧、读经、参禅。白居易在洛阳居住了约二十年，曾经两度捐钱修葺洛阳龙门名寺香山寺。[3]他常常提倡修习的《楞伽经》，正是于阗高僧实叉难陀译出的。而恰好是这部经，其中几处可以读到"譬如蚕处茧，妄想自缠缚"之语句。[4]佛经的惯常譬喻自然地流露在白居易的诗中，又随着伟大诗人的佳句而广为流传。而这文化之清泉的源头何尝没有于阗僧人的开凿之功？

最后，再以出现在策勒县文管所的一件案牍上的清晰文字，来破解一个千古谜团吧！这便是"卍"字为什么又读作"万"字之谜。关于这个符号，非常多的学者写了文章进行探讨，认为其有多种起源，具有神秘主义的性质。这里我们不关注此类讨论，而关注"卍"在佛教中的表述。在佛教的语境中，"卍"字是佛的三十二相之一，如《普曜经》讲述了婆罗门仙人为刚出生不久的太子相面的故事，仙人发现这个婴儿具备三十二相八十种好，预言此婴日后当成佛。三十二相里面便有"胸有卍字"之相。[5]"胸有卍字"之相，在一些佛经里又有具体的描述，如"毛竖立，竖立的毛呈绀青色，呈右旋状"[6]。一般说来，"卍"是梵文的 śrīvatsa，特指天神、佛等胸前呈"卍"状的一缕毛。

---

[1] 可参段晴，《于阗经文中"作茧自缚"的来源》，《民族语文》1993年第1期，第63—66页。
[2] 《白居易集》，中华书局，1979年，第375页。
[3] 参阅杜学霞，《白居易在洛阳期间的佛教信仰》，《河南科技大学学报（社会科学版）》2009年（第27卷，第6期），第15—18页，详见第17页。
[4] CBETA, T16, no. 672, p. 611b.
[5] CBETA, T03, no. 186, p. 496a.
[6] 段晴等译，《汉译巴利三藏·经藏·长部》，中西书局，2012年，第471页。

这个字符在唐代以前的佛经中也见翻译作"万"字，鸠摩罗什、玄奘却将之译作"德"，例如玄奘译《大般若波罗蜜多经》的所谓"胸臆德字"[1]，正是指佛胸前的吉祥符号。梵文的śrīvatsa，无论从音，还是从义，皆不可能推演出"万"字。但是，为什么武则天偏偏要将这"卍"符号，最终定音、定义为"万"呢？

策勒县文管所保存有四件小木匣类的案牍，其中一件保存较为完好的竟然是伏阇雄十五年的文书。伏阇雄692年去世，这件确定应是7世纪后半叶的文书。该文书记载，一名被尊称为宰臣的人赊欠了他人的钱而未还，数额高达四万五千文。这件文书之中出现了表示数字单位"万"的符号，写作✤。在存世于阗语文书，这种用法是头一次出现，截至目前也是唯一一次。于阗语数字的表述，既使用符号类的，也使用文字描述性的，例如出现在策勒县文管所伏阇雄十五年文书上的四万五千，用符号表示时如下图：

40000 5000 ttai mūri

45000，这些铜钱……

在文书的末尾，这些数字以文字描述的方式再次出现，写作 tcahau byūri paṃtsa ysāri，"四万五千"。这一叙述性说明，不仅证明✤是数字万的符号，而且凸显了伊朗语文化一脉与印度语文化之间在数字表现方式上的差异。梵语中没有表示"万"的专属符号，当需要表达数字"万"时，采取在"千"的概念之前加"十"的方式。与之形成差异的，是伊朗语族。数字单位"万"，存在于伊朗语族的多种语言当中，例如阿维斯塔语有 baēvar，而现代波斯语用拉丁字母表述则写作 bēvar。这些皆与于阗的 byūra 同源。策勒县文管所伏阇雄十五年之文书特别使用了数字单位"万"，突出显示了于阗语属于伊朗语族的特色。

将吉祥符号"卍"定音、定义作"万"字，是在武则天的长寿二年[2]，即693年。这一时期，正是武则天与于阗国往来频繁的时期。692年，唐军打败吐蕃军，确立了对安西

---

[1] CBETA, T05, no. 220, p. 2a.
[2] 《大方广佛华严经疏钞会本》："音万。按：卍字本非是字，武后长寿二年权制此文著于天枢，音之为万，谓吉祥万德之所集也。"CBETA, L130, no. 1557, p. 430b.

四镇的统治。武则天发三万汉兵戍守，于阗国与唐的往来畅通无阻。于阗僧人提云般若此前不久还在洛阳从事译经工作，特按照武则天的旨意从他携带来的经文中先选出《华严》类的经文进行翻译。武则天的周围，不乏西域高僧，来自于阗的提云般若、实叉难陀先后组成了译经团队。尤其应提到，这中间还有来自睹货逻国的弥陀山，他曾于天授中与武则天十分信赖的粟特人法藏等共同译出《无垢净光陀罗尼经》[1]，这部经自译成汉语后，很快传到了日本、朝鲜，直接影响到日本、朝鲜供养佛塔之风俗的形成，以及雕版印刷技术的诞生。[2] 弥陀山后来与实叉难陀共译出《大乘入楞伽经》，之后返回故乡，武则天曾以厚礼饯之。鉴于新疆丝路沿线，还曾有其他语言，例如焉耆语等也使用婆罗谜字作为书写文字，因此我们还不能追溯到源头，确定这个表示"万"的符号究竟是否是于阗人的创造，但策勒文书上出现的"万"却真实地以配图的方式为《翻译名义集》的定义给予了注释。该著作写道："苑师云，此是西域万字。"[3] 这里所谓"苑师"，即《新译大方广佛华严经音义》的作者、经历了武则天时代的高僧慧苑（菀）。

以吉祥的"卍"—"万"来结束这篇文章，是最适宜不过的了。至此已经明确，虽然梵文的śrīvatsa不是"万"，它是佛的三十二相之一，但在于阗语当中，它就是数字"万"。武则天定"卍"音作"万"，一方面是对西域同样符号的意译，一方面又为śrīvatsa的符号构拟出汉语的发音。如此一来，代表了伊朗文化一脉的"万"，与代表了吉祥的"卍"符号在汉文化中得到结合。在佛教东传的过程中，操伊朗语族各种语言的民族曾经担当了传递中枢，将源起于恒河流域的佛教文化传播到中原。然而在不经意之间，在传播的过程中，伊朗语族的高僧也将自己本民族的文化印刻在所着力传播的事业之中。来自于阗的僧人，在勤奋地把文义幽奥的梵语佛经翻译入汉语的同时，也将伟大的古代于阗文明铭刻在了最吉祥的符号中。镌刻着于阗文明字样的吉祥永垂不朽！

---

[1]《宋高僧传》卷二："释弥陀山，华言寂友，睹货逻国人也，自幼出家，游诸印度，遍学经论，《楞伽》《俱舍》最为穷核。志传像法，不悋乡邦，杖锡孤征，来臻consumedly。因与实叉难陀共译《大乘入楞伽经》，又天授中，与沙门法藏等译《无垢净光大陀罗尼经》一卷。其经，佛为劫比罗战荼婆罗门说，延其寿命。译毕进内，寻辞帝归乡。天后以厚礼饯之。" CBETA, T50, no. 2061, p. 719c.
[2] 参阅段晴，《于阗语〈无垢净光大陀罗尼经〉之源与流》，载荣新江、朱玉麒主编，《西域考古·史地·语言研究新视野——黄文弼与中瑞西北科学考查团国际学术研讨会论文集》，科学出版社，2014年，第329—338页。
[3] CBETA, T54, no. 2131, p. 1147, a9.

于阗语"四象"以及龙王"热舍"*

大英图书馆敦煌文书的目录下,编号IOL Khot S. 21(Ch.i.0021.a)之写卷,是一件著名的于阗语文书。[1]写卷上出现"中兴五年"的于阗语文字。史学家考证,"中兴"是于阗王尉迟达磨的年号,"中兴五年"相当于公元982年。[2]那一年,于阗王尉迟达磨派遣了一个115人组成的庞大使团,前往敦煌求亲。[3]求亲的于阗人用华丽的辞藻描述于阗王的美德,说他成为王,皆因有所有神灵的庇护。所以这件于阗语文书又被称为《尉迟达磨王颂词》(以下简称《颂词》)。

这篇写卷述及大量神灵的名称,最早获得英国剑桥大学贝利教授的关注。1942年,贝利从于阗语文献节选出一些段落,并攒在一篇文章中,以便观察分析于阗王国的宗教信仰。他首先刊布、翻译了《颂词》的大部分内容,成功辨认出其中来自佛教以及印度教的各种神灵。但是,一些佛教、印度教之外的神灵名称,贝利却未能识别,未能给予合理的分析。贝利之后,哈佛大学的施杰我重新录入并翻译了这篇于阗语文书[4],但仍未能在贝利的基础上取得进一步破解。

于阗语的"四象"

我近期关注于阗斯基泰人/塞人的问题,在追踪斯基泰人/塞人的标识"格里芬"一词时,也关注到编号IOL Khot S. 21(Ch.i.0021.a)的于阗语写卷,发现没有被贝利、施

---

* 文章原载《语言学研究》2020年第2期,第6—14页。
[1] 这件文书经过多次翻译,英译及出处可参阅 P. O. Skjærvø, *Khotanese Manuscripts from Chinese Turkestan in the British Library: A Complete Catalogue with Texts and Translations*, p. 522.
[2] 张广达、荣新江,《于阗史丛考》,第99页。
[3] 荣新江、朱丽双,《于阗与敦煌》,甘肃教育出版社,2013年,第162页。
[4] P. O. Skjærvø, *Khotanese Manuscripts from Chinese Turkestan in the British Library: A Complete Catalogue with Texts and Translations*, pp. 522-523.

杰我翻译解读的那行于阗语（即文书第15—17行），所指正是中国古代天文范畴的"四象"。包含了"四象"的于阗语句如下：

> cu rä dīśāṃ pāla nāgapāla tcauhaurä śūkhuṇa śakhīmä yakṣa dīśa-mūka pātca grahavadatta būjsaju sthānāva cu ra jasta dīvye parvālā nāva rrāṣṭä heṣṭaṃda
>
> 凡是守护方位的神，四象守护神，大鸟（śūkhuṇa），龟（śakhīmä），夜叉方位虎，然后是热舍，长生天女，悉他那（女神）；凡是天神，天界的守护神，他们授予了此王权。[1]

以上这句于阗语，给出的鸟、龟、虎、龙（热舍），正是四象所指。首先讨论 nāgapāla tcauhaurä，即于阗语的"四象守护神"。

nāgapāla 是个梵语词复合词。梵语 nāga 既表征"象"，也表征"龙"。但在于阗语中，表示"龙"的词早已不使用 nāga，多见使用 nāta- 或者 nāva，例如上列引文第二行的第三个词便是。这里特别使用 nāga，显示出书写者要着意区分"象"与"龙"的拼写差异。

于阗语的 nāgapāla tcauhaurä 是基于汉字的仿译。汉语的"四象"属于中原古代天文的范畴，如李学勤所言："所谓四象，或称四维、四兽等等，就是青（或苍）龙、朱鸟（或雀）、白虎、玄武。"[2] 于阗人使用表示"象"的 nāga 以仿译汉语"四象"的"象"，从字面上看是正确的，因为早在《说文解字》中，"象"的第一含义，便是一种长鼻长牙的动物。如此仿译，恰好说明"四象"的概念，是于阗文化从汉文化借来的。

但是，nāga 毕竟是一个梵语词。这里难道是借梵语词而表达汉文化的概念吗？词是表象，文化才是内涵。这里需要援引关于方位象的印度神话，以衬托出迥异的文化内涵。古老的印度神话中确实也有天象的分野，各个方位都有一神象与其阴性伴侣作为守护神。迦梨陀娑《云使·前云》第14颂是首美丽的诗，其中提到了"八方象"：

---

[1] 为对应原文，这里采取了完全直译的方式，下同。
[2] 李学勤，《西水坡"龙虎墓"与四象的起源》，《中国社会科学院研究生院学报》1988年第5期，第76页。

你从这有湿润芦苇的地方升天向北去，
路上要避开那守八方的神象用巨鼻攻击。[1]

这里"守八方的神象"，梵语dig-nāga，也是复合词。前词dig来自diś，同样是一个被借入于阗语的词。上文引文中dīśāṃ pāla（方位的守护神）之dīś-正是来自梵语的diś。但是，印度神话的八方守护象，是神化的大象，这一组神象又叫作diggajāṣḥ（复数体格），有各自的名称以及掌管的方位，比如：

airāvataḥ puṇḍurīko vāmanaḥ kumudo 'ñjanaḥ |
puṣpadantaḥ sārvabhaumaḥ supratīkaś ca didgajāḥ ||

第一头象音译"爱罗婆多"，意译"住云中"，是印度大神因陀罗的坐骑，位置在东方。第二头象音译"般竺力佳"，意译"白莲"，掌管东南。第三头象"云莫那"，意译"侏儒"，位在南方。第四头象"坤木朵"，意译"睡莲"，位在西南。第五头象音译"安遮诺"，意译"黑眼膏"，位在西方。第六头象"布什巴丹陀"，意译"花牙"，位在西北。第七头象"萨婆泡玛"，意译"一切地"，位在北方。第八头象"苏婆罗蹄伽"，意译"妙长鼻"，位在东北。[2]

除八头方位象外，印度神话里似乎还有四头象支撑大地的说法。这里强调"似乎"，是因为无论源头文献，还是古代的翻译文献，对于是否有方位象支撑大地的神话均未给出明确的表述。此说法的源头，见于一部印度教的阐释占星术的梵语作品，大约写成于公元6世纪[3]，其名为 Bṛhatsaṃhitā（《广集》）。该书第32章第1偈述及产生地震的原因，

---

[1] 金克木，《梵竺庐集（乙）·天竺诗文》，江西教育出版社，1999年，第122页。
[2] 转引自 M. R. Kale, *The Meghadūta of Kalidāsa*, Motilal Banarsidass Publishers, 1999, p. 31。关于八只神象所掌管的方位，见 Preeti Sharma, "Elephant Imagery in Mahābalipuram Relief: Deification of Royal Authority," *Proceedings of the Indian History Congress*, Vol. 75, 2014, Platinum Jubilee, published by Indian History Congress, p. 1106, n10。其中的错误，我已经修正。除这八神象的说法外，似乎还有四象持大地的传说。这一传说的源头，来自一位印度作者，详见后文。
[3] M. Geslani, "Astrological Vedism: Varāhamihira in Light of the Later Rituals of the Atharvaveda," *Journal of the American Oriental Society*, Vol. 136, No. 2, 2016, p. 305.

原文如下：

> kṣitikampam āhur eke bṛhadantarjalanivāsisattvakṛtam |
> bhūbhārakhinnadiggajaviśrāmasamudbhavaṃ ca anye ||
> 一些人说地震是住在海中的巨兽造成的。还有人说，方位象因负担大地而疲倦，它们休息时会产生地震。

"方位象"：diggaja。此处并未给出有多少头方位象。还有一部佛教譬喻类文献，叫《天譬喻》，所集譬喻故事产生的年代不一，最早的产生在3世纪，但其集成的时间不会早于4世纪。其中的《虎耳譬喻》也述及地震的原因。有一位现代的印度学者，他在自己的英语著作中提出，《虎耳譬喻》在描述地震原因时提到的"四王"，就是《广集》所谓的方位大象。由此，"四王"即"四头象"的模糊说法便诞生了。查梵语原文，四王的名称如下：ativṛddhir viśuddhaśca vardhamānaḥ pṛthakśravāḥ，"过增、清净、增长、耳明"，但梵语原文并未明确说明，这四王就是四头方位象。而相应藏译也只是译出了"四王"，并未有四头象的说法。[1] 再者，所谓《虎耳譬喻》自古有多部相应汉译本传世，在所有传世的汉译本中，均无"四象支撑大地"的说法。[2]

以上引用了有明确出处的印度神话，罗列出八方神象的梵语名称、音译以及意译名，同时也述及来源不明的四头象撑地的印度神话。这里引用印度神话，其目的在于反衬。应强调，于阗语的"四象"，虽然使用了与梵语方位象一致的名称，即nāgapāla，但如果将这一名词所指的内涵，即上文的"鸟、龟、虎、龙"，来对比印度神话的方位神象所指，二者的不一致则是显而易见的。用词是梵语的，所指却是古代中国文化的。大约唯有处于中西文化枢纽地位的古代于阗，才能产生如此精彩的词与内涵的搭配。

---

[1] 关于《天譬喻·虎耳譬喻》的梵语原文，可参阅 Dr. P. L. Vaidya ed., *Divyāvadāna*, Darbhaga: Mithila Institute of Post-Graduate Studies and Research in Sanskrit Learning, 1959, p. 357. 此处的汉译借自周利群的《〈虎耳譬喻经〉文本与研究——中印间天文、历法和文学的交流》之《下篇》（上海交通大学出版社，2020年）。
[2] 相关汉译本的年代等，详见周利群，《〈虎耳譬喻经〉文本与研究——中印间天文、历法和文学的交流》。

专论"热舍"

于阗语的四象中,有的词来自梵语,例如śūkhuṇa,显然来自梵语的śakuna。这个是常见词,第一词义是"鸟",特指一种大鸟,有显示好坏征兆的作用。[1]但在梵语文献中,śakuna从不是占星术的神灵之一,并不拥有所划分的星野。于阗语是使用梵语的"鸟",来指代汉文化的神"鸟"。使用从梵语而来的借词,以表示内涵的非凡,这其实也是一种修辞手段。以如此方式,来凸显词的专属特点。但四象之一的śakhīmä,其词源不详。而dīśa-mūka是于阗语复合词。后词mūka-应与常见词muyi(虎)有共同的词基,又加词缀-ka-而构成。整个复合词的意思是"方位虎"。但是"方位虎"之前加了yakṣa(夜叉)之定语。"虎"如何成为夜叉?这尚缺少神话背景的线索。关于这三神兽的词源,还是留待以后探讨。本文则集中探讨与grahavadatta相关的一些问题。

grahavadatta多次见于古于阗语写本,其身份是龙王。例如《明咒护身符》提到"娑伽罗龙王,无热龙王,具时龙王,提弥罗龙王,象头、热舍"等,其中"热舍"于阗语写作grahavatta。[2]由此,便直接产生一个问题,"热舍"似有两种于阗语的拼写:《颂词》的grahavadatta,以及《明咒护身符》的grahavatta。哪一个才是标准的拼写呢?藏文献中有一部《于阗国授记》,大量的例证充分说明,这部文献所记古代于阗王国的历史以及传说是可以信赖的,可以用来作为阐释于阗语词的佐证。在《于阗国授记》中"热舍"拼写作hgra-ḥa-bad-ta[3],这显然支持了《明咒护身符》的grahavatta。而《颂词》的grahavadatta,则显示了更多梵语化的倾向,诱导人想到梵语标准词*gṛhāvatapta。[4]

其实还有一个问题随之而来:无论是《明咒护身符》还是其他于阗语文献,出现的龙王何其多!如何独"热舍"能作为龙位列于四象之中呢?"热舍"之汉译出自隋僧那连提耶舍译《月藏经》。传说佛临终前将护佑于阗国土的重任委托给诸位神灵,其名号排列如下:

---

[1] Monier-Williams, *A Sanskrit-English Dictionary*, Manohar, 2006.
[2] 段晴,《于阗·佛教·古卷》,第233页。
[3] R. E. Emmerick, *Tibetan Texts Concerning Khotan*, p. 96.
[4] *号表示构拟,说明这个词不见于梵语文献。参阅R. E. Emmerick, *Tibetan Texts Concerning Khotan*, p. 96; H. W. Bailey, "Hvatanica Ⅳ," *Bulletin of the School of Oriental and African Studies*, Vol. 10, No. 4 (1942), p. 913.

难胜天子

　　散脂夜叉大将

　　羖羊脚大夜叉

　　金华鬘夜叉

　　热舍龙王

　　阿那紧首天女

　　他难阇梨天女[1]

这一组神，另有毗沙门王神力所加，不仅有文献材料，还有敦煌石窟的多幅壁画可以证实，他们是于阗王国宗教信仰所独有的神灵。[2]

在解决古代语言遗留的问题时，鉴于材料的不足，以及多民族文化的特点，所以宜将考古发现的文物纳入语境考察的范畴。例如新疆尼雅出土的精绝王的护膊，即五星出东方的织锦，上面有青龙的图案。现在已知这青龙，用于阗语表述就是"热舍"。但五星出东方的青龙，其形象是纯粹的斯基泰人的格里芬。出土文物上的格里芬是长了翅膀的猛兽。如果拿五星出东方的热舍，与巴泽雷克地区出土的斯基泰人的马鞍上的格里芬相比较，二者的形象一般无二。[3]它们都是四蹄兽，都有翅膀，连头上上扬弯曲的须角都是一样的。

众所周知，新疆和田地区曾经流行的于阗语，正是古代波斯人铭文提到的Saka人所说的语言，正是中国古代史书中的塞人的语言，或者至少也是他们所说的方言之一。[4]而塞人正是古希腊人笔下的Σκύθαι，一般译作"斯基泰"者。斯基泰人/塞人是公元前7世纪至公元1世纪活动范围最大的草原民族。考古发现证实，从黑海以北的欧洲大陆到南西伯利亚的图瓦地区，在兴都库什山脉以及现在的巴基斯坦北部和印度西部，都可以寻觅到斯基泰人/塞人的足迹。斯基泰人/塞人必然曾属于不同的部落，但是这些斯基泰人/塞人的共同标识，就是神兽格里芬。神兽格里芬普遍出现在斯基泰人的随葬物品中，

---

[1] CBETA, T13, p. 368.
[2] 荣新江、朱丽双，《图文互证——于阗八大守护神新探》，载《敦煌文献·考古·艺术综合研究——纪念向达先生诞辰110周年国际学术研讨会论文集》，第190—218页。
[3] 参见本书"引子"，第40—43页。
[4] 详见本书"引子"，第27—34页。

说明斯基泰人/塞人信奉天庭的存在，信奉人死后魂升于天。一般来说，格里芬的形象是带翅膀的猛兽。古代于阗的格里芬图案，更多表现为格里芬扑咬偶蹄兽，尤其以新疆和田山普拉古墓葬出土的绦裙图案为典型。[1]绦裙上的图案也确实曾一直被误认为是龙纹。更加抽象的图案出现在公元560年前后织造的几件氍毹上。所有这些文物表明，神兽格里芬曾经是古代于阗人生活中不可或缺的精神寄托。

上文引用的敦煌藏经洞出土的于阗语《颂词》证实，"热舍"承担了于阗语"四象"之一的青龙之角色。而五星出东方的青龙，描绘了古代西域人心目中的龙的形象，这一形象其实正是带翼猛兽。"热舍"之所以被尊为于阗王国特有的龙，是因为"热舍"首先是古代于阗人思想意识当中的"格里芬"。"四象"之一的青龙，与格里芬一样，其责任都是护佑天庭，护佑升天的灵魂。这就是为什么五星出东方的织锦是作为随葬品出土的，而山普拉的绦裙也是作为护佑灵魂的符咒普遍见于古代和田地区的墓葬当中。

述及词源，首先不得不说，"热舍"对应了梵语词gṛhāvatapta这个说法，是值得质疑的。gṛhāvatapta是复合词，前词gṛha-即"房舍，家"；后词avatapta是动词ava√tap，"（从上方）发光，加热"的过去被动分词，意思是"已经加热的"。概览汉译佛经，从梵语翻译专有名词似有传统方法可依循。如果是意译，多用一字对一词的方法，例如竺法护的"法护"二字译自复合词dharmarakṣita，所以用"法"对前词dharma-，"护"对后词rakṣita。照此规律，若是从gṛhāvatapta翻译入汉语，应得到"舍热"才对。

再观察于阗语grahavatta，会发现这个词与希腊名词"格里芬"——γρύφων（gryphon）或者γρύπων（grypon）——确有几分相似。[2]相似之处在于，起始的复辅音gr-以及词中的o=ava。希腊"格里芬"的-phon，辅音ph[f]，被认为是斯基泰人的语音之一。作为反例，可以援引蒙古语的"格里芬"，该词拼写作qadžir，被认为来自梵语的gṛdhra（秃鹫）。[3]这里应说，已经证实古代于阗人是塞人，在到达丝路南道的绿洲之前，他们曾

---

[1] 详见本书第41页。亦参见Mayke Wagner et al., "The Ornamental Trousers from Sampula (Xinjiang, China): Their Origins and Biography," *Antiquity* 83 (2009), p. 1068。
[2] 承蒙北京大学外国语学院英语系教师刘淳告知。希腊语格里芬的两种拼写，即-φ-和-π-的差异，应保持了格里芬一词的东、西斯基泰语的差异。参考A. Lubotsky, "Scythian Elements in Old Iranian," *Indo-Iranian Languages and People: Proceedings of the British Academy 116*, edited by N. Sims-Williams, Oxford University Press, 2002, p. 190。由于斯基泰语方言的差异，反映在希腊语中，同一词就是有-φ-和-π-拼写的差异。
[3] Karl H. Menges, "Etymological Notes on Some Päčänäg Names," *Byzantion*, Vol. 17, 1944-1945, p. 278.

经在现在的巴基斯坦北部、印度西部停留,所以于阗语的词汇中有为数不少的词都是从古印度语借来的。虽然于阗语的grahavatta有明显印度化的倾向,例如前词graha似乎就是个梵语词。但古代于阗人并没有置换原始表示神兽格里芬的那个词,并没有选用梵语词gṛdhra。当然,一方面,以格里芬的造型而言,grahavatta在古代于阗人心目中其实正是担负护佑天庭任务的龙;而另一方面,grahavatta必然保留了斯基泰人/塞人原始的成分,所以才能看上去与希腊的gryphon颇有相似处。

隋代的汉译"热舍"提示,于阗语的grahavatta,应有"热"与"舍"的组合。不难看出前词gra-源于"热"。"热"有一个印欧语系的通词,梵语的gharma,波斯语的garm,德语、英语的warm,都源于古代印欧语的g^{wh}orma[1],而"热"的于阗语是grāma。这个印欧语系的通词,都是形容词,至少印度伊朗语的"热"是从动词*gar(加热)加词缀-ma/man构成的[2],所以grahavatta的前词可以是"热"。后词有多种可能性,例如-havatta-的-h-是喉音,相当于kh[x][3],同源词有粟特语的xwn(xon),意思是"房舍"。但是于阗语里没有以h-或者hv-起始的表示房舍的词。另有一种可能性,即从词源词根*Huah(居住)而来,例如阿维斯塔语有词根vaŋh-,梵语有词根vas-,词义为"居住",皆与之同源同根。[4]于阗语的auskā-(居所),正是源于该词根。而源于相同词根的梵语词中有vasati以及āvasati这样的名词。再者,属于印欧语系另一支的吐火罗语中有waṣt以及osti,都表示"房舍",grahavatta的后词avatta应与之源于一个相同的词,但丢失了s音,只保留了齿音tt=[t]。至于与前词连接的-h-,可以被看作是成就元音连续的音。但是词源的推测,应有足够的例证,目前仍缺少这样的例证支持。所以只能通过汉译的提示,找到该词中对应表示"舍"的词。总而言之,我认为汉译"热舍"是基于一个伊朗语词翻译的。

已经可以明确,grahavatta是于阗语"四象"之一的青龙,而五星出东方的青龙形象与斯基泰人/塞人的所谓格里芬一般无二,所以grahavatta正是我们要在于阗语当中寻找的、表示神兽格里芬的那个词。现在可以说,"格里芬"是希腊词的音译,而中国古代早已有"格里芬",它的名字叫"热舍"。热舍是古代于阗人信仰中的龙,是古代于阗王国特有的龙。

---

[1] J. Cheung, *Etymological Dictionary of the Iranian Verb*, Brill, 2007, p. 105.

[2] 关于词缀-ma/man,可参阅A. Degener, *Khotanische Suffixe*, Franz Steiner Verlag, 1989, p. 296b.

[3] R. E. Emmerick, "The Consonant Phonemes of Khotanese," *Monumentum Georg Morgenstierne* I, p. 205.

[4] J. Cheung, *Etymological Dictionary of the Iranian Verb*, p. 202.

关于氍毹 *

"氍毹"是中国古代文献中一个颇为常见的词。唐代边塞诗人岑参的诗句,"高堂满地红氍毹,试舞一曲天下无",写出了画面感,展现出氍毹的功能。那么,什么是氍毹?是否还有古代氍毹留存于世呢?近几年,经过反复琢磨、比对实物与文献,我们认为,现在收藏在新疆洛浦县博物馆的几幅栽绒毯,就是古代所谓氍毹。为了配合后期专业人员投入研究,我们认为,有必要发表目前已经获得的知识,首先澄清"氍毹"的概念。

技术层面上的氍毹

什么是氍毹?仅仅是一块地毯吗?回答此问题,却没有那么简单。因生活习惯的差异,中原民族精于丝绸纺织,对于丝绸品种的定名,多依据纺织技术的不同,例如古代有绢、练、绫、罗、绸、缎。这林林总总的名称,归根结底,是因纺织手段的不同而出现的。但对于栽绒类毛毯的辨识,在汉语中却显示为对功能的体现,例如"地毯""挂毯"这样不同的名称。但在古代新疆,在传世的胡语文书中,例如尼雅出土的佉卢文书,明显存在三种专有名词,皆指所谓栽绒毯一类的毛织物。以往的研究已经判断出,佉卢文书中对品类不同的栽绒类毛毯的定名,是基于栽绒技术的差异。[1] 古代汉文献也有"毾㲪""氍毹"等不同的称法,只是在汉文化圈中,这些名词的真正含义从未得到技术层面的阐释。

氍毹在尼雅出土的佉卢文木牍文书中常见拼写作 kojava,又拼写作 kośava。早在1936年,德国学者吕德斯已经指出,佉卢文/犍陀罗语的 kojava 是梵语著作《利论》里出现

---

* 文章原载《丝绸之路研究》第2辑,生活·读书·新知三联书店,2021年,第1—6页。与郑亮合撰。
[1] 参见段晴,《佉卢文契约文书所见酒、氍毹、毾㲪与厨》,《青海省藏医药文化博物馆藏佉卢文尺牍》,第53—68页。该文对佉卢文书中出现的纺织物种名词进行了探讨,本文仅针对"氍毹"概念而言。

的kocava。[1]上世纪著名的法国汉学家伯希和则进一步比定出，汉语词"氍毹"事实上是kojava/kośava的音译词[2]。唐代慧琳在《一切经音义》中对其做了释义，指出所谓"氍毹"，即"毛锦"也[3]。佉卢文书的kojava，巴利语拼写作kojava，多次出现在巴利语的注释文献，例如《长部·三十二相》经的注释文本就有这个词[4]。因此，各种巴利语—英语词典皆收入该词并附有释义。巴利圣典协会出品的巴利语—英语词典给出的义项如下：a rug or cover with long hair, a fleecy counterpane，即"长毛毯，长毛床单"。

巴利语—英语词典对于kocava（氍毹）的释义，指出了氍毹必然应具备的特点。依照英文释义，如果将氍毹与其他品类的毛毯相比较，那么氍毹应具备毛长的特点。或许正是因为kocava是一块带长毛的裁绒织物，所以氍毹在巴利语文献中被描绘得非常柔软。究竟柔软到什么程度呢？巴利语的一则故事在比喻时使用到了氍毹，特别形象。

简单说，巴利语三藏佛典之经部有五部，例如《长部》《中部》等，相当于汉传佛典的《长阿含》《中阿含》。但是，巴利语三藏佛典拥有的《小部》（含《法句经》）却在汉译佛典的传承中没有相对应的部类，尽管《小部》的一些经文也散见于汉译佛经，例如《法句经》等。自4世纪初流传下来的汉译《法句经》，其体系、偈句与巴利语《法句经》颇有差异，但仍可看出汉译与巴利语《法句经》应是一部作品的不同传承。而事实上，巴利语佛经体系与汉传体系最大的差异在于注释。例如巴利语《法句经》有详尽的注释文献传世，而汉译《法句经》则没有相应注释。巴利语《法句经》的注疏文本蕴含了丰富的民间故事，例如第二章《不放逸》之前，有大篇幅的故事串。故事之一，讲到印度古代憍赏弥国有一富人，捡到一名王族的男婴，于是留下自己养。后来其正房妻亲生一子，于是富人决意杀死养子，多次设计陷害养子。有一次，他命令女佣将养子带到

---

[1] Heinrich Lüders, "Textilien im alten Turkistan," *Abhandlungen der Preussischen Akademie der Wissenschaften*, Jahrgang 1936, Phil.-Hist. Klasse, Nr. 3; Heinrich Lüders, *Kleine Schrieften*, herausgegeben von Oskar von Hinüber, Franz Steiner Verlag GMBH, 1973, p. 5.

[2] Paul Pelliot, *Notes on Marco Polo*, ouvrage posthum, publié sous les auspices de l'Académie des Inscriptions et Belles-Lettres et avec le Concours du Centre national de la Recherche scientifique, Vol. 1, 1959, p. 492.

[3] 慧琳《一切经音义》："氍毹……，《考声》云：织毛为文彩，本胡语也。此无正翻。俗曰毛锦，即文罽也。"（CBETA, T54, no. 2128, p. 383, a2）

[4] 例如出现在如下复合词中：kojava-kambala-paccattharaṇam（氍毹、毛毯等铺盖）。见T. W. Rhys Davids and J. E. Carpenter ed., *The Dīgha Nikāya*, Pali Text Society, 1903, p. 924。又见于Thomas Burrow, *The Language of the Kharoṣṭhi Document from Chinese Turkestan*, p. 84。

高山峡谷处，让女佣从山上扔下那孩子。但是那片山谷长满竹林，竹林上又覆盖着厚厚的甘草。所以当男童坠落后，安然无恙，后被路人收养。巴利语有这样几句话，形容山谷里的竹林以及男童坠落的情形：

  Taṃ kho pana pabbatakucchiṃ nissāya mahāveḷugumbo pabbatānusāreneva vaḍḍhi, tassa matthakaṃ ghanajāto jiñjukagumbo avatthari. Dārako patanto kojavake viya tasmiṃ pati.

  那山谷里有大片竹林，长满山谷，其上是生长浓密的甘草层。当男童落下时，就好像落入氍毹一般。

这一段话，淋漓尽致地再现了氍毹的柔软。本来男童被推下山谷，应有生命危险。但因为竹林和其上浓密的甘草层，男童落下山谷，如同跌入氍毹一般，安然无恙。从这一则比喻，可以知道氍毹的表面，一定是厚密的，所以可以用来比喻那竹林上的甘草层。而氍毹绝非今天人们眼中的地毯，它并非仅有表面的栽绒，应该如那句英语释义所云，是一块"带有长毛的毯子"。

  氍毹的长毛长在哪里？2017年5月，我们来到新疆洛浦县博物馆，仔细观察了那几块毯子。得到允许之后，我们将毯子翻过一角，反面朝上。此时可以见到的，是一层厚实浓密的长毛。原来，在五彩斑斓的栽绒面的背后，还有一层毯，拉出很长的毛【图1】。

图1　新疆洛浦县博物馆藏氍毹背面的长毛

而且十分明显的是，背面的长毛未经过漂染，使用的是杂色羊毛，分别来自白绵羊以及褐色的绵羊。表面是五彩线织成的栽绒，背面有纯色长毛，由此可以明确，所谓"氍毹"应是双毯制，两毯合一毯。而巴利语—英语的释义中所谓"带长毛"，真正应指栽绒毯背面的长毛。洛浦县博物馆的实物，也能帮助我们理解《法句经》注释中那个故事的比喻。这就是为什么那比喻非要强调长满山谷的竹林，而在竹林之上又有甘草层，因为氍毹是合二为一的——竹林好比是氍毹背面的长毛，甘草层则好比氍毹正面的栽绒。

事实上，氍毹的栽绒技术要求特殊的结扣法。新疆博物馆研究员贾应逸著有《新疆古代毛织品研究》一书，对新疆出土的所有栽绒类毯进行了分析。她辨别出古代栽绒毯有三种结扣法：一是马蹄扣，尼雅出土的栽绒毯使用了马蹄扣栽绒，民丰尼雅墓葬群出土的两件彩色龟甲纹地毯，正是以马蹄扣织造栽绒的。[1]第二种是U字形扣，最为典型的是洛浦县博物馆藏的这五件毛毯，全部使用U字形扣法栽绒，与尼雅出土的地毯的织造技术明显不同。这种栽绒技术，如贾应逸所述，是"以纬浮长线覆盖于织物表面。织物形成后，用剪刀将绒纬割断，再经过一定的整理加工后形成毛绒，与现在的纬起绒织物相似。这种栽绒法编织的毯类，绒纬稠密，柔软性和保暖性较好"[2]，所以又被叫作"天鹅绒"栽绒法。除上述两种外，还有第三种扣法，这就是八字扣（波斯扣）法。这三种扣法，在尼雅出土的佉卢文书中均有体现。

关于氍毹，至此可以做一圆满释义。"氍毹"，古有慧琳的定义，所谓"织毛为文彩五色，或作鸟兽人物，即毛布也"。[3]用现代的说法，那应是双毯合一毯，表层使用U字形扣法栽绒，底毯拉出长毛；表层用来再现纹样，底毯的长毛用来增加柔软度。

尼雅遗址佉卢文书所反映的氍毹

氍毹频繁出现在尼雅出土的佉卢文经济类木牍文书中，或者作为纳税的份额，或者作为买卖的支付手段。总体看来，栽绒类纺织物在当时算是高档物品，价值颇高。上文提及，佉卢文书明显区分了三种名词，言指三种毯，其差异在于栽绒技术的不同。这三

---

[1] 详见贾应逸《新疆古代毛织品研究》第七章的描述。但我这里所述，是贾应逸研究员亲口传授的。
[2] 贾应逸，《新疆古代毛织品研究》，第186页。
[3] CBETA, T54, p. 711.

种分别是：

> kośava（kojava）"氍毹"
> tavastaǵa "毾㲪"，马蹄扣栽绒毯。与德语的 teppich 同源。[1]
> arnavaji 一种栽绒毯，从字面看，或许是所谓伊朗扣栽绒毯。

这三个词，分别代表了不同品质的栽绒毯，价格自然不同。但是，佉卢文书反映出，毾㲪往往强调尺幅，每次估价必然以其尺幅大小而论。但氍毹似无尺幅的差异，文书记载的每一笔上交的氍毹，只以件数论，完全没有关于尺幅的记录。

先看毾㲪的尺寸与价格，对此大英博物馆的汪海岚发表过细致入微的研究。以下结合她的统计研究，略作介绍。[2]

毾㲪的尺幅有很多种。来自古代的文书有时代的先后，而时代的先后往往是价格变动的因素。因此，我们将观察限制在公元3世纪的几例文书，以下提及的几件文书均书写于安归伽王在位的年代，该王大约于245年前后继位，至少统治了三十八年。如佉卢文书KI431-432[3]，记载家主交纳了一块13尺（约3米）的毾㲪[4]，给前来索要一块金币的王后。又例如KI579提到的毾㲪有13尺，价值12铜钱。[5] 还有一些毾㲪的尺幅分别是8尺、6尺、4尺等。最能说明问题的是KI583，它涉及一桩骆驼买卖，其中交易用的物品，包括两幅毾㲪，一块4尺，一块6尺；同时作为交易物品的，还有一件于阗的氍毹，但并未言其尺幅。总而言之，提及毾㲪时，往往会特别注明尺幅。

至少有十件以上的佉卢文书提到了氍毹，或者将之作为纳税用的物品，或者作为买

---

［1］ 详见段晴，《佉卢文契约文书所见酒、氍毹、毾㲪与罽》，《青海省藏医药文化博物馆藏佉卢文尺牍》，第61页。

［2］ Helen Wang, *Money on the Silk Road: The Evidence from Eastern Central Asia to c. AD 800*, The British Museum Press, 2004, p. 68.

［3］ KI编号的文书，即指 A. M. Boyer, E. J. Rapson, E. Senart & P. S. Noble, *Kharoṣṭhī Inscriptions Discovered by Sir Aurel Stein in Chinese Turkestan* 一书中收录的相关文书。

［4］ 详见段晴，《佉卢文契约文书所见酒、氍毹、毾㲪与罽》，《青海省藏医药文化博物馆藏佉卢文尺牍》，第63页。

［5］ 汪海岚（Helen Wang）认为，佉卢文的muli可能指一枚铜钱。详见 Helen Wang, *Money on the Silk Road: The Evidence from Eastern Central Asia to c. AD 800*, p. 68。

卖支付的手段。凡是提及氍毹，一概只论件数，而不论大小尺幅。一些文书显示，至少在马伊利王之前[1]，在3世纪时，氍毹的价格便基本上以5铜钱为准。例如KI327，涉及人口买卖，买方给了一块氍毹，价值5铜钱。[2] 佉卢文书KI549是一件十分重要的佉卢文书，因为这件文书首次提及了一位鄯善国王，叫作Romgraka，"罗格落伽"。这个名字一直被误读[3]，近期才得到纠正[4]。林梅村认为这个仅两次见于佉卢文书的国王应是安归伽的爷爷辈。现在依据KI549可以修正林教授的观点。"罗格落伽"应直接是安归伽之前的王，并且在位时间不长。[5] 由此看来，KI549的书写年代至少在245年之前。那是一件关于土地买卖的文书，购买土地一方，支付了一块特殊的于阗氍毹，原文是Khotaniya alena kojava，"于阗的alena氍毹"[6]，外加5弥利码的粮食，总价有15铜钱。

KI222之佉卢文木牍，书写为马伊利王的第二十二年，相当于4世纪初前后。木牍上记载，大主簿索哲伽购买了一块地，也是用一块氍毹换购的。此时，他的氍毹价值10个铜钱，是之前氍毹的一倍。这或许是因为，索哲伽的身份特殊，所以他的氍毹价高。但不排除随着时代的变迁，氍毹的价格也在增长。

类似依据还能够找到十多件，尼雅佉卢文书反映出，氍毹应有固定的尺寸，而其尺幅不大。这是对比氍毹类的价格所得出的结论。氍毹类，如果达到13尺（约合3.12米），其价格（至少在3世纪七八十年代）可以抵一块金币，或者12铜钱。而氍毹仅相当于5铜钱。

此处需强调指出，检索佉卢文书，未发现氍毹出售、上交时有尺幅的标识。这说明，除栽绒技术以及拉长毛等特点外，氍毹应有固定的尺寸。这令我们想到收藏在洛浦

---

[1] 关于鄯善王马伊利，一般认为他于283—289年之间继位。
[2] 需要说明的是，KI327只提到某王治下第二十三年，该出现王名的地方破损了。但是，该木牍提到一名证人，名曰Karamtsa，即"伽罗泽"。此人当生活在安归伽时代。可参阅段晴、才洛太，《青海省藏医药文化博物馆藏佉卢文尺牍》，第31页。
[3] 此王之前被误读作Tomgraka，"童格罗伽"。参阅林梅村，《佉卢文时代鄯善王朝的世系研究》，《西域研究》1991年第1期，第39—50页，详见第43页。
[4] 参见段晴，《精绝、鄯善古史钩沉》，《欧亚学刊》新7辑，第21—34页。
[5] 这样推断，一方面是因为属于罗格落伽王的佉卢文书数量有限；另一方面在于，KI549上有Karamtsa（伽罗泽）的名字，而此人活跃于安归伽王的年代。
[6] 因为alena只出现一次，所以暂时不能确定它指的是什么。但从词源看，alena应源于类似梵语ālaya-、ālīna一类的词，表示"居所"等。

县博物馆的几幅氍毹。那五幅氍毹中，尺幅大的两件，1号毯为256厘米×150厘米，2号毯为220厘米×119厘米。这两幅毯，虽然符合氍毹的特点，使用U字形扣栽绒，底毯拉长毛，但尺寸并不统一。我们认为，不能以这两幅大毯作为氍毹的基本规格。这是因为，目前已经明确，两幅毯上的人物形象是神的形象。周边几近几何图案的纹饰，是格里芬撕咬偶蹄兽的图案，象征吉祥守护。[1] 织入两幅氍毹中间的形象，皆是接受祈请的神灵。这两幅氍毹，当初必然是为了特定的宗教仪式而制作的，不是为了世俗的用途，因此不能代表氍毹惯常的规格。另外，贾应逸书中提到的营盘墓地出土的狮纹栽绒毯是仅存的七件U字形扣栽绒毯之一，其尺寸也比较大，长312厘米，宽178厘米。[2] 营盘墓地的这块栽绒毯，出土时覆盖在彩绘木棺之上，明显是为丧葬而定制的物件，不能说明日常生活之用途，因此其尺幅也不能用来为日常用氍毹的尺幅定性。

除两幅大毯外，洛浦县博物馆同时还收藏了三块小毯，规格均为118厘米×118厘米。这三幅小毯的制作与两幅大毯有直接密切的联系，同样是为了一次宗教仪式而织就的。但是，三幅小毯有统一的尺寸，都是正方形。考虑到13古尺，约合3.12米的古代氍毹价格，规格118厘米×118厘米的毯，如果按照1汉尺约合24厘米来计算[3]，约合5古尺。13古尺是5古尺的2.6倍，几乎相当于12铜钱之于5铜钱的倍数（2.4）。我们倾向于认定，洛浦县博物馆的三块小毯的尺幅，应是氍毹的定制。但仍然需要说明，这三幅毯虽然使用U字形扣栽绒，却并无拉长毛的底毯，其底毯，是附加的一块毛毡。或许为底毯配置毛毡，也是氍毹的一种，仍然算是双毯合一。

氍毹是于阗故地的特产

氍毹是于阗故地的特产，我们认为这已经没有必要再讨论了。最明确的记载来自玄奘。当他记述于阗一地的特产时，曾这样写道：

---

[1] 参阅本书第四章的内容。
[2] 贾应逸，《新疆古代毛织品研究》，第186页，图和引文见第176页。
[3] 如此计算，以犍陀罗语中的1"尺"（hasta）大约合23厘米或者24厘米为基础。具体依据可参阅段晴，《佉卢文契约文书所见酒、氍毹、氀毲与𣰛》，《青海省藏医药文化博物馆藏佉卢文尺牍》，第63页。

瞿萨旦那国周四千余里，沙碛太半，壤土𫮃狭。宜谷稼，多众果。出氍毹细毡，工纺绩绌紬，又产白玉、䃜玉。[1]

上文已说到，最早伯希和辨认出"氍毹"是汉语音译词，正是基于佉卢文/犍陀罗语的koǰava或者kośava。那么，该词的词源是何种语言的呢？这一词在印度一脉的各个语言中呈现出不同的拼写，甚至同一地方出土的佉卢文书中，也有两种拼写。印度古代有著名的梵语著作《利论》，其中提到氍毹，其梵语词拼写作kaucapa。[2]而巴利语拼写作kojava。同一词在印度西北方言（犍陀罗语）以及在各个方言中的拼写不尽相同，显示该词并非来自印度语言家族。

koǰava或者kośava，应是于阗词。印度语系的-ja-，或者如佉卢文拼写作-ǰa-，转入于阗语时变为-śa-。例如梵语的dhvaja（幢，旌旗），入于阗语拼写作daśa'-；梵语的tejas（能量，威力），于阗语作ttīśa'-。由此看来，佉卢文书的koǰava是对于阗语原本应作*kośa'va-的模拟。但是，不无遗憾的是，迄今为止，我们未能在于阗语中找到相应的词。尽管和田地区出土了颇为丰富的于阗语经济类文书，例如斯文赫定（Sven Hedin）带回瑞典的那一批文书[3]，尤其是其中一些记述了纺织物品的征税情形，所涉及年代为公元8世纪的后三十年到9世纪初的十年。有些于阗语文书甚至提到类似唐代的织户，织户专门从事丝织品的生产，上缴绌紬或者锦作为税品。但在所有这些文书中，未见任何以氍毹作为纳税物件的[4]。对比尼雅出土文书所列的纳税物品，其中的差异不言而喻。时代发生了变化，纳税的物品也起了变化，氍毹显然不是于阗王国征税的品种，至少在8—9世纪之交的三四十年间，氍毹未被作为纳税的物品，也未见被用为支付手段。

探讨koǰava/kośava的词源，已经排除这一词来自印度语系的古代语言，因为未能在梵语、巴利语找到源头。考虑到氍毹本是于阗古代的特产，顺其自然，首先应在伊朗语系的古代语言中寻觅该词的词源。或许是因为留下来的古代伊朗语的词汇有限吧，我们

---

[1] 季羡林等校注，《大唐西域记校注》，第1001页。
[2] 朱成明译注，《利论》，商务印书馆，2020年，第125页。
[3] 斯文赫定的于阗语文书主要收入H.W. Bailey, *Khotanese Texts* IV, Cambridge University Press, 1961。
[4] 详见段晴，《于阗丝绸，于阗锦》，《伊朗学在中国》第五辑，中西书局，2022年。

既未能在代表古代东伊朗语支的阿维斯塔语的词汇中找到源头，也未能在古波斯语的词汇中找到源头。但是，想到洛浦县博物馆的氍毹反映了来自远古苏美尔文明的神话，甚至于阗语女神的名字būjsaṃjā-/būjsyajā-或可追溯到苏美尔语[1]，我于是起念，或许"氍毹"一词也同样古老，可追溯其源头到苏美尔语。结果令人惊喜。

以下是相关的苏美尔语词：

kuš, kus → skin, animal hide, leather "皮，兽皮，皮革"

kuš-amar → calfskin "羊羔皮"

kušum$_4$, kušu → herd of cattle or sheep; livestock "畜群，羊群，家畜"[2]

koj́ava/kośava 像是复合词，前词的源头可追溯到苏美尔kuś（兽皮），追溯到kušum$_4$，kušu（畜群，羊群）。而后词恐含了一个表示"羊毛"意义的词。于阗语有pe'ma-，波斯语有pašm，皆表示"羊毛"。总之，原词应具备"用羊毛织成"的意义。虽不能明确，但可以发现，唯有苏美尔词与之呈现了相对的一致。

撇下词源不论，却发现印欧语系相对新的语言，依然保留了kojava/kośava的遗踪，不过词的意义已经有转变。英语形容词cozy（舒适，柔软，温馨），以及德语形容词kuschelig（温暖，舒适），事实上皆来自最初表示氍毹的那个词。

氍毹应该是古老的塞种人创造的栽绒类毯，曾为世世代代的中亚人民带来舒适和温暖。如今，天下人已不知氍毹为何物，但是，氍毹带来的温暖却牢固地存留在语言当中。

---

[1] Duan Qing, "Greek Gods and Traces of the Sumerian Mythology in Carpets from the 6th Century,"《丝绸之路研究》第1辑，第1—17页。具体见第13页。

[2] 这些词及其释义引自John Alan Halloran, *Sumerian Lexicon: A Dictionary Guide to the Ancient Sumerian Language*, Logogram Publishing, 2006, pp. 153a, 154a.

参考文献

Azarpay, G. "Nanâ, the Sumero-Akkadian Goddess of Transoxiana," *Journal of the American Oriental Society*, Vol. 96, No. 4 (Oct.-Dec., 1976).

Bailey, H. W. "Hvatanica Ⅲ," *Bulletin of the School of Oriental Studies*, Vol. 9, No. 3 (1938).

——"Hvatanica Ⅳ," *Bulletin of the School of Oriental and African Studies*, Vol. 10, No. 4 (1942).

——*Khotanese Buddhist Texts*, Taylor's Foreign Press, 1951.

——"Adversaria Indoiranica," *Bulletin of the School of Oriental and African Studies*, Vol. 19, No.1 (1957).

——*Khotanese Texts* Ⅳ, Cambridge University Press, 1961.

——"Saka Studies: The Ancient Kingdom of Khotan," *Iran*, Vol. 8 (1970).

——*Khotanese Texts* Ⅲ, Cambridge University Press, 1980.

Beck, Heinrich. "Der kunstfertige Schmied—ein ikonographisches und narratives Thema des frühen Mittelalters," *Medieval Iconography und Narrative*, Odense, 1980.

Boyer, A. M. and E. J. Rapson, E. Senart, P. S. Noble. *Kharoṣṭhī Inscriptions Discovered by Sir Aurel Stein in Chinese Turkestan*, Cosmo Publications, reprint in 1997.

Burrow, Thomas. *The Language of the Kharoṣṭhi Document from Chinese Turkestan*, Cambridge University Press, 1937.

Carus, Paul. "The Greek Mysteries, a Preparation for Christianity," *The Monist*, Vol. 11, No. 1 (1900).

Cooper, Jerrold. "Assyrian Prophecies, the Assyrian Tree, and the Mesopotamian Origins of Jewish Monotheism, Greek Philosophy, Christian Theology, Gnosticism, and much more Assyrian Prophecies by Simo Parpola," *Journal of the American Oriental Society*, Vol. 120, No. 3 (Jul.-Sep., 2000).

Cunningham, Alexander. *The Stûpa of Bharhut: a Buddhist Monument Ornamented with Numerous Sculptures, Illustrative of Buddhist Legend and History in the Third Century B.C.*, W. H. Allen, 1879.

Dally, O. "Skythische und greco-skythische Bildelemente im nördlichen Schwarzmeerraum," *Im Zeichen des Goldenen Greifen: Königgräber der Skythen*, ed. H. Parzinger, Prestel, 2007.

Dimand, M.S. "Treasures of Iranian Art," *The Metropolitan Museum of Art Bulletin*, New Series, Vol. 8, No. 5 (Jan., 1950).

Dresden, M.J. "Jātakastava or 'Praise of the Buddha's Former Births,'" *Transactions of the American Philosophical Society*, NS. 45:5, 1955 (repr. Philadelphia 1962).

Duan Qing, *Das Khotanische Aparimitāyuḥ-sūtra*, Studien zur Indologie und Iranistik, Dissertation Band 3, Dr. Inge Wezler Verlag für Orientalische Fachpublikationen, 1992.

——"The Inscriptions on the Carpets Found at Shanpula, Luopu (Lop) County, Xinjiang," *The Journal of Inner Asian Art and Archaeology*, Vol. 5, 2012.

——"A Sanskrit Buddhist Document on Cloth of the Earlier 7th Century," *Euroasian Studies* Ⅲ, 2015.

——"Deed, Coins and King's Title as Revealed in a Sanskrit Cloth Document from the 6th Century," *Eurasian Studies* Ⅳ, 2016.

——"Greek Gods and Traces of the Sumerian Mythology in Carpets from the 6th Century,"《丝绸之路研究》第1辑，生活·读书·新知三联书店，2017年。

Duan Qing and Helen Wang, "Were Textiles used as Money in Khotan in the Seventh and Eighth Centuries?" *Journal of the Royal Asiatic Society*, Vol. 23, No. 2 (Apr. 2013).

Dudbridge G. and R.E. Emmerick, "Pelliot Tibétain 0821," *Studia Iranica*, Tome 7-1978-fascicule 2.

Emmerick, R. E. *Tibetan Texts Concerning Khotan*, Oxford University Press, 1967.

——*The Book of Zambasta: A Khotanese Poem on Buddhism*, Oxford University Press, 1968.

——"The Consonant Phonemes of Khotanese," *Monumentum Georg Morgenstierne* I, Brill, 1981.

——*A Guide to the Literature of Khotan*, second Edition, The International Institute for

Buddhist Studies, 1992.

Emmerick, R. E. and E. G. Pulleyblank. *A Chinese Text in Central Asian Brāhmī Script: New Evidence for the Pronunciation of Late Middle Chinese and Khotanese* (Serie Orientale Roma LXIX), Roma, 1993.

Emmerick, R. E. and P. O. Skjærvø, *Studies in the Vocabulary of Khotanese* Ⅲ, Verlag der Österreichischen Akademie der Wissenschaften, 1997.

Errington, Elizabeth. "Numismatic evidence for dating the 'Kaniṣka' reliquary," *Silk Road Art and Archaeology* Ⅷ (2002).

Falk, Harry. "Soma I and II," *Bulletin of School of Oriental and African Studies*, Vol. 52, No.1 (1989).

——"Appendix: The inscription on the so-called Kaniṣka casket," *Silk Road Art and Archaeology* Ⅷ (2002).

Forte, Antonino. "Le moine khotanais Devendraprajña," *Bulletin de l'École Française d'Extrême-Orient* 66 (1979).

Frazer, J. G. *The Golden Bough*, Macmillan Company, 1940.

Frothingham, A. L. "Babylonian Origin of Hermes the Snake-God, and of the Caduceus I," *American Journal of Archaeology*, Vol. 20, No. 2 (Apr.-Jun., 1916).

Geldner, K. F. *Der Rig-Veda*, aus dem Sanskrit ins Deutsche übersetzt und mit einem laufenden Kommentar versehen, Dept. of Sanskrit and Indain Studies, Harvard University, 2003.

George, A. R. *The Babylonian Gilgamesh Epic: Introduction, Critical Edition and Cuneiform Texts*, Vol. I, Oxford University Press, 2003.

Ginzburg, L. *The Legends of the Jews*, Vol. 1, Jewish Publication Society, 1909.

Gordon, A. K. *Tibetan Religious Art*, Columbia University Press, 1952.

Grenet, Frantz. "Zoroastrianism in Central Asia," *The Wiley Blackwell Companion to Zoroastrianism*, ed. by Michael Stausberg and Yuhan Sohrab-Dinshaw Vevaina with the assistance of Anna Tessmann, Wiley-Blackwell, 2015.

Halloran, J. A. *Sumerian Lexicon: A Dictionary Guide to the Ancient Sumerian Language*, Logogram Publishing, 2006.

Henning, W. B. "The Book of the Giants," *Bulletin of the School of Oriental and African Studies*, Vol. 11, No. 1(1943).

——"Sogdian Tales," *Bulletin of the School of Oriental and African Studies*, Vol. 11, No. 3 (1945).

Hill, J. E. "Notes on the Dating of Khotanese History," *Indo-Iranian Journal*, Vol. 31, No. 3 (1988).

Hübschmann, H. "Zur persischen lautlehre," *Zeitschrift für vergleichende Sprachforschung auf dem Gebiete der Indogermanischen Sprachen*, Bd. 36, H. 2 (1900).

James, E. O. "The Tree of Life," *Folklore*, Vol. 79, No. 4 (1968).

Jamison, S. W. and M. Witzel, "Vedic Hinduism," *The Study of Hinduism* (2003).

Kassock, Zeke J. V. *The Greater Iranian Bundahishn: A Pahlavi Student's 2013 Guide*, Create Space Independent Publishing Platform, 2013.

Keller, M. L. "The Eleusinian Mysteries of Demeter and Persephone: Fertility, Sexuality, and Rebirth," *Journal of Feminist Studies in Religion*, Vol. 4, No. 1 (1988).

Kosmopoulou, Angeliki. "A Funerary Base from Kallithea: New Light on Fifth-Century Eschatology," *American Journal of Archaeology*, Vol. 102, No. 3 (Jul., 1998).

Kramer, S. N. *Gilgamesh and the Huluppu-tree: A Reconstructed Sumerain Text*, the Oriental Institute of the University of Chicago Assyriological Studies, No. 10, the University of Chicago Press, 1938.

Kramrisch, Stella. "The Ṛg Vedic Myth of the Craftsmen (Ṛbhus)," *Artibus Asiae*, Vol. 22, No. 1/2 (1959).

Lommel, H. "Blitz und Donner im Rigveda," *Oriens*, Vol. 8, No. 2 (1955).

Lurje, P. B. *Personal Names in Sogdian Texts*, Iranisches Personennamenbuch Band ii, Mitteliranische Personennamen Faszikel 8, Verlag der Österreichischen Akademie der Wissenschaften, 2010.

Lüders, Heinrich. "Textilien im alten Turkistan," *Abhandlungen der Preussischen Akademie der Wissenschaften*, Jahrgang 1936. Phil.-Hist. Klasse. Nr. 3. Also in Heinrich Lüders, *Kleine Schrieften*, herausgegeben von Oskar von Hinüber, Franz Steiner Verlag GMBH, 1973.

Marshak, Boris. *Legends, Tales, and Fables in the Art of Sogdiana*, with an Appendix by Vladimir A. Livshits, Bibliotheca Persica Press, 2002.

Minns, E. H. *Scythians and Greeks: a Survey of Ancient History and Archaeology on the North Coast of the Euxine from the Danube to the Caucasus*, Cambridge University Press, 1913.

Morris, Geraldine. "'Persephone': Ashton's 'Rite of Spring'," *Dance Research: The Journal of the Society for Dance Research*, Vol. 24, No. 1 (2006).

Oberlies, Thomas. *Die Religion des Ṛgveda*, erster Teil—das Religiöse System des Ṛgveda, Institute für Indologie der Universität Wien, 1998.

Parpola, Simo. "The Assyrian Tree of Life: Tracing the Origins of Jewish Monotheism and Greek Philosophy," *Journal of Near Eastern Studies*, Vol. 52, No. 3 (Jul., 1993).

Pelliot, Paul. *Notes on Marco Polo*, ouvrage posthum, publié sous les auspices de l'Académie des Inscriptions et Belles-Lettres et avec le Concours du Centre national de la Recherche scientifique, Vols. 1-3, 1959-1973.

Porter, B. N. *Trees, Kings, and Politics*, Orbis Biblicus et Orientalis 197, Academic Press Fribourg, Vandenhoeck & Ruprecht Goettingen, 2003.

Pulleyblank, E. G. *Lexicon of Reconstructed Pronunciation in Early Middle Chinese, Late Middle Chinese, and Early Mandarin*, Vancouver, 1991.

Richardson, N. J. ed. *The Homeric Hymn to Demeter*, The Clarendon Press, 1974.

Salomon, Richard. "On the Origin of the Early Indian Scripts," *Journal of the American Oriental Society*, Vol. 115, No. 2 (Apr.-Jun., 1995).

Sarianidhi Victo, *Die Kunst des Alten Afghanistan, Architektur, Keramik, Siegel, Kunstwerk aus Stein und Metall*, WEB E. A. Seemann Verlag, 1986.

Schleberger, Eckard. *Die indishce Götterwelt, Gestalt, Ausdruck und Sinnbild, ein Handbuch der hinduistischen Ikonographie*, Eugen Diedrichs Verlag, 1986.

Skjærvø, P. O. *Khotanese Manuscripts from Chinese Turkestan in the British Library: A Complete Catalogue with Texts and Translations*, The British Library, 2002.

——*This Most Excellent Shine of Gold, King of Kings of Sutras, the Khotanese Suvarṇabhāsottamasūtra*, Dept. of Near Eastern Languages and Civilizations, Harvard

University, 2004.

Smith, J. M. P. "Fresh Light on the Story of the Deluge," *The Biblical World*, Vol. 35, No. 4 (1910).

Tichy, Eva. "Indoiranische Hymnen," *Hymnen der alten Welt im Kulturvergleich*, hrsg. von W. Burkert und F. Stolz, Freiburg (Schweiz), Goettingen, 1994.

Wagner, Mayke, et al. "The Ornamental Trousers from Sampula (Xinjiang, China): Their Origins and Biography," *Antiquity* 83 (2009).

Wang, Helen. *Money on the Silk Road: the Evidence from Eastern Central Asia to c. AD 800*, The British Museum Press, 2004.

Wegner, Max. *Das Musikleben der Griechen*, Walter de Gruyter & CO., 1949.

Willemen, Charles and Bart Dessein, Collett Cox, *Sarvāstivāda Buddhist Scholasticism*, Brill, 1998.

Winternitz, M. *A History of Indian Literature*, tr. S. Ketkar, the University of Calcutta, 1927.

Witzel, Michael. "Central Asian Roots and Acculturation in South Asia: Linguistic and Archaelogical Evidens from Western Central Asia, the Hindukush and Northwestern South Asia for Early Indo-Aryan Languages and Religion," *Linguistics, Archaeology and the Human Past*, ed. Osada Toshiki, Research Institute for Humanity and Nature, 2005.

——"The Vedas and the Epics: Some Comparative Notes on Persons, Lineages, Geography, and Grammar," *Epics, Khilas, and Purāṇas: Continuities and Ruptures, Proceedings of the Third Dubrovnik International Conference on the Sanskrit Epic and Purāṇas*, ed. Petteri Koskikallio, Croatian Academy of Sciences and Arts, 2005.

班固,《汉书》,中华书局,1997年。

段晴,《于阗文中的八曜》,《民族语文》1988年第4期。

——《〈大唐西域记〉瞿萨旦那国拾零》,载北京大学东方文化研究所编,《东方研究》(1996—1997年合集),蓝天出版社,1997年。

——《Hedin 24号文书释补》,载新疆吐鲁番学研究院编,《语言背后的历史——西域古典语言学高峰论坛论文集》,上海古籍出版社,2012年。

——《于阗·佛教·古卷》，中西书局，2013年。

——《新疆洛浦县地名"山普鲁"的传说》，《西域研究》2014年第4期。

——《新疆山普鲁古毛毯上的传说故事》，《西域研究》2015年第1期。

——《天树下娜娜女神的宣言——新疆洛浦县山普鲁出土毛毯系列研究之一》，《西域研究》2015年第4期。

——《一件来自公元6世纪的梵语世俗文书》，载西藏社会科学院贝叶经研究所编，《西藏贝叶经研究》，西藏藏文古籍出版社，2015年。

——《中国国家图书馆藏西域文书·于阗语卷》（一），中西书局，2015年。

——《精绝、鄯善古史钩沉》，《欧亚学刊》新7辑，商务印书馆，2018年。

——《于阗语〈无垢净光大陀罗尼经〉》，中西书局，2019年。

段晴、才洛太，《青海省藏医药文化博物馆藏佉卢文尺牍》，中西书局，2016年。

段晴、侯世新、李达，《于阗语大案牍》，《唐研究》第22卷，北京大学出版社，2016年。

——《石汗那的婴儿——新疆博物馆藏一件新出于阗语案牍》，《敦煌吐鲁番研究》第18卷，上海古籍出版社，2019年。

敦煌研究院编，《敦煌壁画线描百图》，上海古籍出版社，2004年。

范晔，《后汉书》，中华书局，2003年。

葛全胜等，《中国过去2000年气候变化与社会发展》，《自然杂志》，2013年第35卷第1期。

郭锡良，《汉字古音手册》，北京大学出版社，1986年。

赫西俄德，《神谱》，王绍辉译，张强校，上海人民出版社，2010年。

季羡林，《梵文与其他语种文学作品翻译（一）》，《季羡林文集》第15卷，江西教育出版社，1998年。

季羡林等校注，《大唐西域记校注》，中华书局，1985年。

贾应逸，《新疆古代毛织品研究》，上海古籍出版社，2015年。

林梅村，《佉卢文时代鄯善王朝的世系研究》，《西域研究》1991年第1期。

——《尼雅汉简与汉文化在西域的初传》，《中国学术》第6辑，商务印书馆，2001年。

令狐德棻等，《周书》，中华书局，1997年。

刘昫等，《旧唐书》，中华书局，2002年。

欧阳修等，《新唐书》，中华书局，1975年。

祁小山，《新疆洛浦县山普鲁乡出土的人物纹栽绒毯》，《西域研究》2010年第3期。

尚衍斌，《尖顶帽考释》，《喀什师范学院学报》1991年第1期。

司马迁，《史记》，中华书局，1982年。

夏雷鸣，《古楼兰人对生态环境的适应》，《中国社会科学》1997年第3期。

谢继胜，《藏地金铜造像琍玛li-ma专名形成路径考》，《美术研究》2017年第6期。

新疆维吾尔自治区博物馆编，《古代西域服饰撷萃》，文物出版社，2010年。

新疆维吾尔自治区博物馆、新疆文物考古研究所编，《中国新疆山普拉——古代于阗文明的揭示与研究》，新疆人民出版社，2001年

许章真译，《于阗僧提云般若》，载《西域与佛教文史论集》，学生书局，1989年。

杨衒之撰、周祖谟校释，《洛阳伽蓝记校释》，中华书局，1963年。

姚思廉，《梁书》，中华书局，1975年。

王炳华，《古代新疆塞人历史钩沉》，《新疆社会科学》1985年第1期。

罗念生、王焕生译，《荷马史诗·伊利亚特》，人民文学出版社，1994年。

王焕生译，《荷马史诗·奥德赛》，人民文学出版社，1997年。

王作民、祁小山等，《山普拉的于阗古墓》，《文明》2002年第2期。

巫新华等，《策勒达玛沟——佛法汇集之地》，大成图书有限公司，2012年。

张炽恒译，《埃斯库罗斯悲剧全集》，吉林出版集团有限责任公司，2010年。

张广达、荣新江，《圣彼得堡藏和田出土汉文文书考释》，《敦煌吐鲁番研究》第6卷，北京大学出版社，2002年。

——《〈唐大历三年三月典成铣牒〉跋》，载张广达、荣新江，《于阗史丛考》（增订本），中国人民大学出版社，2008年

张禾，《新疆洛浦山普拉出土人物纹栽绒毯内容初探》，《西域研究》2011年第1期。

——《新疆和田洛浦县山普拉人物栽绒毯艺术特征及风格研究》，《西域研究》2012年第4期。

张彦远著、俞建华注释，《历代名画记》，人民美术出版社，1964年。

朱成明译注，《利论》，商务印书馆，2020年。

朱丽双，《有关于阗的藏文文献：翻译与研究》，2011年北京大学博士后研究工作报告。

段晴相关作品年表（以公开发表年度为准）

2012年

"The Inscriptions on the Carpets Found at Shanpula, Luopu (Lop) County, Xinjiang," *The Journal of Inner Asian Art and Archaeology*, Vol. 5, 2012.

2013年

Duan Qing and Helen Wang, "Were Textiles used as Money in Khotan in the Seventh and Eighth Centuries?" *Journal of the Royal Asiatic Society*, Vol. 23, No. 2 (April 2013).

2014年

《新疆洛浦县地名"山普鲁"的传说》，《西域研究》2014年第4期。

《于阗故地的诉说》，载上海博物馆编，《于阗六篇：丝绸之路上的考古学案例》，北京大学出版社，2014年。

2015年

《新疆山普鲁古毛毯上的传说故事》，《西域研究》2015年第1期。

《天树下娜娜女神的宣言》，《西域研究》2015年第4期。

《飘带来自吉祥——反映在古代于阗画中的祆教信仰符号》，《艺术史研究》第17辑，中山大学出版社，2015年。

"A Sanskrit Buddhist Document on Cloth of the Earlier 7th Century," *Eurasian Studies* Ⅲ, 2015.

2016年

《木球之喻》，载程彤主编，《丝绸之路上的照世杯》，中西书局，2016年。

"Deed, Coins and King's Title as Revealed in a Sanskrit Cloth Document from the 6th Century," *Eurasian Studies* Ⅳ, 2016.

2017年

"Greek Gods and Traces of the Sumerian Mythology in Carpets from the 6th Century,"《丝绸之路研究》第1辑，生活·读书·新知三联书店，2017年。

2018年

《神话的跨域性与地方性——以观察新疆洛浦博物馆氍毹为基础》（附问答），《民族艺术》2018年第4期。

《神话与仪式——以观察新疆洛浦博物馆氍毹为基础》（附问答），《民族艺术》2018年第5期。

2019年

《最后的斯基泰人——追溯于阗王国社会宗教文化变迁》，北大文研院"文明之间"系列讲座讲稿，2019年12月。

2020年

《于阗王国之名新考》，《西域研究》2020年第1期。

《于阗语"四象"以及龙王"热舍"》，《语言学研究》2020年第2期。

2021年

《唐代据史德文化略考》，第一届图木舒克历史文化论坛主旨发言，2021年4月。

《丝路之畔的赫尔墨斯》，《新丝路学刊》2021年第11期。

《关于氍毹》，《丝绸之路研究》第2辑，生活·读书·新知三联书店，2021年。